U0524868

国家社科基金
后期资助项目

身份、记忆、反事实书写：
隋唐时期幽州墓志研究

Identity, Memory, and Counterfactual Writing:
A Study of the Entombed Epitaphs from
Youzhou in the Sui and Tang Dynasties

蒋爱花　著

中国社会科学出版社

图书在版编目（CIP）数据

身份、记忆、反事实书写：隋唐时期幽州墓志研究 / 蒋爱花著 . —北京：中国社会科学出版社，2021.12（2022.10重印）

ISBN 978 - 7 - 5203 - 9164 - 1

Ⅰ. ①身… Ⅱ. ①蒋… Ⅲ. ①墓志—研究—中国—隋唐时代 Ⅳ. ①K877.454

中国版本图书馆 CIP 数据核字（2021）第 189543 号

出 版 人	赵剑英
责任编辑	宋燕鹏
责任校对	杨　林
责任印制	李寡寡

出　　版	中国社会科学出版社
社　　址	北京鼓楼西大街甲 158 号
邮　　编	100720
网　　址	http：//www.csspw.cn
发 行 部	010 - 84083685
门 市 部	010 - 84029450
经　　销	新华书店及其他书店
印　　刷	北京君升印刷有限公司
装　　订	廊坊市广阳区广增装订厂
版　　次	2021 年 12 月第 1 版
印　　次	2022 年 10 月第 2 次印刷
开　　本	710×1000　1/16
印　　张	16.5
字　　数	296 千字
定　　价	98.00 元

凡购买中国社会科学出版社图书，如有质量问题请与本社营销中心联系调换
电话：010 - 84083683
版权所有　侵权必究

国家社科基金后期资助项目
出 版 说 明

后期资助项目是国家社科基金设立的一类重要项目，旨在鼓励广大社科研究者潜心治学，支持基础研究多出优秀成果。它是经过严格评审，从接近完成的科研成果中遴选立项的。为扩大后期资助项目的影响，更好地推动学术发展，促进成果转化，全国哲学社会科学工作办公室按照"统一设计、统一标识、统一版式、形成系列"的总体要求，组织出版国家社科基金后期资助项目成果。

全国哲学社会科学工作办公室

目　　录

第一章　绪论 ……………………………………………………（1）
　第一节　问题的提出 ……………………………………………（1）
　第二节　国内外研究现状 ………………………………………（10）
　第三节　研究内容与方法 ………………………………………（18）

第二章　隋唐时期幽州的建置与沿革 …………………………（21）
　第一节　隋代涿郡的建置 ………………………………………（21）
　第二节　唐代幽州的命名史 ……………………………………（24）
　第三节　幽州的建置与沿革 ……………………………………（26）
　第四节　唐代幽州的中心城 ……………………………………（28）

第三章　隋唐时期幽州的墓志概况与分类 ……………………（32）
　第一节　隋代涿郡的墓志概况 …………………………………（32）
　第二节　唐代幽州的墓志概况 …………………………………（38）

第四章　墓志记载中的官员分类与入仕途径 …………………（44）
　第一节　高层官员 ………………………………………………（45）
　第二节　中层官员 ………………………………………………（58）
　第三节　下层官员 ………………………………………………（70）
　第四节　入仕途径：科举考试 …………………………………（73）
　第五节　入仕途径：依靠门荫 …………………………………（79）
　第六节　入仕途径：辟署与征召 ………………………………（84）

第五章　唐代幽州的特殊群体、迁葬与改葬 …………………（91）
　第一节　幽州女性墓志的书写 …………………………………（91）

第二节　幽州平民阶层的墓志 …………………………… (97)
　　第三节　迁葬与改葬的现象 …………………………… (105)
　　第四节　迁葬与改葬的原因 …………………………… (110)

第六章　《阿史那明义墓志》与安史政权 …………………… (112)
　　第一节　《阿史那明义墓志》录文 …………………… (112)
　　第二节　阿史那明义的世系分析 ……………………… (114)
　　第三节　阿史那承庆父子的官爵 ……………………… (117)
　　第四节　安燕政权中突厥王族的动向 ………………… (120)

第七章　从长安到范阳：张通儒的仕燕生涯 ………………… (124)
　　第一节　张通儒事迹考 ………………………………… (125)
　　第二节　张通儒与大燕政权 …………………………… (129)

第八章　安史之乱后胡汉语境的构建 ………………………… (138)
　　第一节　墓志记载中的族属真伪 ……………………… (139)
　　第二节　官方立场与个人态度 ………………………… (147)
　　第三节　胡汉语境的建构 ……………………………… (153)

第九章　张弛于割据和恭顺之间：幽州节度使刘济 ………… (158)
　　第一节　刘济墓与相关研究 …………………………… (159)
　　第二节　藩镇割据的另一面 …………………………… (163)
　　第三节　割据还是归顺：现实的需要 ………………… (166)

第十章　身留一剑答君恩：保义军节度使刘沔 ……………… (170)
　　第一节　刘沔的家世背景 ……………………………… (170)
　　第二节　助父兄割据幽州 ……………………………… (174)
　　第三节　河朔藩镇的权力困局 ………………………… (176)
　　第四节　刘沔与河朔气度 ……………………………… (179)

第十一章　胡地、戎墟、都城：幽州的角色变迁 …………… (187)

附录一　唐代幽州墓志情况总表 ……………………………… (192)

附录二　日本学界有关幽州的论著目录（1935—2019） ………… (236)

参考文献 …………………………………………………………… (252)

后　记 ……………………………………………………………… (258)

第一章 绪论

幽州作为王朝的都城开始于金代,但作为重要的军事重镇却有悠久的历史。研究隋唐史的学者较多关注于当时的两京(长安和洛阳),对于还不是都城的幽州似乎有所忽略。尤其是隋代幽州的历史,往往被研究者寥寥数笔带过。究其原因,是因为幽州地区在当时并不是王朝的政治、经济之重心,而且隋代国祚短暂,史料记载和出土文物的缺乏也限制了学术界对此做更多的了解。唐代后期,幽州的形象又被"河朔藩镇"的阴影所遮盖。

由于幽州是中国古代后半期的都城所在地,加上明清时期的考古与文物较多,有关北京城建都后的历史研究硕果累累,然而随着近年来墓志的不断出土和刊布,隋唐时期幽州的历史有了进一步探讨的空间。

第一节 问题的提出

幽州因历朝行政区划的不同,其所属区域的名称屡有变化。《隋书·地理志》记载"旧置幽州",隋文帝后省并州县,改"燕郡"为"幽州"。《太平寰宇记》记载"炀帝三年罢州,以其地并入涿郡","幽州"废,置"涿郡"。隋文帝统一中国后,废燕郡存幽州,大业元年(605)改幽州为涿郡。隋朝开通了大运河,涿郡成为隋炀帝东征高丽的军事基地。当然,作为隋代大运河之北端的终点,涿郡也是隋末最早起兵反抗王朝统治的地区之一。

隋亡唐兴,控制涿郡、自称幽州总管的隋将罗艺归于唐王朝。唐改涿郡为幽州,仍治蓟城(又称幽州城)。《太平寰宇记》记载幽州城南北9里,东西7里,周长32里(约相当于今25里)。东城墙在今宣武门内外大街西侧,南城墙在今白纸坊街至姚家井一带,西城墙在今莲花池东岸,北城墙在今新文化街一线稍南,四城共有十门,子城位于大城的西南部。贞观十九年(645),唐太宗用兵辽东,往返都经过蓟城。唐天宝元年

（742），幽州改称为范阳郡，仍设治蓟城。兼领范阳、平卢（治所在今辽宁朝阳）、河东（治所在今山西太原）三镇节度使的安禄山天宝十四载（755）起兵蓟城，后攻占洛阳。翌年，安禄山自称皇帝，国号大燕，以范阳（幽州）为大都。后来史思明也自称大燕皇帝，并以范阳为燕京，此为北京正式称燕京之始。唐平定"安史之乱"后，改范阳郡为幽州。

  隋唐时期，幽州为两代王朝经略北方的前沿阵地，虽处边地，却由于隋代大运河的修通而不闭塞，吸引着来自全国各地的诗人、商客，成为河北道政治、经济、文化的中心区域。陈寅恪先生曾说："在长安文化统治下之士人，若举进士不中，而欲致身功名之会者，舍北走河朔之外，则不易觅其他之途径也。"① 在唐代，来到幽州地区的不得志诗人才子不计其数，并留下了数量颇丰的千古佳篇，收录于《全唐诗》中。如陈子昂、李白、王昌龄、孟浩然、张说、高适等，或怀才不遇来游幽蓟之地，或怀着从军报国的志向来到幽州，说古悲今，留下许多描写幽州的佳作。从他们的诗作中，我们不仅能体会到唐代幽州地区慷慨悲凉、崇尚游侠之风气，而且能观察到北地的经济水平和军事色彩。"诗仙"李白的"燕山雪花大如席，片片吹落轩辕台"②；陈子昂在《登幽州台歌》中抒发"前不见古人，后不见来者"③的感慨；在长安的高适求仕不遇，北上蓟门，漫游幽燕，曾写作有《蓟门行五首》《蓟中作》等诗歌，发出"北上登蓟门，茫茫见沙漠。倚剑对风尘，慨然思卫霍"④的慨叹。

表1—1   幽州建置沿革（隋唐五代）

时间		建置		隶属		备注
朝代	年月	名称	治所	上统于	下领有	
隋代	开皇元年（581）	幽州	蓟城	幽州总管府	燕、范阳、渔阳、昌平四郡	《隋书·地理志》
		玄州	燕乐	幽州总管府	安乐郡	
		燕州	广宁	幽州总管府	长宁、永丰二郡	

---

① 陈寅恪：《唐代政治史述论稿》，生活·读书·新知三联书店2001年版，第211页。
② （唐）李白著，王琦注：《李太白全集》，中华书局1977年版，第215页。
③ （唐）陈子昂著，彭庆生注释：《陈子昂诗注》，四川人民出版社1981年版，第208页。
④ （唐）高适著，刘开扬笺注：《高适诗集编年笺注》，中华书局1981年版，第53页。

续表

时间		建置		隶属		备注
朝代	年月	名称	治所	上统于	下领有	
隋代	开皇三年 (583)	幽州	蓟城	幽州总管府	领县在今北京市境者：蓟、良乡、潞、昌平等县（罢天下诸郡）	是年罢天下诸郡
		玄州	燕乐	幽州总管府	燕乐、密云二县	
		燕州	广宁	幽州总管府	所领县中怀戎县与今延庆县相涉	
	开皇六年 (586)	玄州	无终 (徙治)	幽州总管府	无终县	一说十六年徙，误
		檀州	燕乐	幽州总管府	密云、燕乐二县	徙玄州后置檀州
	大业三年 (607)	涿郡	蓟城		领九县，蓟、良乡、潞、昌平四县在今北京市境。今延庆为怀戎县地	是年罢州为郡。幽州改涿郡
		安乐郡	燕乐		燕乐、密云二县	檀州改安乐郡
		渔阳郡	无终		无终县（隋末改名渔阳县）	玄州改渔阳郡
唐代	武德元年 (618)	幽州总管府	蓟城 (幽州城)		管幽、易、平、檀、燕、北燕、营、辽八州	是年罢郡为州
		幽州	幽州城	幽州总管府	领县在今北京市境者：蓟、良乡、昌平、潞四县。怀戎县与今延庆相涉	涿郡改
		檀州	密云	幽州总管府	密云、燕乐二县	安乐郡改
	武德二年 (619)	玄州	潞县	幽州总管府	潞、渔阳二县	州治自渔阳徙潞
		幽州	幽州城 (蓟城)	幽州总管府	领县在今北京市境者：蓟、良乡、昌平	潞县改属玄州
	武德六年 (621)	幽州大总管府	(幽)州城		管幽、檀、玄、燕等三十九州	是年燕州自营州徙治幽州

续表

时间		建置		隶属		备注
朝代	年月	名称	治所	上统于	下领有	
唐代	武德七年（622）	幽州大都督府	幽州城		都督之州当同大总管府	
	武德九年（626）	幽州都督府	幽州城		都督幽、檀、玄、燕等十七州	
	贞观元年（627）	幽州都督府	幽州城	河北道	都督幽、檀、燕等十四州	废玄州，领县属幽
	贞观八年（634）	幽州都督府	幽州城	河北道	都督幽、檀、燕、妫（怀戎县改）等七州	今延庆地属妫州
	圣历元年（698）	幽州	幽州城	幽州都督府	领县在今北京市境者：蓟、固节、潞、昌平等	良乡县改名固节
	神龙元年（705）	幽州都督府	幽州城	河北道	幽、易、燕、北燕、平、檀、营、慎、威、玄、崇、夷宾、师、鲜、带、黎、沃、昌、归义、瑞、信、凛、青山等州	一批羁（縻）州县寄治幽州境内
		幽州	幽州城	幽州都督府	领县在今北京市境者：蓟、良乡、潞、昌平等	固节县复名良乡
		慎州	都乡城（今长沟东）	幽州都督府	逢龙县	诸州皆为羁縻州，原在营州境，万岁通天中契丹乱，诸州内迁，或寄治幽州地界，或寄治青、淄、徐、宋等州地。神龙元年寄治中原各州亦北还，寄治幽州之境。"安史之乱"中多从乱，后徙河朔地区
		威州	石窟堡（今房山石堡村）	幽州都督府	威化县	
		崇州	古潞城（今通州东）	幽州都督府	昌黎县	

续表

时间		建置		隶属		备注
朝代	年月	名称	治所	上统于	下领有	
唐代	神龙元年（705）	夷宾州	广阳城（今房山东北）	幽州都督府	来苏县	诸州皆为羁縻州，原在营州境，万岁通天中契丹乱，诸州内迁，或寄治幽州地界，或寄治青、淄、徐、宋等州地。神龙元年寄治中原各州亦北还，寄治幽州之境。"安史之乱"中多从乱，后徙河朔地区
		师州	东闾城（今大兴芦城）	幽州都督府	阳师县	
		鲜州	古潞城	幽州都督府	宾从县	
		带州	清水店（今太州务）	幽州都督府	孤竹县	
		黎州	都乡城	幽州都督府	新黎县	
		沃州	回城（今大兴回城）	幽州都督府	滨海县	
		归义州	古广阳城	幽州都督府	归义县	
		瑞州	古广阳城	幽州都督府	来远县	
	开元四年（716）	幽州	幽州城	幽州都督府	领县在今北京市境者：蓟、良乡、昌平、潞等县。渔阳、三河之北部亦在	析潞县置三河县
		归顺州	在今顺义	幽州都督府	怀柔县	与今怀柔无关
		顺州（?）	幽州城	幽州都督府	宾义县	侨治之州县
		燕州	幽州城	幽州都督府	辽西县	燕州都督府废省怀远县
	开元十三年（725）	檀州	密云	幽州都督府	密云、燕乐二县	
		幽州大都督府	幽州城	河北道	幽、檀、妫、平、燕、归顺、顺等州	幽州都督府升

续表

朝代	时间 年月	建置 名称	治所	隶属 上统于	隶属 下领有	备注
唐代	开元十八年（730）	幽州	幽州城	幽州大都督府	领县在市境者：蓟、良乡、潞、昌平等	析幽州渔阳、三河、玉田县置蓟州
		蓟州	渔阳	幽州大都督府	渔阳、三河、玉田三县	今平谷为蓟州地
		檀州	密云	幽州大都督府	密云、燕乐二县	
		妫州	清夷军城	幽州大都督府	怀戎	清夷军城即旧怀来城
	开元二十五年（737）	燕州	徙治幽州北桃谷山	幽州大都督府	辽西县	桃谷山即今昌平东、西新城处
	天宝元年（742）	范阳郡节度使	幽州城	河北道	统范阳、上谷、密云、妫州、归德、渔阳、顺义、归化八郡	天宝元年改州为郡，幽州改范阳郡
		范阳郡	幽州城	范阳节度使	领（县）在今北京市境者：蓟、广宁、广平、良乡、昌平、潞等	是年析蓟县置广宁、广平二县
		妫川郡	怀戎（怀来旧城）	范阳节度使	怀戎、妫川县	妫川即今延庆
		密云郡	密云	范阳节度使	密云、燕乐二县	檀州改密云郡
		归德郡	桃谷山	范阳节度使	辽西县	燕州改归德郡
		渔阳郡	渔阳（今蓟县）	范阳节度使	渔阳、三河、玉田三县	蓟州改渔阳郡
		归化郡	怀柔（今顺义）	范阳节度使	怀柔县	归顺州改归化郡
		顺义郡	幽州城	范阳节度使	宾义县	顺州改顺义郡

续表

朝代	时间 年月	建置 名称	建置 治所	隶属 上统于	隶属 下领有	备注
	天宝三载（744）	范阳郡	幽州城	范阳节度使	领县在今市境者：蓟、良乡、昌平、潞	废广宁、广平二县
	至德元载（756）	广平县	不详治所确址	范阳郡		至德后复置此县
唐代	乾元元年（758）	幽州	幽州城	幽州节度使	领县在今北京市者同前	复罢郡称州
		妫州	怀戎	幽州节度使	怀戎县	妫川县废
		檀州	密云	幽州节度使	密云、燕乐二县	密云郡改
		燕州	桃谷山	幽州节度使	辽西县	归德郡改
		归顺州	怀柔（今顺义）	幽州节度使	怀柔县	归化郡改
		顺州	幽州城	幽州节度使	宾义县	顺义郡改
		蓟州	渔阳	幽州节度使	渔阳、三河、玉田三县	渔阳郡改
		妫州	怀戎（怀来旧城）	幽州节度使	怀戎县	妫川郡改
	大历四年（769）	幽州	幽州城	幽州节度使	领县在今北京市境者：蓟、良乡、昌平、潞、广平等县	
	建中二年（781）	幽都县	幽州城	幽州		燕州及辽西县废为幽都县，还治幽州城燕州旧署
五代（梁）	开平元年—龙德三年（907—923）	幽州	幽州城	幽州节度使	领县在今北京市境者：蓟、幽都、良乡、昌平、潞、永清、玉河等	幽州为燕王刘守光父子盘踞。新置玉河县。广平县省
		顺州	怀柔（今顺义）	幽州节度使	怀柔县	归顺州变为顺州

续表

朝代	时间 年月	建置 名称	建置 治所	隶属 上统于	隶属 下领有	备注
五代（梁）	开平元年—龙德三年（907—923）	檀州	密云县	幽州节度使	密云、燕乐二县	
		儒州	缙山县（今延庆东北之旧县）	幽州节度使	缙山县	晋王李存勖镇河东时置
五代（唐）	同光元年—清泰三年（923—936）	幽州	幽州城	幽州节度使	领县在今北京市境者：蓟、幽都、良乡、燕平、潞、玉河等	昌平改名燕平。良乡迁治阊沟城
		顺州	怀柔（今顺义）	幽州节度使	怀柔县	
		檀州	密云县	幽州节度使	密云、燕乐二县	有燕乐县五代时废为燕乐庄之说
		儒州	缙山县	幽州节度使	缙山县	
五代（晋）	天福元年（936）				石敬瑭割幽、蓟、瀛、莫、涿、顺、檀、妫、儒、云、新、武、应、朔、蔚、寰十六州予契丹	

（引自尹钧科、董焱编《北京城市史》（人民出版社2008年版）之《历代建置与机构》，笔者改正了原文中的几处错误，用斜体字予以表示。）

通过诸多传世文献的记载，我们不能只看到唐代怀才不遇诗人的踪迹，感触他们诗句描写下的幽州，而更应该看到：有关唐代幽州历史的记载并不丰满。传世文献中的人物和记载，多关注唐代中高层人物的政治、经济、文化、军事活动，而对于整个社会阶层，尤其是中下层官员及社会群体却付之阙如。这需要我们进一步挖掘和整理地下出土文物，并探究其史料价值。近百年来，有关幽州的墓志出土频频，很大程度上为我们勾勒出在幽州居住生活的各个阶层以及他们从官、经商、信仰、族属等方面的情况。依据最新的考古发现，可以大致还原出隋唐时期幽州的人文风貌。

作为一种埋于地下的实物，墓志主要记载了墓主人的姓氏、籍贯、生平事迹、技艺、历史年代、家庭背景、郡望、官爵等。末尾用数句带押韵的文字加以概括，称之为"铭"，所以统称为墓志铭。墓志铭是历史研究中的珍贵史料，有的墓志出土时间距今已近一个世纪，但是许多墓志的志主或帝室成员，或出自北朝隋唐的望族，或身居高位，史书有传，所记史实多与史传相表里，阐幽表征，补阙正误，至今仍为研究者所重视。[1] 墓志自从出现后，被广泛应用于中高级官员或富贵之家的墓茔中，而隋唐墓志有一个鲜明的特色："全忘笔砚之功，奉命纪述，无所辞让，但直书其事"，"述平生无饰词，流连伤怀"。通过对墓志铭文的整理研究可以与史书记载相对照，校补世系，查缺补漏，更正谬误，具有很高的史料价值。

墓志的隐晦性和溢美性决定了我们在释读这些史料时，不能完全强调内容的完全客观性，而且不能因为墓志的唯一性就轻易否定其他史料的真实性。因为墓志资料的简约和程式化，使得墓志本身提供的信息有限，存世的内容或许不多。李鸿宾教授认为，墓志作为资料而言，是非官方、细碎或片段的记载，较之传世史料，其整体价值显然是第二位的，但墓志资料未经后人删改或整理，保持的相貌却是原初的，就次而言则较传世文献为真。即使是撰者有意识地回护和选择，也能反映出撰者和墓志家族成员的某种心态，具有"通性之真实"。[2]

本书将结合史料及前人研究成果，对隋代幽州地理、政区沿革做大致梳理，一是整理与隋代幽州建置沿革、出土墓志有关的文献和研究成果；二是结合史料与前人研究，梳理考订幽州在隋代的建置沿革变化；三是参考《隋代墓志铭汇考》及相关文献对两篇墓志铭文进行解读和研究，梳理铭文中所反映的信息，重点分析墓志铭中所涉及的隋代地方官员入仕途径及官吏名称、职能的演变情况。

再者，在唐代以前，幽州地区曾是范阳卢氏、田氏、侯氏、上谷寇氏、渤海高氏、北燕慕容氏等北方世家大族的郡望之地，有着深厚的历史底蕴，但今天幽州出土的墓志却极少见这些世家大族的墓志铭传世，这与魏晋以来幽州人口，或因躲避战争，或从仕于中原等迁徙有关。那么，唐代在幽州生活和做官的人群具有什么样的特点，这些人群的丧葬方面有什么文化特征，通过对他们墓志铭的文本解读，给我们提供崭新的视角。

---

[1] 王义康：《国家博物馆藏墓志概述》，《中国历史文物》2008年第6期。
[2] 李鸿宾：《中古碑志研究的新视野》，北京大学出版社2011年版，第3页。

第二节　国内外研究现状

一　与隋代涿郡相关的研究

隋代结束了魏晋南北朝以来的长期分裂局面，为唐代及后世的繁荣发展奠定了基础。关于隋代与幽州有关的政区沿革历史，文献记载主要有《隋书》《资治通鉴》《太平寰宇记》等。今人研究中有所涉及的专著，主要有施和金的《中国行政区划通史·隋代卷》①。另在一些专门性的著作中也有一定的涉及，这部分著作有《燕都古籍考》②《北京考古史》③《北京历史文化》④《北京古代交通》⑤《北京史话》⑥等其他描写北京历史的书籍。此外，笔者在将幽州与隋代涿郡进行区域对比时还参考了《中国市县大辞典》⑦等工具书。另相关论文有《北京历史地理》⑧《论隋代州郡政区的整顿改革》⑨《隋代大运河北京港港址考》⑩等。

《中国行政区划·隋代卷》对整个隋代的行政地区沿革做了细致严谨的考订，全书分为上下两编：上编叙述了隋代开皇年间政区分布状况和州县变更情况及大业年间州县裁并、改制变迁；下编着重考证隋代的行政区划沿革。隋代与今天幽州有关的政区名称主要是"幽州"和"涿郡"，在公元581—606年为"幽州"，公元607—617年称"涿郡"，大业三年涿郡统蓟、良乡、安次、涿、固安、雍奴、昌平、怀戎、潞九县。涿郡为当时幽州治所。

隋代墓志出土数量较少，《新中国出土墓志》收录了大部分的隋代墓志。但在《隋代墓志铭汇考》出版以前，并没有单独的隋代墓志汇总资料，通过墓志研究隋代历史有一定的困难。这种情况直到《隋代墓志铭

---

① 周振鹤主编，施和金著：《中国行政区划通史·隋代卷》，复旦大学出版社2009年版。
② 王灿炽：《燕都古籍考》，京华出版社1995年版。
③ 宋大川主编：《北京考古史》，上海古籍出版社2012年版。
④ 罗哲文等著：《北京历史文化》，北京大学出版社2004年版。
⑤ 尹钧科：《北京古代交通》，北京出版社2000年版。
⑥ 阎崇年：《北京史话》，中华书局1982年版。
⑦ 阎崇年主编：《中国市县大辞典》，中共中央党校出版社1991年版。
⑧ 张天麟：《北京历史地理》，《历史教学问题》1982年第1期。
⑨ 许正文：《论隋代州郡政区的整顿改革》，《陕西师大学报》（哲学社会科学版）1994年第2期。
⑩ 施存龙：《隋代大运河北京港港址考》，《水运科学研究》2007年第4期。

汇考》出版才有所改善。在查阅隋代幽州墓志资料时，《新中国出土墓志》及《隋代墓志铭汇考》是本书主要的参考数据。笔者所能查阅到的利用隋代墓志进行研究的文章约 18 篇，基本上围绕《隋代墓志铭汇考》或依据其录的墓志做相关研究，涉及五个方面：

一是对隋代墓志书法、纹饰特点的研究，如《隋墓志刻饰图案中的稀见纹样——以〈隋代墓志铭汇考〉为基本案例》[1]《隋代墓志书法研究》[2]。

二是通过墓志铭文对隋代边疆地理格局、相关地名进行考释，如《隋代东都洛阳城四郊地名考补——以隋代墓志铭为基本素材》[3]《隋代北部边疆政治地理格局演变研究》[4]。

三是考察隋代相关制度、社会生活风气方面，其中有多篇研究隋代女性婚姻、观念等。如《隋代墓志铭所见女性人物典故及其女性观念》[5]《从墓志词语解析隋代社会对女性的理想化审视》[6]《隋代妇女婚姻生活初探——以隋代墓志铭为基本素材》[7]。

四是对墓志铭文释文进行去伪校补的考订，有《洛阳新见隋代墓志铭辑释三种》[8]《〈隋代墓志铭汇考〉释文校补举隅》[9]《〈隋代墓志铭汇考〉文字校读 13 则》[10] 等。

五为有关墓志的个案研究，考释一方或两方墓志铭文所反映的志主生平事迹，进而梳理志主世系或观测隋代社会政治、经济、文化等方面的情况。比如：《长安新出隋大业九年〈杜佑墓志〉疏证——兼为梳理隋唐墓

---

[1] 周晓薇、王菁：《隋墓志刻饰图案中的稀见纹样——以〈隋代墓志铭汇考〉为基本案例》，《考古与文物》2009 年第 1 期。
[2] 单宁：《隋代北部边疆政治地理格局演变研究》，硕士学位论文，中央美术学院，2012 年。
[3] 周晓薇等：《隋代东都洛阳城四郊地名考补——以隋代墓志铭为基本素材》，《中国历史地理论丛》2009 年第 3 期。
[4] 乔欣：《隋代妇女婚姻生活初探》，硕士学位论文，陕西师范大学，2013 年。
[5] 张琼：《隋代墓志铭所见女性人物典故及其女性观念》，硕士学位论文，陕西师范大学，2011 年。
[6] 曹小燕：《从墓志词语解析隋代社会对女性的理想化审视》，硕士学位论文，陕西师范大学，2008 年。
[7] 申星：《隋代妇女婚姻生活初探——以隋代墓志铭为基本素材》，硕士学位论文，陕西师范大学，2008 年。
[8] 王其祎、周晓薇：《洛阳新见隋代墓志铭辑释三种》，《华夏考古》2011 年第 4 期。
[9] 罗曼：《〈隋代墓志铭汇考〉释文校补举隅》，《宜宾学院学报》2011 年第 2 期。
[10] 谢建国、李海燕：《〈隋代墓志铭汇考〉文字校读 13 则》，《中国文字研究》2011 年第 2 期。

志所见京兆杜氏世系》①《隋大将军辛瑾墓志考释》② 通过新出土的墓志资料，研究了隋朝大将军辛瑾、唐朝著名宰相杜佑，补充了正史记载之不足。另外，李森的《考释青州出土的两通隋代墓志》主要对出土于山东青州城南郊的两方隋代墓志朱神达墓志和盆墓志作考释，指出其在历史、文物和书法艺术方面均有重要研究价值。③ 作者主要通过墓志铭文对志主生平事迹作详细阐述，补史料所载之缺，对铭文中出现的一些地名、山名做详细的考订，还认为两方墓志体现了隋代书法艺术的高超水平。《考释青州出土的两通隋代墓志》的研究、考证方法对本文有重要的参考价值。另外，如前文所举《洛阳新见隋代墓志铭辑释三种》《〈隋代墓志铭汇考〉释文校补举隅》《〈隋代墓志铭汇考〉文字校读 13 则》④ 等文章主要对《隋代墓志铭汇考》中一些释文做了校补和订正。

关于隋代官制的研究多为通史性著作中兼有涉及，专门性研究隋代地方官制的成果较少，如《中国历代官制》⑤《中国古代地方行政制度史》属于前者。此外，对隋代的官员名称、具体职能、地方官员入仕途径等方面的研究成果，包括《历代官制简表及说明（四）》⑥《从隋代官制改革看专制主义政治的加强》⑦《隋代选官制度变迁下的审美风尚试析》⑧《隋代考课制度述略》⑨《隋代的吏制改革》⑩ 等文章。这些文章中有对整个隋代官制进行梳理考证的总体性研究，或对地方官制中某一具体制度的剖析，还涉及隋代由九品中正制到科举制过渡期间选官制度的变化。

综合来看，隋代因其存在时间较短，后世人常以隋唐并称，而研究重点多放在唐代历史方面，故与隋代相关的研究是比较少见的。随着隋代墓

---

① 王其祎、周晓薇：《长安新出隋大业九年〈杜佑墓志〉疏证——兼为梳理隋唐墓志所见京兆杜氏世系》，《唐史论丛》（第 14 辑）"新出土唐墓志与唐史研究国际学术研讨会专集"，2011 年。
② 李宗俊：《隋大将军辛瑾墓志考释》，《唐史论丛》（第 18 辑），三秦出版社 2014 年。
③ 李森：《考释青州出土的两通隋代墓志》，《华夏考古》2009 年第 3 期。原文称呼第二方墓志为盆墓志，其志盖与志石题目缺失，志主姓氏不确，按照通行墓志整理规范，应为"□盆墓志"。
④ 相关论文的出处，如前文所举。
⑤ 孔令纪等主编：《中国历代官制》，齐鲁书社 1993 年版。
⑥ 卫文选：《历代官制简表及说明（四）》，《山西师院学报》（社会科学版）1980 年第 2 期。
⑦ 齐陈骏：《从隋代官制改革看专制主义政治的加强》，《兰州大学学报》1985 年第 2 期。
⑧ 庞飞，滕春红：《隋代选官制度变迁下的审美风尚试析》，《浙江工业大学学报》（社会科学版）2006 年第 2 期。
⑨ 袁刚：《隋代考课制度述略》，《烟台大学学报》（哲学社会科学版）1997 年第 3 期。
⑩ 赵云旗：《隋代的吏制改革》，《社会科学》1984 年第 2 期。

志整理工作的开展，将为学者提供较为完备、翔实的地下史料作参考，相关的研究亦可期待。

二　与唐代幽州相关的研究

唐代是墓志最为盛行的时代之一，迄今发现的唐代墓志近两万方，与幽州有关的墓志逐年增加。经过仔细考订与分析，分为四种情况：

第一种，志主在幽州地区做官或生活的墓志，如《唐蓟州刺史兼御史大夫张（建章）府君墓志铭》①。第二种，志主去世后葬在幽州地区的墓志，如《唐故开府仪同三司、使持节陇州诸军事、行陇州刺史、上柱国、南阳县开国伯张道昇》②窆于幽州良乡县阎沟山。第三种，间接与幽州相关的唐代墓志，如《唐故恒王府司马幽州节度经略军兵曹参军太原王府君》的墓志中提到了其父亲王思"以营田授勋，终幽州昌平县尉"。第四种，葬于幽州地区的官员、妇女、平民、道士等墓志，如《唐故朝议大夫前行幽州大都督府录事参军幽州节度押衙使持节蓟州诸军事守蓟州刺史静塞军营田等使银青光禄大夫检校国子祭酒兼侍御史上柱国吴郡陆府君故夫人王氏墓志铭并序》③《唐郭君墓志》④《大唐天宝十三载故开元观道士王公墓志铭并序》⑤等。

清代至新中国成立以前，在北京已经有众多唐代墓志现世，其多录于《全唐文》、罗振玉《京畿冢墓遗文》中，出土地点大多不详，但录文尚能留存至今，多数已录入《唐代墓志汇编》⑥及《唐代墓志汇编续集》⑦中，作为本文的主要研究材料。新中国成立以来，出土的幽州墓志原石，其中诸多散落收藏于首都博物馆、北京石刻艺术博物馆、北京市文物研究所、各区县文物所中。2007年以来，在北京市延庆南菜园、密云县大唐庄⑧相继出土了多方唐代墓志，其中以唐代前期居多。虽然相关媒体发表了最新的考古发现报道，但是至今拓片、录文尚未正式发表。如果在此基

---

① 周绍良、赵超主编：《唐代墓志汇编》中和007，上海古籍出版社1992年版，第2510—2512页。以下脚注简称为"《唐代墓志汇编》＋编号＋页数"。
② 《唐代墓志汇编》永贞007，第1945—1946页。
③ 《唐代墓志汇编》大中141，第2361—2362页。
④ 周绍良、赵超主编：《唐代墓志汇编续集》开元124，上海古籍出版社2001年版，第538页。以下脚注简称为"《唐代墓志汇编续集》＋编号＋页数"。
⑤ 《唐代墓志汇编续集》宝应003，第686页。
⑥ 周绍良、赵超主编：《唐代墓志汇编》，上海古籍出版社1992年版。
⑦ 周绍良、赵超主编：《唐代墓志汇编续集》，上海古籍出版社2001年版。
⑧ 北京市文物研究所编：《密云大唐庄唐墓》，上海古籍出版社2010年版。

础上,将所有葬于幽州唐代墓志资料汇集成册,并加以认真地考订,这将有力地还原盛唐气象下的北京城,推动幽州的历史文化研究。

从目前学术界唐代城市史研究来看,关于唐代西安、洛阳城坊制方面的研究较多。学者主要利用墓志中的城坊记载来进行专论,研究专著已经有《唐两京城坊考》①《增订唐两京城坊考》(修订版)②《隋唐两京丛考》③ 等著作,关于唐时期的北方军事重镇幽州城坊及周围乡村的考证文章,代表性成果有鲁琪《唐代幽州城考》④、赵其昌《唐代幽州乡村初探》《唐代幽州乡村再探》等文章。赵其昌的两篇文章先发表于《首都博物馆丛刊》中,后收录于其《京华集》⑤ 中。此外,作者还进行了墓志的个案研究,比如《唐〈张建章墓志〉续考》⑥,在总结前人研究的基础上,对代表唐王朝出使渤海国的张建章进行了分析。

首都博物馆鲁晓帆在历年《首都博物馆丛刊》中持续发表的墓志考证涉及20多方幽州墓志,如《唐高行晖墓志考》⑦《唐李永定墓志考释》⑧《唐阎氏父子墓志考》⑨《唐仵钦墓志考释》⑩《唐华封兴墓志考》⑪《唐代幽州经济的佐证——两墓志考辨》⑫ 等十数篇文章。其他学者对北京出土墓志的个案分析也有很多,有冯金忠的《从王公淑墓志看唐代卢龙镇》⑬、陈康的《唐〈论博言墓志〉考释》⑭、毕广德的《唐清河张氏夫

---

① (清)徐松:《唐两京城坊考》,中华书局1985年版。
② (清)徐松撰,李健超增订:《增订唐两京城坊考》,三秦出版社2006年版。
③ 辛德勇:《隋唐两京丛考》,三秦出版社2006年版。
④ 鲁琪:《唐代幽州城考》,《北京史论文集》第二辑,1982年版。
⑤ 赵其昌:《京华集》,文物出版社2004年版。
⑥ 赵其昌:《唐〈张建章墓志〉续考》,《首都博物馆丛刊》第18期,北京燕山出版社2004年版,第15—30页。
⑦ 鲁晓帆:《唐高行晖墓志考》,《首都博物馆丛刊》第11期,1997年版,第43—46页。
⑧ 鲁晓帆:《唐李永定墓志考释》,《首都博物馆丛刊》第9期,1994年版,第61—65页。
⑨ 鲁晓帆:《唐阎氏父子墓志考》,《首都博物馆丛刊》第24期,2010年版,第8—15页。
⑩ 鲁晓帆:《唐仵钦墓志考释》,《首都博物馆论丛》第25期,2011年版,第148—155页。
⑪ 鲁晓帆:《唐华封兴墓志考》,《首都博物馆丛刊》第23期,2009年版,第16—21页。作者在此文中写到此墓志主人为"华封兴",但笔者在核对《新中国出土墓志·北京卷壹》上册中看到,拓片中墓主明讳当为"舆",而不是"兴",今在此订正。
⑫ 鲁晓帆:《唐代幽州经济的佐证——两墓志考辨》,《首都博物馆丛刊》第18期,2004年版,第38—43页。
⑬ 冯金忠:《从王公淑墓志看唐代卢龙镇》,《文物春秋》2001年第4期。
⑭ 陈康:《唐〈论博言墓志〉考释》,《北京文物与考古》第5辑,民族出版社2002年版,第202—209页。

人墓志考》①、王策的《〈唐归义王李府君夫人清河张氏墓志〉考》②等文章,均对近年来新出土的墓志进行了历史学考释。

关于唐代幽州墓志的利用方面,涉及的论著并不是很多,这里略举一二。如《中国长城史》中引用《唐孙如玉墓志》:"东有潞河通海,西有长城蓦山。南望朱雀林,兼临河古戍。北有玄武垒,至潞津古关"③,介绍了幽州境内的长城;又如,张国刚《唐代藩镇类型及其动乱特点》④采用了《唐王仲堪墓志》⑤来阐述幽州地区科举人才的涌现。陈康的《试论北京唐代墓志的地方特色》⑥,该篇文章对幽州墓志的出土情况、墓主身份分析、官职概况、撰志人、军号及折冲府等方面进行了综合阐述,但其是对墓志出土情况的梳理和概览,囿于篇幅,作者对于墓志文本中出现的志主身份、仕宦经历乏有专门性、系统性的历史学阐释。

由于唐代幽州是藩镇割据一方的根据地,出土墓志的志主中有大量官员,其出身由节度使辟署到幕府担任幕僚。石云涛的《唐代幕府制度研究》⑦是系统研究唐代幕府、辟署制度的著述,尤其是作者对唐代开天政局中的后期藩镇幕府体制、辟署对象、员额、迁转、朝廷的举措以及入幕以后的宾主关系,均有独到的分析和见解。

关于研究唐代处士、平民方面的墓志著作较少,主要有曹印双的《从墓志看唐代处士阶层信仰格局》⑧和陕西师范大学侯振兵的硕士学位论文《唐代处士与社会》⑨,这两篇论文的关注对象为墓志中出现频次较高的处士。关于唐代妇女的研究,有高世瑜的《唐代妇女》⑩,该著作从唐代妇女的整体群体概况、才艺与业绩、生活与习俗、法制观念等方面入手,引用了大量唐代墓志,是唐代妇女史研究方面的代表作。

美国加州大学的谭凯(Nicolas Tackett)在长期关注唐代后期墓志的基础上,花费了15000个小时,做了大量的数据统计工作,并建立了唐代

---

① 毕广德:《唐清河张氏墓志考》,《北方文物》2012年第3期。
② 王策:《〈唐归义王李府君夫人清河张氏墓志〉考》,《北京文物与考古》第6辑,第167—192页。
③ 景爱:《中国长城史》,上海人民出版社2006年版。
④ 张国刚:《唐代藩镇类型及其动乱特点》,《历史研究》1983年第4期。
⑤ 周绍良、赵超主编:《唐代墓志汇编》贞元076,上海古籍出版社1992年版,第1891页。
⑥ 文见《北京文博》,http://www.bjww.gov.cn/2005/8-23/95411.html。
⑦ 石云涛:《唐代幕府制度研究》,中国社会科学出版社2003年版。
⑧ 曹印双:《从墓志看唐代处士阶层信仰格局》,《宗教学研究》2006年第4期。
⑨ 侯振兵:《唐代处士与社会》,硕士学位论文,陕西师范大学,2009年。
⑩ 高世瑜:《唐代妇女》,三秦出版社2011年版。

中后期（800—880）墓志的数据库，目前该学者正在研究唐代后期的权力地理分布等问题。①

关于唐代藩镇方面的研究成果，主要有张国刚的《唐代藩镇研究》②，作者从唐代藩镇格局局面的形成历史原因、社会基础、动乱特点、使府辟署制度等方面，对唐代藩镇的基本面貌进行了勾画，使得藩镇问题研究进入了新阶段。张天虹的博士学位论文《河北藩镇时期的社会流动——以763—914年为中心》③，以及新近发表的《从新刊唐代〈李仲昌墓志铭〉看安史之乱后士人"北走河朔"》④，延伸了陈寅恪先生的"北走河朔为社会常情"问题，探讨了唐代士人"北走河朔"所面临的机遇与挑战。冯金忠的《唐代河北藩镇研究》⑤是其多年来发表论文的合集，采纳了大量幽州的墓志，来探讨唐代幽州镇与中央之间的关系、政治动向、人口迁徙、佛教传播、世家大族等问题。

与唐代官员研究息息相关的内容，当属唐代科举制度。吴宗国的《唐代科举制度研究》⑥堪称代表；官制方面的研究，还有张国刚的《唐代官制》⑦、胡宝华的《唐代监察制度研究》⑧等；中下层官员制度研究方面，主要著作有赖瑞和的《唐代基层文官》⑨《唐代中层文官》⑩等。此外，笔者的博士学位论文《唐代中下层官员研究——以婚和宦为主要线索》⑪从一万余方唐代墓志材料入手，采纳了400余方中下层官员墓志样本，得出唐代中下层官员群体的科举、门荫的入仕途经基本特征，以及中下层官员婚姻家庭生活方面的特点。

---

① 相关研究可参见［美］谭凯（Nicolas Tackett）所著《中古门阀大族的消亡》，作者利用搜集的3000余方墓志和中国历史地理信息系统（CHCIS）以大数据的手段，勾勒出了唐代士族的分布及兴衰。胡耀飞、谢宇荣译，社会科学文献出版社2017年版。
② 张国刚：《唐代藩镇研究》（增订版），中国人民大学出版社2010年版。
③ 张天虹：《河北藩镇时期的社会流动——以763—914年为中心》，博士学位论文，清华大学，2008年。后修订为《中晚唐五代的河朔藩镇与社会流动》，社会科学文献出版社2021年版。
④ 张天虹：《从新刊唐代〈李仲昌墓志铭〉看安史之乱后士人"北走河朔"》，《河北大学学报》2011年第3期。
⑤ 冯金忠：《唐代河北藩镇研究》，科学出版社2012年版。
⑥ 吴宗国：《唐代科举制度研究》，北京大学出版社2010年版。
⑦ 张国刚：《唐代官制》，三秦出版社1987年版，第124页。
⑧ 胡宝华：《唐代监察制度研究》，商务印书馆2005年版。
⑨ 赖瑞和：《唐代基层文官》，中华书局2008年版。
⑩ 赖瑞和：《唐代中层文官》，台北：联经出版事业股份有限公司2008年版。
⑪ 蒋爱花：《唐代中下层官员研究——以婚和宦为主要线索》，博士学位论文，清华大学，2008年。

国内关于幽州的研究集中于四个方面：（1）城市史研究，比如：冯金忠《唐代幽州镇研究》①、万安伦《论幽州城的文化地位》②。（2）政治史、军事史的探讨，比如：金嘉伟《西汉幽州边防体系研究》③、徐淼《幽州与东汉政治研究——以边地为视角》④、刘琴丽《唐代幽州军人与佛教》⑤、曾谦《幽州的取得与北宋的灭亡》⑥。（3）社会史研究，比如：王义康《唐代河朔移民及其社会文化变迁》⑦、宁欣和李凤先《试析唐代以幽州为中心地区的人口流动》⑧、张天虹《也释唐幽州卢龙节度使刘济的"最务恭顺"》⑨、张荣波《略论幽州人才向后唐的转移》⑩。（4）对文学与宗教的关注，比如：李荣平《唐代幽州诗研究》⑪、尤李《中晚唐幽州地域禅宗考述》⑫等。

国外关于幽州的研究以日本学术界为代表，分为两个方面⑬：

第一，考古成果：竹島卓一《遼の上京城址》、平島貴義《契丹の勃興期に於ける中国との関係——漢域を中心として》、渡边道夫《河朔三鎮の一考察》。

第二，专题研究：矢野主税《藩鎮親衛軍の組織と性格》、堀敏一《唐末諸叛乱の性格——中国における貴族政治の没落について》、谷川道雄《「安史の乱」性格について》、末田修一《唐代藩鎮の出界糧について》、伊瀬仙太郎《安史の乱後における周辺諸民族の中国進出》、畑地正憲《唐代河北藩鎮における交易について（大會抄録）》、清水和惠《藩鎮の研究史》、中村裕一《唐末藩鎮の墨敕除官に就いて》、渡边孝《唐五代の藩鎮における押衙について》、森部豊《唐末五代における中

---

① 冯金忠：《唐代幽州镇研究》，硕士学位论文，河北师范大学，2001年。
② 万安伦：《论幽州城的文化地位》，《北京联合大学学报》（人文社会科学版）2015年第1期。
③ 金嘉伟：《西汉幽州边防体系研究》，硕士学位论文，江苏师范大学，2017年。
④ 徐淼：《幽州与东汉政治研究——以边地为视角》，硕士学位论文，湖南师范大学，2017年。
⑤ 刘琴丽：《唐代幽州军人与佛教》，《世界宗教研究》2011年第6期。
⑥ 曾谦：《幽州的取得与北宋的灭亡》，《江汉论坛》2013年第1期。
⑦ 王义康：《唐代河朔移民及其社会文化变迁》，《民族研究》2007年第5期。
⑧ 宁欣、李凤先：《试析唐代以幽州为中心地区的人口流动》，《河南师范大学学报》（哲学社会科学版）2003年第3期。
⑨ 张天虹：《也释唐幽州卢龙节度使刘济的"最务恭顺"》，《北京社会科学》2017年第6期。
⑩ 张荣波：《略论幽州人才向后唐的转移》，《东岳论丛》2014年第5期。
⑪ 李荣平：《唐代幽州诗研究》，硕士学位论文，内蒙古大学，2016年。
⑫ 尤李：《中晚唐幽州地域禅宗考述》，《中国国家博物馆刊》2014年第4期。
⑬ 本书后附《日本学界关于幽州的研究目录（1935—2019）》，内有详细出版信息，可供读者参考。

国北方遊牧民の華北移住と河北三镇》等。

综上所述，尽管前人取得了丰硕的研究成果，但受材料所限，多停留在军事边防、藩镇割据等专题史及以北京、河北、天津等地方史研究层面上，或者是针对考古发掘的个案关注。随着近年来地下实物墓志的大量出土，研究隋唐时期幽州地区的历史具备了充分的条件。在墓志整理方面，或按年代，或按当今的政区（比如北京卷、天津卷），或按馆藏；在整理形式上参差不齐，有的整理拓片为书，有的兼具图版，有的附以录文（或加校注、考释），有的编排目录、题跋、人名、地名索引等，极少对墓志进行严格的分类整理。

第三节　研究内容与方法

20世纪90年代以来，不少幽州境内的唐墓考古挖掘报告发表于《文物》等学术刊物上，笔者查找到了相关的考古挖掘报告，当然在数量方面，这远远不及墓志整理文献中所收录的墓志。

一　墓志资料的搜集与整理

有关隋代的幽州墓志出土数量较少，目前可用的材料主要有王其祎、周晓薇编著的《隋代墓志铭汇考》①，共收录隋代墓志643方，为学界研究隋代历史提供了一个全新而齐备的隋朝墓志铭资料。《隋代墓志铭汇考》收录的隋代墓志铭中，志主所葬地点多在今天陕西、河北、河南一带，葬于幽州的墓志仅两方。虽然这两方墓志不能提供更多的信息来完善隋代幽州的历史，但通过对这两方墓志的整理，结合文献记载，可以从中窥见隋代地方官制选拔途径和某些特点，与文献相辅证。

目前，已出版的隋唐时期幽州出土的墓志铭资料主要有：其一，《新中国出土墓志·北京卷壹》②，其收录1949年以来幽州出土或征集的墓志

---

① 《隋代墓志铭汇考》由王其祎、周晓薇编著，2007年线装书局出版，共计收录了约643方隋代墓志，其中北京地区2方。全书体例为先图后文，每方墓志汇集了卒葬时间、行款书体、撰书人名、志文标题、志盖标题、形制纹饰、出土时地、存佚状况、主要著录情况等九个方面的信息。全书对每方志文进行了隶定和标点，并附有相关金石志著录和研究文献对各方墓志的考证和整理者评语。以下简称《汇考》。

② 中国文物研究所、北京石刻艺术博物馆编：《新中国出土墓志·北京卷壹》，文物出版社2002年版，第4—38页。

411方，其中唐代墓志并盖42方，原石今多收藏于首都博物馆、北京石刻艺术博物馆、各区县文物所；其二，《北京市文物研究所藏墓志拓片》①收集了北京市文物研究所所藏的墓志拓片图版，其中唐代墓志42方；其三，近期在北京出土的唐代墓志铭材料，散落发表于各大考古杂志、《北京文博》以及北京市文物局网站中，也属于本书的关注和收集对象。如2008年在西城区丰盛胡同出土的《唐李殷辅墓志》②；2013年1月在北京房山区出土的唐代幽州节度使刘济墓，其墓志文字由当朝宰相权德舆撰写，已经被收入清代编写的《全唐文》中，虽考古报告尚未发布，但已发布其志盖上书6行24字："唐故幽州卢龙节度观察御使中书令赠太师刘公墓志之铭"③，由此可以确定墓主人为唐幽州节度使刘济，其在《全唐文》中收入的墓志文字资料也作为本书的研究范围。

若要研究唐代幽州出土墓志，以上三种基本资料远远不够，需要整理。除此以外，正式公布的唐代墓志铭，其拓片录文散见于各种资料汇编中。如民国时期罗振玉校注的《京畿冢墓遗文》也收录了大量幽州唐代墓志。周绍良、赵超主编的《唐代墓志汇编》及《唐代墓志汇编续集》共计收录墓志5100多方，其中收录的葬于北京的墓志有许多并没有存于以上三种材料中。陈尚君主编的《全唐文补编》、吴钢主编的《全唐文补遗》④均收录了一些唐代幽州墓志的录文，通过对录文中墓志的下葬地进行查找分析，也可以取得少许唐代北京墓志。前者侧重《全唐文》未收之文章，由中华书局出版，共收录唐人文章近7000篇。《全唐文补遗》第八辑⑤、第九辑⑥均为最新资料，其中有少量葬于幽州的墓志收入。此外，《隋唐五代墓志汇编·北京卷》⑦《石景山历代碑志选》⑧《北京文物精粹大系》石刻卷⑨均有为数不多的幽州墓志。笔者力求能够搜集全葬于幽州的墓志，并以图表、数据的形式呈现分析，以研究葬于北京墓志中唐

---

① 王鑫主编：《北京市文物研究所藏墓志拓片》，北京燕山出版社2003年版。
② 于璞：《北京地区唐墓壁画的分期与时代特征》，《文物春秋》2010年第6期。本书采用的《唐李殷辅墓志》录文，是笔者根据《西城区丰盛胡同唐代壁画墓发掘简报》一文中照片8，来源为北京市文物局网站，原图参见韩鸿业文：http://www.bjww.gov.cn/2011/8-30/1314687436328.html。
③ 王佳琳：《房山现唐幽州节度使刘济墓》，《新京报》2013年1月10日，第A15版。
④ 吴钢主编：《全唐文补遗》第一至九辑，三秦出版社1994—2007年版。
⑤ 吴钢主编：《全唐文补遗》第八辑，三秦出版社2005年版。
⑥ 吴钢主编：《全唐文补遗》第九辑，三秦出版社2007年版。
⑦ 张宁主编：《隋唐五代墓志汇编·北京卷》，天津古籍出版社1991年版。
⑧ 中共石景山区委宣传部等编：《石景山历代碑志选》，同心出版社2003年版。
⑨ 梅宁华主编：《北京文物精粹大系》石刻卷，北京出版社2004年版。

代人物的仕宦和生活状态。

在一万余方唐代墓志中搜寻葬在今天北京的墓志，难免挂一漏万，这就要求有一本很好的目录索引工具书。日本学者气贺泽保规编著的《新版唐代墓志所在总合目录》（增订版）[①] 是当前收录最全的唐代墓志使用索引，可以得知同一墓志文字的不同收录情形，将先前出版的有关唐代墓志的情况搜罗殆尽。通过这本目录索引可以去除同一人物墓志录文在各种文章中重复收集的情况，已达到收录文献的全面性，规避重复性收录。

二 微观考证与宏观论述的研究方法

隋唐时期北京城的历史研究尚不丰满，通过解读新近发现的墓志会告诉我们很多有趣且真实的过去。本书的关注点是隋唐时期葬于幽州的墓志，行文分为三个步骤：

首先，要根据幽州地理名称的变化，克服在墓志的收集整理过程中名称多变、僭伪年号等的阻碍，以历史学的背景予以阐释，辨别考证出葬于幽州的隋唐时期墓志。

其次，对所收集的墓志文本进行梳理制表统计，从中总结出在唐代幽州做官、生活、客居的人物，对这些人物进行社会阶层、官职、宗教信仰、民族、性别、籍贯等分析。

最后，从研究官员入仕途径切入，分为科举、门荫、辟署、军功等方面，并通过勾画他们的仕宦经历，试图对幽州地区的仕宦阶层的从官特点做出归纳，以墓志材料补充正史之缺，推进唐代幽州的历史研究，更加细致、充分地展示风云际会的唐代幽州历史。

[①] ［日］气贺泽保规：《新版唐代墓志所在总合目录》（增订版），汲古书院2009年版。

第二章　隋唐时期幽州的建置与沿革

北周在周宣帝的统治下，权力集团内部矛盾尖锐，内外离心。静帝继位后，因其年幼，大权落入他人之手。公元581年外戚杨坚取代北周静帝之位，定国号为"隋"，建元开皇。开皇九年（589），隋灭掉南朝的陈，结束了魏晋南北朝以来的分裂局面，一统天下。隋代国祚短暂，仅经历38年。至公元618年，李渊建立唐朝，隋代覆亡。

第一节　隋代涿郡的建置

幽州在隋代时为涿郡治所，另有少部分为隋代安乐郡、渔阳郡治所，王仲荦先生据《北周·地理志》载："后魏，密云县治在今河北丰宁县东北境；东魏，密云县随安州寄治幽州北界，即今北京密云县城关"，隋代时，因省并州县的推行，郡县名称多有变更，难以考订，《中国市县大辞典》在叙述北京市密云县时提到其在隋代时为檀州密云、燕乐二郡，但史书并无此类记载。笔者对比隋大业三年（607）河北诸郡县图[①]、中国市县大词典河北省区划图[②]及中华人民共和国地图时，发现隋代大业三年安乐郡所统密云县应属今北京市辖区[③]。

隋代建立之初，原有行政区划体制混乱庞杂，为统治带来诸多不便，当时兵部尚书杨尚希"窃见当今郡县，倍多于古"[④]，关注到当时天下州

---

① 周振鹤主编，施和金著：《中国行政区划通史·隋代卷》，复旦大学出版社2009年版，第105页。
② 阎崇年主编：《中国市县大辞典》，中共中央党校出版社1991年版，第37页。
③ 见附录。
④ 《隋书》卷46《杨尚希传》，中华书局1973年版，第1253页。（以下同书再出不注版本，类推）

郡过多带来的弊端"县僚以众，资费日多，吏卒人倍，租调岁减"①，上书建议省并诸郡。隋文帝采纳建议，对原有行政区划进行了大力改革。主要措施有改州郡县三级制为州县二级制，裁减、整合州县数量。其中，与涿郡有关的历史是在开皇三年（583）十一月，隋文帝"罢天下诸郡"②，改"燕郡"为"幽州"。隋炀帝继位后，又在大业三年（607）四月"改州为郡"③，废"幽州"，置"涿郡"，涿郡"统县九，户八万四千五十九"④。据《隋书·地理志》记载，九县名称分别为蓟⑤、良乡、安次、涿、固安、雍奴、昌平、怀戎⑥、潞。可以确定在今天北京境内的有蓟县、良乡县、昌平县、潞县，四县沿革历史如下：

蓟县：蓟县在开皇元年属幽州燕郡统县，后炀帝改幽州为涿郡，蓟县为涿郡所辖。隋代蓟县并非今天天津市蓟县，天津市蓟县在隋代名"无终县"，史载"后齐置，后周又废徐无县入焉。大业初置渔阳郡"⑦，其下辖一县即"无终县"。而隋代蓟县位于良乡、昌平、潞三县交汇处⑧，良乡、昌平、潞三县均在今北京地区，蓟县亦同。

良乡县：西汉设置为侯国，隶属涿郡。故城在今北京市房山区窦店村西一里，尚存遗址。王莽时称广阳，东汉复名良乡。三国魏隶属范阳郡。晋隶范阳国、范阳郡。北魏隶燕郡，徙治于今房山东，大石河西岸。北齐天保七年（556），并入前县；武平六年（575），复置，隶属涿郡。隋开皇六年（586），隶属幽州；大业三年（607），诏改州为郡，隶属涿郡。新中国成立后，于1958年划归北京市，撤销良乡县建置，与房山县合并，称周口店区，后又改为房山县。今为北京市房山区。

昌平县："昌平自中国汉朝时期设立，元魏置东燕州及昌平郡县"⑨。史载"旧置东燕州及平昌郡。后周州郡并废，后又置平昌郡。开皇初郡

---

① 《隋书》卷46《杨尚希传》，第1253页。
② 《隋书》卷1《高祖上》，第20页。
③ 《隋书》卷3《炀帝上》，第67页。
④ 《隋书》卷30《地理志中》，第857页。
⑤ 并非今天天津蓟县，二者沿革历史易混淆。
⑥ 在隋代涿郡所辖九县中，其中怀戎县属于今天哪一政区管辖无从可考，据《隋书·地理志》记载"有乔山，历阳山，大、小翩山，㶟水，□水，涿水，阪泉水"，似仅大翩山在今北京境内，故本书不将其计入今北京境内。
⑦ 《隋书》卷30《地理志中》，第859页。
⑧ 参见周振鹤主编，施和金所著的《中国行政区划·隋代卷》，第105页所附图26：《大业三年河北诸郡县》。
⑨ 阎崇年主编：《中国市县大词典》，第9页。

废,又省万年县入焉"①。1956年大部分划为北京市管辖。

潞县:西汉设置路县,王莽改为通路亭。东汉时改置为潞县,因傍潞河(今潮白河)故名,隶属渔阳郡。西晋隶燕国。后赵隶渔阳郡。前燕、前秦、后燕隶属燕郡。北魏、东魏、北齐、北周隶属渔阳郡。隋隶属幽州、涿郡,县治迁至今北京通州区东八里之故城村。

隋朝时期,国家的政治中心在大兴城(今西安)、洛阳一带,因此,幽州在隋代并不以政治、经济方面为统治者所重视,涿郡的重要性主要体现在军事、交通两方面上。

隋朝大运河开通后,涿郡是皇帝巡幸东北的必经之处。为了加强中央政府对地方的控制和对辽东用兵,统治者大多委任重臣、名将为幽州总管或涿郡太守。从隋炀帝大业七年(611)开始,隋炀帝先后三次用兵高丽,均以涿郡为基地,集结兵马、军器、粮储。大业七年二月,隋炀帝以"高丽高元,亏失藩礼"②为由发动对高丽的战争,同年前往涿郡视察民俗,四月至涿郡临朔宫。隋炀帝二征高丽时,于北方涿郡、东莱、洛阳三地驻扎大批军队,涿郡正是侵略高丽的发兵地。为方便战事,隋炀帝又在涿郡营建临朔宫③。临朔宫是一座帝王行宫,主要供隋炀帝巡幸蓟城,督战辽东之役所用。史载"将兴辽东之役,自洛口开渠,达于涿郡,以通运漕。毗督其役。明年,兼领右翊卫长史,营建临朔宫"④。自大业九年起,在涿郡地区有越来越多的军队或征或募而至,涿郡成为东征的大本营。

隋炀帝征战高丽,使人民的负担日益沉重,战事纷乱,民不聊生。各地纷纷举兵反抗隋炀帝的统治,而涿郡作为东征高丽的基地,矛盾尤为突出,也成为最先起兵反抗隋朝统治的地区之一。相比于军事方面的表现,涿郡更突出的角色在于交通方面。隋朝大运河以洛阳为中心,南起余杭,北达涿郡,全长2700千米。隋炀帝在完成通济渠、山阳渎之后,又决定在黄河以北再开一条运河,即永济渠。永济渠从洛阳对岸的沁河口向北,利用卫河和芦沟(永定河)等自然河道开挖加深,直通涿郡。史载"诏发河北诸郡男女百余万,开永济渠,引沁水南达于河,北通涿郡"⑤。运

---

① 《隋书》卷30《地理志中》,第857页。
② 《隋书》卷3《炀帝上》,第75页。
③ 宫殿后毁于农民起义,遗迹无存,关于其具体位置有两种说法:其一认为位于蓟城城南7里,清泉水北岸(今凉水河);其二认为位于蓟城东南隅,即今法源寺处。
④ 《隋书》卷68《阎毗传》,第1595页。
⑤ 《隋书》卷3《炀帝上》,第70页。

河开通后，隋炀帝乘龙舟北巡涿郡，既加强了对涿郡地区的控制，更方便了对高丽的征战。一定程度上也"加强当时涿郡与中原地区的政治、经济、文化等各方面的联系"①。尤其在大运河开通后，沟通南北漕运，往来商货物品在涿郡集散，使得涿郡与政治中心的经济、文化交流愈加频繁。客观上促进了该地区经济、文化的发展。

隋代涿郡在陆路交通方面主要是修筑驰道。史载"八月壬午，车驾发榆林。乙酉，启民饰庐清道，以候乘舆"②。大业三年（607），自榆林至涿郡所开御道，长达3000里，宽100步。启民可汗是指东突厥首领染干，隋文帝时将义成公主嫁给他，染干为了表达对隋王朝的感恩之情，在隋炀帝打算由榆林出塞至涿郡巡察时，染干为其开路，形成供隋炀帝巡行的御道。除此之外，北方还修有两条陆路干道，一条自南向北，经河内郡、魏郡、博陵郡到涿郡；另一条由东往西，经柳城郡、北平郡、渔阳郡、涿郡达于马邑郡，这两大交通干线均以涿郡蓟城作为交汇点。

综上所述，幽州在隋初罢郡置州后，因其地理位置重要，为中原王朝应对北方游牧民族的门户，是隋代稳定领土的军事重镇。隋炀帝继位后，废幽州置涿郡，涿郡领蓟、良乡、安次、涿、固安、雍奴、昌平、怀戎、潞九县（位于今天北京境内的有良乡、昌平、潞三县）。后隋炀帝发动对高丽的战争，涿郡成为征战高丽的军事基地。但隋炀帝在涿郡耗费大量人力、物力和财力筹备军队，使得该地区的民众赋役沉重，隋末时纷纷起兵反抗隋代统治。同时，大运河的修建使隋代加强了对涿郡的控制，密切了涿郡与政治中心的联系，也在客观上促进其经济、文化的发展，奠定了该地区在后世逐渐成为政治中心的基础。

第二节　唐代幽州的命名史

唐王朝建立之初，尽管全国尚未统一，但幽州已经处于唐王朝的控制之下。据《大唐创业起居注》记载，武德元年，隋将罗艺归唐，幽州从此进入唐王朝的管辖范围。于是，废隋之涿郡，改为幽州总管府。"诏以艺为幽州总管。"③ 幽州总管府包括幽、檀、平、营、燕、辽、易七州等，

---

① 尹钧科：《北京古代交通》，北京出版社2000年版，第83页。
② 《隋书》卷3《炀帝上》，第70页。
③ （宋）司马光编：《资治通鉴》卷186《唐纪二》，中华书局2011年版，第5939页。

隶陕东道行台。① 武德时期，幽州的名号在总管府、大总管府、大都督府之间相互更迭。开元十三年（725），再次升为幽州大都督府，但专名不变。

与隋代一样，唐代的幽州并非以其经济文化繁荣，而是以其显赫的军事地位闻名于世。唐太宗时期，国势日益强盛，于是又一次以幽州为基地，对高丽进行了大规模的战争，贞观十八年（644）冬，唐太宗有意亲征高丽，次年四月，除分兵莱州（山东掖县）泛海趋平壤外，太宗亲率主力，仍从陆路过蓟城趋辽东，并在蓟城南郊誓师，大飨六军。作为天子誓师的大本营，幽州的地位得到了提高，同时也破坏了这里经济的正常发展，增加了人民的负担，导致了社会的动乱。由于高丽顽强抵抗，又加上天寒粮尽，此次出兵损失惨重，最终被迫而退。是年十一月，太宗兵退蓟城，为安抚军心，遂下令在城内东南隅建寺，以悼念阵亡将士，命名为悯忠寺，武则天时"追感二帝（太宗、高宗）之志，起是道场，寺以悯忠为额"。此后历代都对其注意保护，至清雍正时改名为法源寺，并保存至今，它的地理位置也成为推定幽州城的依据。

唐太宗去世之后，李治即位，是为高宗，高宗即位不久，西突厥阿史那贺鲁部叛、吞并乙毗射匮可汗部，自号"沙钵罗可汗"。武则天称帝以后，东突厥和辽东契丹复兴，东北各少数民族（比如奚、契丹）的势力日益强大起来，构成了对中原王朝的严重威胁，东北诸族的兴起，与西部吐蕃王朝的勃兴有其内在联系。由于西部强大的吐蕃王朝的出现，成为唐王朝的主要威胁之一，于是唐王朝不得不将战略中心向西移动，而在东北地区采取消极防御态势，从而在客观上为东突厥乃至契丹的崛起创造了条件。加之武则天时期以洛阳为神都，自己则常年驻跸于洛阳，政治中心遂转移到洛阳，这固然有关中地区供给常处窘乏的因素，但也使幽州承担起了保障东都安全的任务。于是，作为北方重镇的幽州，不但是控制塞外的北方军事重镇，而且担负着繁重的军事防御重任，角色扮演的多重性更加显现。唐王朝曾经将文武重臣先后派往幽州，狄仁杰、宋璟等人都曾前往幽州，参与治理的同时以求稳定东北一线的局势。

唐玄宗时期，王朝的疆域达到了鼎盛，但是由于地处东北的契丹、奚等民族崛起，幽州地区在北方边防体系中的地位更加重要。唐玄宗时期在边地十镇设立节度使，不但握有军权，而且掌握着行政、司法、财政、人事等大权。十大节度使共辖方镇兵49万人，其中处于幽州的范阳节度使

---

① 郭声波：《中国行政区划通史·唐代卷》，复旦大学出版社2012年版，第197页。

统兵最多，达到 9.1 万人，造成了唐王朝枝强干弱的局面。天宝十四年（755），身兼平卢、河东、范阳三镇节度使的安禄山在幽州竖起了"清君侧，讨伐杨国忠"的大旗，揭开了"安史之乱"的序幕，叛军一路南下，迅速占领东都洛阳，安禄山称帝，国号大燕，宣布以范阳为"东都"。安禄山进占长安以后，发生内讧，安庆绪杀安禄山自立为帝。与安庆绪有矛盾，起兵以后一直驻守范阳、控制河北的史思明投降唐朝，随即再次反叛。史思明打败唐军之后，杀死安庆绪，返回范阳称帝，称"大燕皇帝"，以范阳为燕京。肃宗上元二年（761），史思明被其子史朝义所杀，史朝义称帝，后蓟城内发生了一场叛军的内讧，史朝义与史朝清两党激战于城内街巷内，长达两个月，最终史朝义获胜，随即令大将李怀仙留守燕京，自己挂帅出征，结果兵败而回，李怀仙拒绝收纳，史朝义走投无路，在蓟城外自杀。至此，长达八年之久的"安史之乱"结束。

"安史之乱"是唐代由盛转衰的转折点，此后，唐王朝无力控制地方，安史旧将在河北地区建立三个藩镇，幽州成为三镇的中心。河北三镇名义上归唐朝政府管辖，其实并不听从唐朝皇帝的调遣，成为割据一方的地方势力。长期以来，学界对于幽州的"割据性"关注较多，但是日前出土的刘济墓志却给了我们崭新的思考。在唐朝后半期，北部边地重陷割据局面，直至唐朝灭亡。

第三节　幽州的建置与沿革

唐代历时近三百年，其行政区划亦几经变革。现存的主要文献之中，《通典·州郡典》是以天宝初年的行政区划为基准，《旧唐书·地理志》是以乾元初年的行政区划为基准的，同时也补充了一些乾元以后的零星资料，《新唐书·地理志》则是以唐末的行政区划为基准，① 故而相互抵牾之处在所难免。

总体来说，唐初的地方行政制度仍然沿袭隋朝。武德元年（618）五月，"罢郡置州，改太守为刺史，以州统县"。② 李唐王朝统一天下以后，鉴于州县过多，于"贞观元年，悉令省并，始于山河形便，分为十道"。③

---

① 郭声波：《中国行政区划通史·唐代卷》，第 4—5 页。
② 《旧唐书》卷 1《高祖纪》，中华书局 1975 年版，第 6 页。
③ 《旧唐书》卷 38《地理志一》，第 1384 页。

至"开元二十一年（733），分天下为十五道，每道置采访使，检察非法，如汉刺史之职"，① 由武德年间的州、县两级体制演变为道、州、县三级体制。中唐时期，以数州为一镇，置节度使，称为"方镇"或"藩镇"。天宝以后，节度使又兼任各道采访使，道镇基本合一。本书所指幽州地区在唐代属于河北道，下置幽州、檀州，亦包括妫州及饶乐都督府部分地区。

幽州治蓟，天宝十三年（754）时领10县，其中4县在今北京境内，为蓟、潞、良乡、昌平。又，范阳县西北部亦在今境。四县沿革分别叙述如下：

蓟县，本隋涿郡旧县，武德元年，隶幽州，为州治。贞观元年（627），行燕州行辽西县寄治于此。开元二十五年（737），以废行燕州行辽西县省入，天宝元年（742），幽州改为范阳郡，蓟县为郡治。析置广宁县，治广宁城（今北京市石景山区古城街道办），天宝三载（744），广宁县省入蓟县，天宝十五载，因范阳郡归安氏燕国，改称范阳府，隶范阳府，为府治。乾元元年（758），范阳府复为幽州，蓟县为州治。乾元二年（759），幽州归史氏燕国，升为燕京范阳府，为都城，蓟县为其府治，并析置广平县。宝应二年（763）归唐，仍隶幽州。建中二年（781），析置幽都县，幽都县治幽州城内故燕州廨署（今北京市原宣武区）。唐末，省广平县来属。

潞县，本隋涿郡旧县，武德元年（618）隶幽州，二年割隶玄州，为州治，并析置临洵县，治所不在今北京境内，贞观元年（627），州废，省临洵县来属，潞县还隶幽州，开元四年（716），析置三河县。天宝元年（742），隶范阳郡。乾元元年（758），复隶幽州。二年，隶范阳府。宝应二年（763），仍隶幽州。

良乡县，本隋涿郡旧县，武德元年（618），隶幽州。圣历元年（698），改为固节县。神龙元年（705），复为良乡县。天宝元年（742），隶范阳郡。乾元元年（758），复隶幽州。二年，隶范阳府。宝应二年（763），仍隶幽州。

昌平县，本隋涿郡旧县，武德元年（618），隶幽州。六年（623），行燕州行辽西、行怀远二县寄治于此。贞观元年，行燕州行辽西县移治蓟县，省行怀远县来属。开元二十五年（737），析置辽西县，割隶燕州。天宝元年（742），隶范阳郡，乾元元年（758），复隶幽州。二年，隶范

---

① 《旧唐书》卷38《地理志一》，第1385页。

阳府。宝应二年（763），仍隶幽州。

此外，由于唐代幽州处于民族交汇地区，有唐一代亦设立了许多羁縻府州于此，其中治所在今北京市境内的有羁縻辽州（羁縻威州）、羁縻瑞州、羁縻夷宾州、羁縻黎州、羁縻慎州、羁縻带州、羁縻沃州、羁縻师州、羁縻顺州（羁縻思顺州）、羁縻归顺州、羁縻顺化州、羁縻归义州。①

檀州治密云，檀州即密云郡，本隋朝安乐郡，领燕乐、密云二县，都在今天北京境内。密云亦置武威军，燕乐县东北的北口为长城要塞，置有北口守捉。唐武德元年（618），改为檀州，以隋旧州为名，治燕乐县，隶燕州总管府，贞观六年（632），隶定州总管府。七年（633），隶幽州都督府。贞观十三年，檀州领燕乐、密云二县，治燕乐县。密云、燕乐二县沿革如下：

密云县本隋朝安乐郡旧县，罗艺以隶檀州。长寿二年（693），自燕乐县移州治于此。天宝元年（742），隶密云郡，为郡治。乾元元年，复隶檀州，为州治。二年（759），隶密云郡。宝应二年（763），隶檀州。

燕乐县本为隋安乐郡旧县，罗艺以隶檀州，为州治。长寿二年，移治新燕乐城（今北京市密云县不老屯镇燕落村），移州治于密云县。天宝元年（742），隶密云郡。乾元元年（758），复隶檀州。二年（759），隶密云郡。宝应二年（763），隶檀州。

另外妫州及饶乐都督府部分地区也在今北京境内。妫州治怀戎，初置北燕州，贞观八年（634）改名为妫州。长安二年（702），移治清夷军城（即旧怀来县城）领一县，为怀戎，其东部在今境。饶乐都督府又称奉城都督府，以内附奚族部落置，今北京境内北部山地以北皆属。

第四节　唐代幽州的中心城

自魏晋以来，幽州蓟城的城址基本没有扩大和迁移，幽州城的建置与规模一直到唐朝时才有了明确的文字记载，从唐太宗敕建的悯忠寺位置基本可以确定唐代幽州城的方位。据文献资料记载，唐幽州至辽代为辽南京，辽南京因唐幽州城未加改变。根据《太平寰宇记》引《郡国志》记载：幽州城"南北九里，东西七里"，是一个长方形的城市。幽州城的东

---

① 郭声波：《中国行政区划通史·唐代卷》，第 1134—1139 页。

城垣在今宣武门大街西烂缦胡同与法源寺东墙之间的南北一线，西城垣在今小马厂至甘石桥的东侧，南城垣在今白纸坊至姚家井一线，北城垣在今会城门至新文化街一带。根据唐代僧人南叙《重藏舍利记》，也可推定当时幽州蓟城的东城墙在今天的法源寺以东、烂缦胡同偏西一线的地方。城有内外两重，子城位置在幽州城内西南隅，西、南两面城垣即利用西垣南段和南垣西段。子城不居全城中心，是选在地势高处营建，故而偏向西南。

幽州城的建置特点是：坊与坊之间有围墙相隔，每一坊都有自己的名称和标志。坊门和门楼上均设独特的标志，坊内的十字街以及街巷，都与通向市井的大道相连接。每一个坊的治安、巡逻、宵禁等都有一整套管理体系。依照大唐律规定，幽州城内每一个坊的坊门都是晨启夜闭，与幽州城门的开关时间紧密相合，在城门、坊门关闭后夜行，就要受罚二十棍，即"诸犯夜者，笞二十"。① 唐代幽州城还规定，城内坊与坊之间的墙垣与官署廨垣皆不可攀越，违者"杖七十"。幽州城城北为固定的市辖之区，作坊，店铺，按行开市，盛唐时继有发展。

唐代城市的基本居民单位是坊和里，关于唐代幽州城的文献记载较少，笔者根据幽州出土的唐、辽墓志和石经题记，记下了许多唐代幽州城及辽燕京城的坊名，为考稽唐幽州城坊提供了珍贵资料。首都博物馆的鲁晓帆在其父亲鲁琪的研究基础上，对唐代幽州城坊有过细致的考证，其中坊里名称有：卢龙坊、燕都坊、花严坊、归仁里、东通圜里、通圜坊、通肆坊、时和里、遵化里、平朔里、辽西坊、归化里、蓟宁里、肃慎坊、蓟北坊、铜马坊、军都坊、招圣里、劝利坊。②

另外，幽州出土的许多辽代墓志中，也记载有关辽代南京（燕京）城的坊名。这些坊名或沿袭唐幽州城坊之旧名，可供参考，主要有：隗台坊、永平坊、罗北坊、齐礼坊、裳阴坊、南肃慎里。③

唐代幽州，距离中央政权较远，是北方边防重地，更是汉、粟特、突厥、契丹等民族杂居融合或相邻的地区。④ 唐代曾经建立起空前规模的多民族国家，地处中原、东北、蒙古高原三大地区交通枢纽地位的幽州，自

---

① 《唐律疏议》，中华书局1983年版，第489页。
② 鲁晓帆：《唐幽州城坊诸考》，《北京文博》，文见 http：//www.bjww.gov.cn/2005/8 - 23/1047.html。
③ 鲁晓帆：《唐幽州城坊诸考》，《北京文博》，文见 http：//www.bjww.gov.cn/2005/8 - 23/1047.html，第126—128页。
④ 李鸿宾：《唐朝中央集权与民族关系——以北方区域为线索》，民族出版社2003年版，自

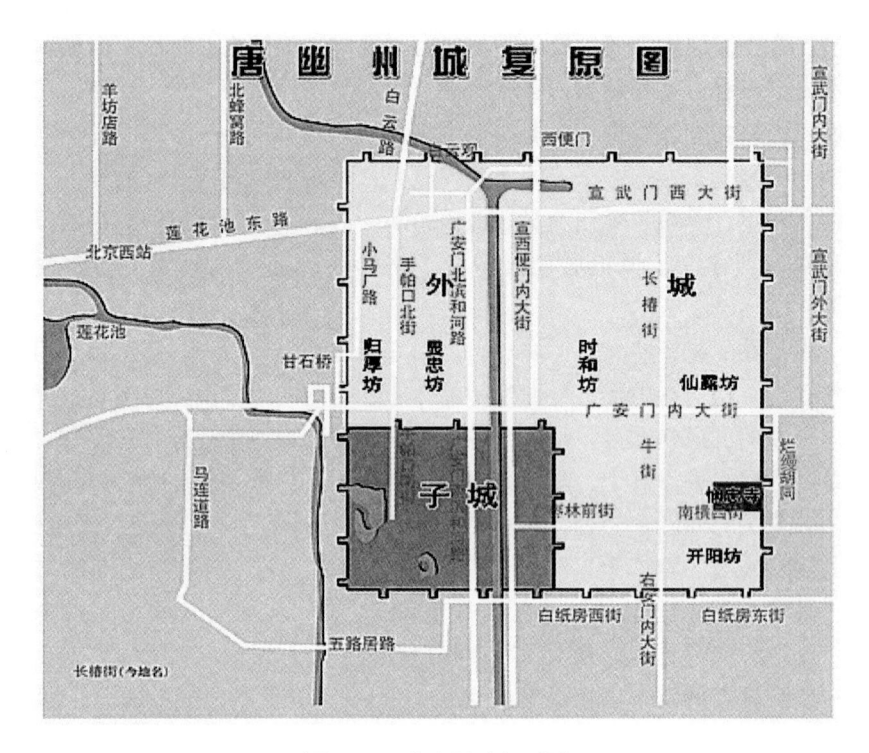

图 2—1　唐幽州城复原图

然成为各民族彼此交流、相互融合的大熔炉。唐高祖初年曾有靺鞨人千余户迁入幽州城。① 贞观四年（630），唐太宗派李靖、李勣等率兵十余万，乘突厥内部矛盾激化、频年大雪、六畜多死的情况下，一举消灭东突厥。强大一时的东突厥随即灭亡。唐太宗对于北方各族的态度，《资治通鉴》中有如下内容："（太宗）问侍臣曰：'自古帝王虽平定中夏，不能服戎、狄。朕才不逮古人而成功过之，自不谕其故，诸公各率意以实言之。群臣皆称：'陛下功德如天地，万物不得而名言。'上曰：'不然。朕所以能及此者，比由五事耳。……自古皆贵中华，贱夷、狄，朕独爱之如一，故其种落皆依朕如父母。此五者，朕所以成今日之功也。"② 在如何处理突厥降众的问题上，太宗采纳了温彦博的建议："全其部落，顺其土俗，以实空虚之地"③，设置了定襄和云中两个都督府。许多突厥人迁入幽州地区，还有奚、室韦和契丹人到幽州一带居住，尤其是归顺州（今北京顺义

---

① 刘统：《唐代羁縻府州研究》，西北大学出版社 1998 年版，第 3 页。
② 卷 198，第 6360 页。
③ 卷 193，第 6188 页。

区),顾名思义取"归顺"之义,是契丹族人的主要内附区。这均说明幽州自古以来就是各民族人民融合、杂居之地,正是他们共同生活在一起,创造着古代北京的历史。

第三章　隋唐时期幽州的墓志概况与分类

第一节　隋代涿郡的墓志概况

隋朝立国短祚，志主恰好葬于隋代统治时期的墓志并不多见。笔者以隋代的区划沿革为依据，认为涿郡九县中蓟县、良乡县、昌平县、潞县等地区的出土墓志相对丰富。笔者先后查阅了《北京考古史》《新中国出土墓志·北京卷》《新中国出土墓志·北京（附辽宁）卷》和《隋代墓志铭汇考》所收录的隋代墓志。其中，志主葬于涿郡的墓志仅两方，均在北京市房山区出土，分别为《隋韩（智）君墓志》和《隋国良乡县司功韩（辅）君墓志》。

一　韩氏家族墓志

目前，可供利用有关幽州发现的隋代墓志仅有两方，均被收录在《新中国出土墓志·北京卷》[1]。分别是《隋韩（智）君墓志》和《隋国良乡县司功韩（辅）君墓志》。其中第一方的墓志细节如下：

卒葬时间：开皇九年（公元五八九）十一月二十日葬。
行款书体：志文二二行，满行二三字，正书，有方界格。
志盖标题：韩君墓志。二行，行二字，阴文篆书，有方界格。
形制纹饰：志石并盖均长四八点五，宽五零厘米。志盖呈盝顶形。
出土时地：北京房山区出土。
存佚状况：石存北京房山区文物管理所。
主要著录：新中国出土墓志北京［一］上册一页图、下册一

---

[1] 王其祎、周晓薇：《隋代墓志铭汇考（三）》，第363页。

页文。

墓志铭文：隋韩君墓志

君讳智，字子哲，燕国良乡县秤邑乡临流里人也。始祖承天，作周少子，额韩封国，由瑞受禀，因为氏焉。韩倾王之苗胄，渔阳府君子孙者矣。曾祖合，幼怀貔①虎，长好干戈。魏帝召授中坚将军、安洛县开国子。南定徐阳，复除洛陵太守，将军、开国如故。在治脩整，兽往珠还。祖据，晓古识今，文武俱博。嘱魏道连替，潜志家邦。郡将罗公辟为主簿。讚助尽忠，安上穆下。父琬，性贪恬邃，情思许节。专乐仁智，弗假荣禄。方涉规矩，抑版清河太守。

君生即聪憖，心爱琴书。五经通在志学之年，百籍明于加冠之岁。郡主颜公，擢任主簿。剖毗有预，声绩上闻。刺史张公，用为从事，倍职三思，不殊鲁季。知时睨变，实同卫武。是以外使则官乘佐以徒仆，内侍则公禀坐以重席。至年知命，归心释道。顿捨三毒，专进十善。形虽六礼，意念一乘。聊披涅槃，玄解文趣；暂听华严，义相遥览。和容淹慈，先他后己。慕阐无为于群生，愿扬太空于我我。志质未敷，百六已尽。始年五十有三，薨于燕署之内。邻里断歌相之音，朋亲怀考姒之痛。各云呜呼，无复重觌容模。哀哉良人，何时再来？其词曰：世德幼通，玄源壮颖。行等金质，言同玉斑。卓尔松生，标然风举。家国锦镜，番君翅羽。乡裹謇謇，朝中翼翼。天不佑善，奄随物极。幽宫朝掩，长居夜台。相看送去，不见迎来。呜呼哀哉。大隋国开皇九年岁次己酉十一月庚寅朔廿日己酉。

附考：（其祎案）韩智及其曾祖合、祖据、父琬，皆不见于正史。魏书卷二三卫雄传有东晋时乐平太守韩据，与此韩智祖韩据非同一人。志文记贯里"燕国良乡县秤邑乡临流里人"特详，又称"大隋国"，皆他志少见。惟不输葬地，则疏漏甚。"韩倾王"，不明所指，疑为韩襄王之讹。"渔阳府君"疑即西汉之韩安国。

由志文可知：志主韩智，字子哲，燕国良乡人。志文第一段提到"曾祖合""祖据""父琬"，而《隋国良乡县司功韩（辅）君墓志》中亦有"高祖合""曾祖据""祖琬"，可知韩智与韩辅为同一家族，韩智是韩辅的父辈。韩智幼时聪颖，少时就已熟读经书文籍。因此为颜公赏识任为主簿。在任期间业绩突出，刺史张公提拔为从事并得到重用。同时，

---

① 据作者王其祎考证，原志文中该字为"貔"省写。

《隋国良乡县司功韩（辅）君墓志》中提到韩辅父哲"交比仲平，思同文子。郡将李公擢任主簿，刺史张公用为从事"。两相对比可发现韩辅父亲与韩智的任职经历基本一致，加之韩智字子哲这些信息似乎可以说明韩智为韩辅的父亲。但从时间上推断存在很大的纰漏，韩辅卒于仁寿元年（601），时年56岁，可推知其生于公元546年。而志主韩智卒于开皇九年（589），时年53岁，可知韩智生于公元537年，与韩辅相差仅9岁，二人的年龄差距过小。因此只能推测韩智与韩辅是同族人。根据志主生卒年判断，其任职经历应该在南北朝时期，志主韩智所任官职有主簿、从事二职，"主簿"在后文中将有所涉及。

另外一方墓志为《隋国良乡县司功韩君墓志》①，记载如下：

  卒葬时间：仁寿元年（公元六〇一）四月二十八日卒，十一月四日葬。
  行款书体：志文二三行，满行二三字，正书，有方界格。
  志文标题：隋国良乡县司功韩君墓志
  志盖标题：韩君墓志。二行，行二字，阴文正书，有方界格。
  形制纹饰：志石并盖均长五四，宽五四厘米。志盖呈盝顶形，志石断为三块，缺左上角及左下角。
  出土时地：北京房山区出土。
  存佚状况：石存北京房山区文物管理所。
  主要著录：新中国出土墓志北京［一］上册二页图、下册一页文
  墓志铭文：隋国良乡县司功韩君墓志
  君讳辅，字仲卿，燕国良乡人也。先受天府建国，后因韩侯作氏。周王之胄，渔阳子孙也。高祖合，才堪导士，智能消难。魏授忠坚将军、乐陵郡守、安乐县开国子。曾祖据，郡守罗功辟为主簿。寻举入京，授长平县令。恩至遮辕，惠招直竹。祖琬，游山玩水，不求世禄。□敕使抑版清河太守。父哲，交比仲平，思同文子。郡将李公擢任主簿。刺史张公用为从事。言成珠玉，行当物表。
  君幼闲礼德，长明事务。萧明府、王明府、李明府，以君超俦如松，卓朗如玉，相传三政，并任司功。奉上以剖腹为轻，接下慕竹马之重。县令端正，□□垂□，时风时雨，不谢徐君；息暴息蟥，无愧

---

① 王其祎、周晓薇：《隋代墓志铭汇考（三）》，第27页。

密令。周既统□，□新削旧。明府韦忻，押作主簿。韦宗明府，复任司功。赞奉理务，□着声绩。总管金水，公用为典签，引接阶庭，谋论帷幄。总管落□，公举当三贡，员有卢祖，君为上宾。厕英紫阙，拜□圣龙庭。实欲□己励节，奉国忘身。薨大人谓君曰：来从无为来，早修无为路。庶讬悟觉，忽然意解。更心易志，慕求大道。舍己珍物，劝导乡亲。□造一切经，并作经藏。常持五戒，日修六礼。奉香䜟，除三毒，投□愿，归十善。真理未周，刀风缠己。以仁寿元年岁次辛酉四月廿八日卒于昌乐乡临治里之地，□年五十六。其年十一月辛巳朔四日甲申窆于秤邑乡□□□□。恐世代推迁，□□□□，□□陈志，传古来今。其□□：□□□华，弱冠□美。身为世儁，□成仁轨。职赞□□，□□□□策，□语含香。年及知命，□心一乘。体和□□，□□□□。□□□谢，玉响崩摧，人衢断□，□□承埃……（后文缺失）

附考：（晓薇案）志主韩辅及其高祖合、曾祖据、祖琬、父哲，皆未载于史传。

由墓志志文可知：志主名韩辅，字仲卿，本为燕国良乡人，"受天府建国"指西周，武王将自己的小儿子封作韩侯，以夏阳城为封地建立韩国一事，志主姓氏因韩侯而得，故称志主为周王的后代。高祖韩合，才智卓越，北魏①时历任忠坚将军、乐陵郡守、安乐县开国子②等职位。曾祖韩据，郡守罗功任为主簿。后被举荐入京，任长平县令，品行正直。祖韩琬，不热衷仕途，时任清河太守。父韩哲、性情稳重，郡将李公升其为主簿，刺史张公任为从事，言行举止皆成表率。志主韩辅幼时熟知礼德，萧、王、李三明府因其品质卓越任为司功，韩辅对上忠诚，对下体恤，先后任主簿、司功、典签等官职，为官公正负责、勤勤恳恳。纵观志主一生的仕途，所任官职多为八至九品，属隋代中下级官吏。

韩辅于仁寿元年（601）卒于昌乐乡所治区域，时年56岁，可推知其生于公元546年，经历南北朝至隋的朝代更迭。从志主及其先祖所任官职名称、任职方式等，体现了魏晋南北朝至隋代地方官制的变化及特点，可与史料相辅证。又因为墓志铭文中志主韩辅及其高祖合、曾祖据、祖

---

① 据志主卒于仁寿元年（601），时年56岁推测，其高祖所在年代应为北魏（386—534）时期。
② 爵名，晋代始置，秩第二品。南朝梁、陈亦置，位在开国县伯下、开国男之上，秩五命。北魏、北齐为第四品。北周正六品。隋初为第八等爵，秩正四品下，炀帝不置。

琬、父哲，史料中皆未有记载。表明中下级官员受官方重视程度较低，对这一群体的研究也因资料匮乏而难有进展。因此，出土的中下级官员墓志铭文就成为主要的参考依据；同时，志文也从侧面反映了隋代地方官制的诸多情况。

史书记载"高祖践极，百度伊始，后废周官，还依汉、魏"①，后炀帝继位"大业三年，始有新令"②。可见隋代官制最初基本沿袭前朝而有所改变和增益，隋文帝时期推行的地方官制与当时行政区划改革密不可分。隋代建立之初，州郡数目混杂庞大，导致"民少官多，十羊九牧"的局面，隋文帝采纳杨尚希提出的"存要去闲，并小为大"原则，开始对州县实行整顿，重新析置州县，至仁寿年间（601—604）共置州311个。大业三年（607），炀帝改州为郡，实行郡县二级制。其中，涿郡置太守，为从三品。下置丞、尉、正（后又改置长史、司马、赞务），及主簿与诸曹掾属、市令等。

通过此方墓志可知，志主韩辅卒于公元601年，其任职经历主要反映了隋代初年地方官制的一些情况。首先是任职方式，从"萧明府、王明府、李明府，以君超傥如松，卓朗如玉，相传三政，并任司功"，"明府韦忻，押作主簿"。"韦宗明府，复任司功"，"总管金水，公用为典签"字句来看，志主均是由地方长官直接任命。隋代"将地方任用官吏权收归中央，凡九品以上官员任用，都由吏部管理负责"③；而司功、主簿、典籖等官职基本可归入属于九品以下的职位，属于地方佐官。可见，至少在志主出任官职时，隋代九品以下官员是由地方长官直接任命的，"隋初州郡县长官辟属佐官的制度继续实行，成为一种制度"④。其次，志主入仕途径主要是"超傥如松，卓朗如玉，相传三政"，从中反映出当时隋代选拔官吏会要求官员的德行、能力等。隋代在官员选拔方式上有开创之举，公元598年，隋文帝分科举士，由刺史具体负责。隋炀帝时创置进士科，科举制的创立打破了士族门阀对政权的垄断，为寒门子弟和庶族地主参政开辟道路，对后世的官吏选拔有重要意义。

志主韩辅与其曾祖据、父哲都曾任"主簿"一职，但职能和地位都有较大差异。《文献通考》记载："盖古者官府皆有主簿一官，上自三公

---

① 《隋书》卷26《百官上》，第720页。
② 《隋书》卷26《百官上》，第720页。
③ 孔令纪等主编：《中国历代官制》，齐鲁书社1993年版，第139页。
④ 周一良主编，吴宗国著：《隋唐五代简史》，福建人民出版社2006年版，第35页。

及御史府,下至九寺五监以至郡县皆有之。"① 隋唐以前,主簿作为长官的亲吏,权势颇重。尤其在魏晋时期为权势最盛时期,主簿常常参与机要工作,总领府事。隋、唐以后,主簿为部分官署和地方政府设置。三省六部不设主簿,仅在御史台、诸寺等署设立。韩辅的曾祖父据、父亲哲所生活的时代在魏晋南北朝时期,从"曾祖据,郡守罗功辟为主簿"及"父哲,交比仲平,思同文子。郡将李公擢任主簿"来看,"主簿"为郡守之下所设官职,是比较重要的官职,在南朝时属于"喉舌耳目之任,心腹之寄"②。志主韩辅所任"主簿"是县以下所设较低级的官吏。由此可见,"主簿"一职从魏晋南北朝至隋代,其职能、地位有较大的变化。而"主簿"仅在县以下设立,也反映隋代精简官吏的成效。

隋代以前的地方官制机构重叠,名目繁多,以"主簿"一职为例,在州、郡、县下都设有"主簿"一职。这些官员的重叠设置是没有必要的,既要耗费国家的大量资财,还会降低办事效率,管理起来也十分不便,造成"民少官多,十羊九牧"的局面。隋文帝推行行政区划改革后,一些州县得以合并,裁汰了大批冗官。地方官员得以精简,从而减少了政府开支,在某种程度上也加强了中央集权。

二 隋代涿郡的治理

隋代有关涿郡的墓志出土较少,主要有三方面原因。首先因为隋代历史较为短暂且政治经济中心不在此地,故涿郡的主要作用体现在军事、交通两方面;其次,涿郡在隋代属于安乐郡、渔阳郡之部分,会有一定数量墓志归入幽州;最后,隋代国祚短暂,有很多人经历了由隋入唐的过程,卒葬年属于唐代。例如在北京出土的唐代墓志中,就有一方《大唐故昌平尉李君(相)墓志》,志主为隋代官员,在隋代末年任昌平尉,后称病辞官,卒于公元656年,此时已是唐代,后文将有专述。

隋代对涿郡的治理,打破了其与关中平原的交流障碍,后世北方民族崛起建立政权,正是通过隋唐两代修建完善的大运河才得以控制关中平原及江南地区。因此,隋代在幽州的发展历史上具有不可忽视的作用。隋代地方官制主要沿袭前代而略有增益,隋文帝时期推行的地方官制与行政区划改革有密切联系。与前朝相比,精简机构,裁汰了一批冗官,减轻国家负担的同时也提高了官员的办事效率。

---

① (宋)马端临:《文献通考》卷63,中华书局1986年版,第574页。
② 孔令纪等主编:《中国历代官制》,第116页。

隋代地方官的任用权归中央管辖，凡九品以上官员均由吏部遴选和考课，"这一措施开了封建社会大小官吏由吏部铨选之先河"①。而九品以下官员则继续由地方官员任命，选拔时相对注重个人品德和能力。隋代废除九品中正制，采用分科举士的办法选拔官吏，隋炀帝时设立进士科，标志科举制度的创立，开创了官吏选拔新制度并为后世所继承发展，影响极为深远。

与唐代近三百年的统治时期相比，隋代仅37年的历史着实短暂，但其对后世中国造成深远的影响却不容忽视，诸多制度如三省六部制、州县两级制、均田制、科举制在隋代或得以创立或得以革新，而大运河的修建对此后幽州的发展有极大的推动作用。因此，幽州在隋代时期的政治、经济、文化的发展及此时的地位、沿革变化、风土人情等都有很多的空缺需要补充，而随着隋代墓志整理工作的进行，将为学者提供较为翔实的地下史料作参考，相关的研究也会有所进展。

第二节　唐代幽州的墓志概况

笔者通过对唐代墓志录文或拓片中志主下葬地的分析，共整理出唐代幽州墓志95方，8万余字。总体来说，由于唐人素有"归葬（洛阳）邙山"的情怀，幽州出土唐代墓志远不及两京（洛阳、长安）之多，但是就整个全国范围内来看，其数量已仅次于两京地区，而多于唐王朝"北都"太原府。有两方面原因，一方面，唐代幽州是河北文化的中心区域，另一方面，由于后期幽州作为"河朔三镇"之首——幽州镇，在藩镇割据的政治环境下，必然吸引众多人口选择"家于蓟城，遂为燕人焉"，并最终葬于幽州城周围而非族望之地。

通过图3—1、图3—2的文献数据统计分析，结合墓志文本内容，笔者总结出，唐代葬于幽州的墓志时空分布、墓志类型特点、墓主概况如下：

其一，从95方墓志的刊刻年代来看，其中94方有明确的纪年，其余有残志一方。唐代葬于幽州的最早墓志为唐高宗咸亨元年（670）的《唐故朝散大夫仪同三司上柱国右威卫开福府旅帅仵君墓志铭并序》②，最晚

---

① 孔令纪等主编：《中国历代官制》，第139页。
② 《唐代墓志汇编》咸亨024，第526—527页。

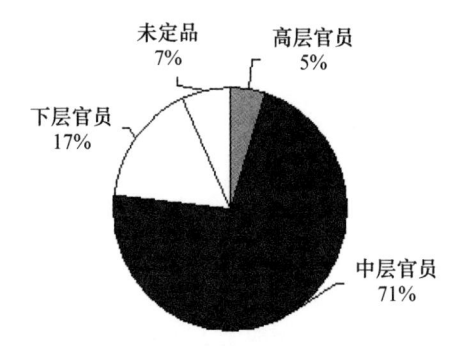

图3—1 唐代北京地区墓志中官员墓主人级别比较图

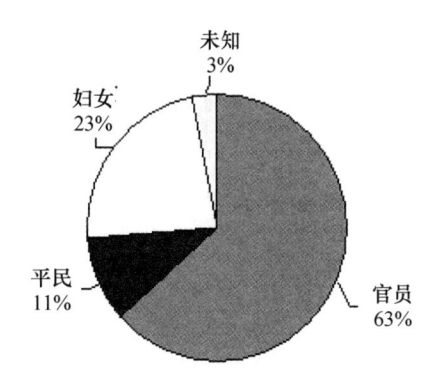

图3—2 唐代北京地区墓志中墓主人身份类别图

为2008年在今北京市西城区丰盛胡同出土的唐龙纪二年（890）①《唐故亲事虞候银青光禄大夫检校国子祭酒兼监察御史上柱国陇西李府君墓志铭并序》②，时间跨度为220年，这些墓志主人生活在唐代的不同时段。

如果将整个唐王朝289年以安史之乱天宝十四载（755）为分水岭，分为前期与后期的话，那么，唐代幽州墓志多刊刻于后期，10方为前期，84方为后期。其中有两方墓志铭年号为"圣武"，葬于安史之乱时期。安禄山在洛阳称帝，建元"圣武"。墓志刊刻时间以元和（805—820）年间最多，有14方墓志，约占到15%，其次为咸通（860—874）、大中

---

① 唐代龙纪年号仅有一年，即公元889年，次年已改年号为"大顺"，墓志中载墓主殁于龙纪元年十一月（889），而葬于"龙纪二年正月（890）"，当为大顺元年，即890年。
② 于璞：《北京地区唐墓壁画的分期与时代特征》，《文物春秋》2010年第6期。本书采用的《唐李殷辅墓志》录文，是笔者根据韩鸿业的《西城区丰盛胡同唐代壁画墓发掘简报》一文中照片8所整理，来源为北京市文物局网站，原图参见氏文：http://www.bjww.gov.cn/2011/8-30/1314687436328.html。

（847—859）年间，各有 10 方，这与唐代后期幽州地区逐渐在北方割据，并成为河北的地域文化中心有关。

其二，从墓志性别结构来看，唐代幽州墓志主人中，有 75 方为男性（包括夫妻合葬墓志 14 方），20 方为妇女墓志，妇女墓志中则有一方墓志为两位夫人合葬墓志：《燕游击将军赵公故赵郡李氏太原王氏二夫人墓志铭》①。

其三，从墓主人身份来看，幽州官员墓志占有 59 方，妇女墓志 20 方，平民墓志 13 方，其余 3 方墓志主人身份不明。其中，已经出土的唐代幽州墓志中，主人身份地位最为尊贵的是 2013 年 1 月出土的幽州节度使刘济夫妇墓志。其墓葬规模之大，不仅幽州极少，在全国范围内也属罕见，尤其墓葬中出土的大型彩绘浮雕十二生肖描金墓志最为精致②，可见尊贵之极。其中有很多僭越之处，这在唐代中后期河北藩镇出土墓志中较为常见③。

在三方笔者认为身份不明的墓主中，一方墓志主人曹府君"……幼习典彰，久闲军振，傅剪信之规模，有蹇旗之计。为将则海内无尘，处文则决胜千里。君委腹心，士卒勇锐，权雄豪于帐下，处规模于凶衾。重镇万泉之抚，于夷敌之军……"④，曹府君身份为入华粟特人，是进入幽州担任雄武军武职军人，在墓志全文中并未提到其具体官处职位和经历。但从录文之后的文字看出，曹府君"忠赤奉国，未展勤成，抱疾塞园，去大中元年二月七日，终于本镇雄军界万泉栅身亡，享年六十有七"。曹府君 66 岁时还在军中服役，在幽州地区从宦并死于军中，其是粟特人在幽州从宦情况的佐证。笔者认为曹府君墓志中并未记载其确切的官职，因而定为身份尚不明确的"武职"。其余两方不能确定墓主身份的，其中一方因为是残志⑤，所以尚不能确定墓主身份；另一方墓志主人为刘基，志题为"周故刘君墓志之文明铭"⑥，墓主葬于天册万岁元年（695）十月二十二日，但由于其墓志拓片中墓主履历部分缺失，因而不能断定其身份。

其四，从墓主人的民族成分来看，通过分析墓志中关于主人籍贯、姓

---

① 《新中国出土墓志》北京卷壹下册七，《燕游击将军赵公故赵郡李氏太原王氏二夫人墓志铭》，第 4—5 页。
② 王佳琳：《房山现唐幽州节度使刘济墓》，《新京报》2013 年 1 月 10 日，第 A15 版。
③ 于璞：《北京地区唐墓壁画的分期和时代特征》，《文物春秋》2010 年第 6 期。
④ 《唐代墓志汇编续集》大中 008，第 974—975 页。
⑤ 《唐代墓志汇编续集》残志 008，第 1175 页。
⑥ 《北京市文物研究所藏墓志拓片》，第 3 页。

氏族属记载，葬于幽州的墓志主人，汉人为主要族别，而墓志中涉及非汉人也有7方，墓主人分别为吐蕃禄东赞之后裔论博言①、河南杨鳞妻鲜卑人达奚氏②、贝国夫人清河张氏之丈夫归义王奚人李府君③，另有粟特人曹府君④、曹朝宪⑤、史光⑥、棣州司马姚子昂妻康氏⑦等。他们或归义后为官，或娶汉人官员之女为妻，或嫁于汉人，成为幽州镇统治下胡汉间通婚、融合的民族关系的墓志资料佐证。

其五，从墓葬类型来看，有夫妻合葬墓志14方，另有一方前夫人和继夫人合葬墓志《燕游击将军赵公故赵郡李氏太原王氏二夫人墓志铭》⑧；明确说明为改葬墓志的有1方：《唐蓟州刺史兼御史大夫张府君（建章）墓志铭》⑨。由墓志主人的下葬地来看，以幽州府城（蓟城）蓟县、幽都县等周边乡村为主，昌平县、良乡县、潞县、檀州、顺州、古渔阳城等地也有少量墓志。除幽州府城以外，墓志属葬昌平县最多，都有：《大唐故昌平尉李君（相）墓志》⑩《唐故朱府君（愿）墓志铭》⑪《唐故幽州节度押衙金紫光禄大夫检校太子宾客摄妫檀义州刺史□□□□等使兼御史中丞东海郡高公（霞寓）玄堂铭并序》⑫、《唐故钜鹿郡曹府君夫人清河郡张氏合□墓志铭并序》⑬、《唐故雄武军捉生将太中大夫试殿中监黄公（直）墓志铭并序》⑭、《唐故陇西郡要氏夫人墓志铭并序》⑮、《故云麾将军守左金吾卫大将军试鸿胪卿上柱国宋公（俨）墓志铭并序》等七方，其下葬地为：（昌平县）"安集乡里之原""太尉乡白浮之原""太尉乡白

---

① 《全唐文补遗》第七辑，第141页。
② 《新中国出土墓志》北京卷壹下册二二，《唐故妫州怀戎县令杨府君（鳞）夫人河南达奚氏墓志铭》，第15页。
③ 王策：《〈唐归义王李府君夫人清河张氏墓志〉考》，《北京文物与考古》2004年第六辑，第167—192页。
④ 《北京市文物研究所藏墓志拓片》，第3页。
⑤ 《唐代墓志汇编续集》大和004，第882页。
⑥ 《唐代墓志汇编续集》元和009，第807—808页。
⑦ 《唐代墓志汇编》建中005，第1824页。
⑧ 《新中国出土墓志》北京卷壹下册七，《燕游击将军赵公故赵郡李氏太原王氏二夫人墓志铭》，第4—5页。
⑨ 《唐代墓志汇编》中和007，第2510—2512页。
⑩ 《唐代墓志汇编续集》永淳008，第259页。
⑪ 《新中国出土墓志》北京卷壹下册一三，《唐故朱府君（愿）墓志铭》，第8—9页。
⑫ 《唐代墓志汇编》大和066，第2143—2144页。
⑬ 《唐代墓志汇编续集》大中008，第974—975页。
⑭ 《唐代墓志汇编续集》乾符003，第1119—1120页。
⑮ 《唐代墓志汇编》文德002，第2521页。

石山之原""海北乡兴寿里""安集乡怀居里大□之原""（幽州昌平县东北十里）武安乡"等地，可作为辨认今天昌平区在唐时期的乡村里坊的珍贵史地材料。

表3—1　唐代葬于幽州的外地官员（以终任官为准）统计①

墓主	终任职事官职	葬地	原因	史料来源
李神德 648—704年	右领军卫中郎将、兼右羽林军上下	殁于洛阳依仁坊，葬于洛阳后与妻子合葬于幽州	夫妻合葬需要，妻子随在河北为官儿子而葬，迁李神德与妻子合葬幽州	《全唐文补遗》第八辑，第383页②
李永定 687—751年	青山州刺史	（范阳郡）西北十五里之平原	随其子为官之地而葬	续天宝073 第634—635页
赵龙 703—775年	怀州河内府折冲	（幽州）州城□□二（下残）乡之源	不详	新中国一〇 第6—7页
姚子昂 704—762年	棣州司马	幽州城东南一里燕台乡之原	其子姚居正为平州卢龙县主簿	建中005 第1824页
王郅 737—789年	瀛州司马	（幽州城）府城南十里姚村之南原	随子而迁。其子王逵为幽州节度	贞元021 第1852页

---

① 为行文方便，表中《唐代墓志汇编》（周绍良、赵超主编，上海古籍出版社1992年版）、《唐代墓志汇编续集》（周绍良、赵超主编，上海古籍出版社2001年版）中墓志，皆用其"年号＋编号"代替，如"咸亨024、续贞元016"；《新中国出土墓志》北京卷壹下册（中国文物研究所，北京石刻艺术博物馆编，文物出版社2002年版）中墓志，皆用"新中国＋编号"代替：如"新中国一〇"；《北京市文物研究所藏墓志拓片》（王鑫主编：《北京市文物研究所藏墓志拓片》，北京燕山出版社2003年版），皆用"北文＋页数"代替，如"北文8"；《北京文物精粹大系·石刻卷》（梅宁华主编，北京出版社2004年版。）中墓志，皆用"精粹石刻卷＋编号"，如"精粹石刻卷215，216"；《全唐文补遗》（吴钢主编：《全唐文补遗》第八辑，三秦出版社2005年版）中录文，皆为"补遗＋辑数＋页数"代替，如"补遗8—90"；其余未出版的墓志，另在文下注明，下表同此凡例。

② 以下简称"补遗8—383"。

续表

墓主	终任职事官职	葬地	原因	史料来源
王恭 732—804年	汾州司马	幽州昌平县东十五里太尉□□之北原	"因官弈叶,家于北燕"	《全唐文补遗》第六辑,第474页
张道昇 ?—约805年	陇州刺史	幽州良乡县阎沟山原	归葬故里。籍贯"幽州范阳人"。在幽州官至行营都知兵马使,后"西赴阙庭""防秋",在陇州抵挡吐蕃来犯关中	永贞007 第1945—1946页
周瑛 787—856年	平州刺史	蓟县高义村之原	初官于幽州,节度使刘济"以缯帛数辈厚致公,乃授散兵马使"	续大中056 第1009—1010页
高行晖 691—759年	怀州别驾	潞县高义乡庞村	归葬故里。"本郡潞县人也"	续元和007 第805—806页
李丕 725—787年	莫州司法参军	幽州潞县	初任官为幽州潞县丞,或有产业	贞元015 第1847—1848页

其六,从官员墓主的任官时期来看,官员墓主人只有一人为隋代官员,其余均为唐代官员。《大唐故昌平尉李君(相)墓志》[①]:"隋运将终,任昌平尉,非吾所好,谢病免官",志主李相(587—656)在隋末做昌平县尉,后又称病辞官,终于幽州昌平县,葬于"(昌平)县东北七里之平原";从墓志主人任官地点来看,多为幽州本地官员死于任上,家于蓟城,而葬于今天北京境内;也有在外从官之墓主,他们或卸任后在幽州定居,或随子而迁葬,或本为幽州人而任官于外地。

---

① 《唐代墓志汇编续集》永淳008,第259页。

第四章　墓志记载中的官员分类与入仕途径

笔者所搜集的唐代幽州墓志中，官员墓志共有60方，其中有两方墓志墓主为同一个人——王郅，一方为本人墓志，另一方为墓志主人和夫人的合葬墓志，因此官员墓志主人为59人。本章笔者通过对墓志主人中的官员进行分析，将这一群体分为高层、中层、下层官员，其中高层官员为一品、二品，中层官员为三品、四品、五品，下层官员为六品以下（包括六品）①。唐代对于官员的定品，以散官为准，本书亦如此。若墓志中未提到官员的散品，本书则参照《唐六典》《新唐书·地理志》，以墓主人的职事官定品。如墓主彭浼（？—781）为"瀛洲景城县主簿"，墓文中未载其散官。瀛洲景城县《新唐书·地理志》中载为："景城。上"②，又《唐六典》载："诸州上县，令一人，从六品上；……主簿一人，正九品下"③；则墓主官品级应为"正九品下"。唐代幽州墓志主人以中下层文武职官员为主，只有三名墓志主人为一品高层官员，43方墓志主人为中层官员，10方为下层官员，3方是幕镇官。笔者将所有官员按照其墓志刊刻年代顺序列下，以分层分析。

---

① 关于唐代官员的高、中、下层官员的分界，文献中并没有这种用词，学界历来有所争议。赖瑞和在《唐代中层文官》一文中开篇提到，唐代官员的分层主要是根据官职的轻重，而不完全根据官品，这种定位也考虑这些官员的升迁途径。见赖瑞和：《唐代中层文官》，联经出版事业股份有限公司2008年版，第148页。由于唐代幽州的特殊性，因而作者将唐代幽州的官员按照文中所分：一、二品为高层，三、四、五为中层，六品及六品以下为下层。虽然这样分层，仍然有些许不当之处，如刘如泉，在"二朱叛乱"中跟随朱洸叛乱，战死沙场，仅仅是因为军功而获得"开府仪同三司"的从一品文散，而王仲堪，出身很好，为进士及第，终任官为监察御史里行，是幽州镇与外藩镇之间来往的使者，但是却是下层官员，这两方官员墓志并不影响唐代北京地区出土墓志的整体分层。反而，可以从这样的情况中，看出幽州尚武任侠、重武轻文的社会风气。
② 《新唐书》卷43《地理志三》，第1020页。
③ 《唐六典》卷30《三府都护州县官吏》，第752页。

第一节 高层官员

在目前所见的唐代幽州墓志中，志主属高层官员的只有幽州节度使刘济、陇州刺史张道昇、刘如泉三人。在这些官员墓志中，他们能晋升高级官员，主要原因为：第一，家世显赫，门荫、进士及第入仕，多次迁转，历任幽州卢龙军政主官。如刘济，其父刘怦、其弟刘总都曾任幽州节度使；第二，如张道昇，入朝"防秋"，抵挡吐蕃入侵，朱泚叛乱，有军功于朝廷，朝廷为稳定"防秋"幽州将士军心而加阶至"开府仪同三司"；第三，如刘如泉，参加朱滔叛乱之前也入朝得封，后在叛乱中，与朝廷战斗而阵亡。后两者都是武职加文散，品阶升至从一品"开府仪同三司"。下文笔者将主要通过分析他们的墓志，试图剖析出他们能够做到高层官员的原因。

表4—1　　　　　　　唐代幽州墓志中的高层官员

姓名	官职	品级	史料出处
刘如泉 745—782年	开府仪同三司、试太常卿、兼左金吾卫大将军、上柱国	从一品	《新中国出土墓志》一二，第7—8页
张道昇 ？—约805年	开府仪同三司、使持节、陇州诸军事、行陇州刺史、上柱国、南阳县开国伯	从一品	永贞007 第1945—1946页
刘济 757—810年	幽州卢龙军节度副大使、知节度事、管内支度、营田观察处置、押奚契丹两番、经略卢龙军等使、开府仪同三司、检校司徒、兼中书令、幽州大都督府长史、上柱国、彭城郡王、赠太师	从一品	《全唐文》卷505 第5138—5139页

1. 刘济

刘济（757—810），幽州人，其父刘怦为前任幽州节度使朱滔的表弟，朱滔死后，刘怦继任。刘怦病中，召回刘济代理幽州之事。刘怦去世后，刘济继任幽州节度，历德宗、顺宗、宪宗三朝。《新唐书》有其传①，《全唐文》中亦有权德舆为其撰写的墓志一篇。其墓志文字中录有："……五年秋七月，寝疾薨于莫州之廨舍，享年五十四。冬十月，归全于涿州良乡县之某原，追锡太师，不视朝三日，命谏议大夫吊祠法赙，廷尉卿持节礼册"②。从墓文中可以看出他死后葬在"良乡县某原"，而 2013 年 1 月出土的刘济墓志确实在今天北京市房山区长沟镇坟庄村西北③，虽然原石文字尚未公布，但由其下葬地我们也能印证出，这方的主人和《全唐文》中所收墓志主人应同为刘济。

刘济一步步得到幽州重镇的军政大权，成为主政一方的高层官员，不仅跟其良好的出身有关，更重要的是其顺畅的仕宦经历———一直能任某一县或州的主政官。《新唐书》的《刘济传》中，未对其生平的仕宦经历有较详细的记载，而在墓志中却比较详细。下面，笔者将其传和墓志中仕宦经历进行比较，并清晰刻画出他一生的仕宦履历。

《新唐书·刘济传》载：

> 济，字济。游学京师，第进士，历莫州刺史。怦病，诏济假州事。及怦卒，嗣节度，累迁检校尚书右仆射、同中书门下平章事。奚数侵边，济击走之，穷追千余里，至青都山，斩首二万级。其后又掠檀、蓟北鄙，济率军会室韦，破之……会赦承宗，进中书令……赠太师，谥曰庄武。④

《全唐文》中载：

> 在德宗朝，纂服旧劳，以亚丞相，得颛征伐，冬官夏卿，再践六职，乃列台宰，乃居师长。在顺宗朝，论道进律，就加司空，又拜司徒。今皇帝聪明齐圣，厚功德，擢侍中中书令……始以门子横经游京师，有司擢上第。参幽州军事，转兵曹掾，历范阳令，考绩皆为府中最。兴元初以太子家令为莫州刺史，以御史中丞为行军司马，凡吏理

---

① 《新唐书》卷 212《刘怦附刘济传》，第 5974—5975 页。
② 《全唐文》卷 505，权德舆《故幽州卢龙军节度副大使知节度事管内支度营田观察处置押奚契丹两番经略卢龙军等使开府仪同三司检校司徒兼中书令幽州大都督府长史上柱国彭城郡王赠太师刘公墓志铭（并序）》，中华书局 2001 年标点本，第 5138—5140 页。
③ 王佳琳：《房山现唐幽州节度使刘济墓》，《新京报》2013 年 1 月 10 日，第 A15 版。
④ 《新唐书》卷 212《刘怦附刘济传》，第 5974—5975 页。

之尉荐，舆师之拊循，如良庖之无肯綮，良农之无灭裂。①

结合两处文献中记载，得知刘济出身为"门子"，游学于长安，后进士及第，起家官为幽州参军事（从九品上），先后历任兵曹掾、范阳令（从六品上）、太子家令（从四品上）、莫州刺史（从三品）、御史中丞（正五品上）、卢龙行军司马、检校尚书右仆射、同中书门下平章事、中书令（正三品），先后共十次迁转。在其殁后，朝廷赠太师（正一品），散官至开府仪同三司（从一品）。

唐代州一级官中，"参军事"有若干员，"无常职，有事则出使"②，一般为士人初仕起家之官③，即释褐官。幽州为大都督府，是北方军事重镇，刘济既然能够以"门子"进士及第后，在幽州担任参军事，可见其家族在幽州的地位之高。作为地方官，虽然州府参军事不像校书郎、正字，是文官的理想仕途首选④，但在唐代后期的藩镇中，却应是地方武职官以后仕途顺畅的理想起家之官。

刘济后转兵曹掾，即兵曹司户参军事，正七品下，代理处置一州兵曹之事，可以看出他能够迅速进入幽州军事事务机构中担任重要职务，得到锻炼，并为后来主政幽州做了铺垫。刘济在幽州兵曹掾后，又担任范阳令，据《新唐书·地理志》，范阳为望县，而《通典》："大唐县有赤、畿、望、紧、上、中、下七等之差"⑤，《唐会要》："其赤、畿、望、紧、等县，不限户数，并为上县。"⑥ 幽州并不像长安、洛阳等周围有比望县级别更高的赤县、畿县。范阳县虽时属涿州，却为幽州大都督府辖区内少有的望县之一⑦，并且离幽州城很近，换算今天的里程单位，不过一百千米。其进入如此重要的范阳做一县之长，既能在年轻时积攒基层阅历，又能为其后担任莫州刺史做了进一步铺垫。另外，刘济在任能"考绩皆为府中最"，直接反映了他有卓越的政治能力。

---

① 《全唐文》卷505，权德舆《故幽州卢龙军节度副大使知节度事管内支度营田观察处置押奚契丹两番经略卢龙等使开府仪同三司检校司徒兼中书令幽州大都督府长史上柱国彭城郡王赠太师刘公墓志铭（并序）》，第5138—5140页。
② 《通典》卷33《总论郡佐》，中华书局1988年版，第910页。
③ 张国刚：《唐代官制》，第124页。
④ 赖瑞和：《唐代基层文官》，第164页。
⑤ 《通典》卷33《县令》，第919—920页。
⑥ 《唐会要》卷70《量户口定州县等第例》，中华书局1955年版，第1231页。
⑦ 《新唐书》卷39《地理志三》："幽州望县有：'幽州范阳郡，大都督府……县九，蓟，望……良乡，望……昌平，望。涿州，上州'"，第1019页。

兴元初（784），刘济28岁，担任太子家令，又转莫州刺史，莫州在天空初"户五万三千四百九十三，口三十三万九千九百七十二"①。在幽州都督府辖下，莫州为少有的户口过万的上州。年仅28岁便从基层官员成为一州之刺史，进入中层官吏行为，且仅仅经历了两次迁转。同时，又拜御史中丞，任行军司马，在军队中开始掌握实权。可以说，这一阶段是刘济跻身军中，跃居高位的重要时期。

此后不过一年，贞元元年（785），其父刘怦病逝，刘济从莫州刺史接任幽州事务，并北上多次击败奚人的侵扰，在讨伐王承宗之战后，宪宗升其为中书令。其生前的迁转经历可以说是"扶摇直上"，但是他却不能处理好自己的继任者问题，导致子嗣间互相残杀，自己也被儿子刘总毒死："济自朝至日昃不食，渴索饮，总因置毒而进之"②。墓志载："五年（810）秋七月，寝疾薨于莫州之廨舍，享年五十四。"

朝廷赠其太师，定谥为"庄武"，其墓志中并未对被毒死事件有描述。刘济一生平步青云的仕宦经历，始终受益于朱氏、刘氏家族在幽州势力的强大，使其29岁便能至节度一方，镇守卢龙25年，深得军心。

整个唐代时期，河朔节帅都具有双重身份，"一方面是'伙伴集团'中的一员，一方面是朝廷的使臣，具有这两面矛盾性格的藩帅在现实中，也就不能不摇摆于军队与朝廷中间了"③。作为幽州地方长官，刘济之所以稳坐幽州节度使达25年，也由于其能够做到处理好与朝廷之间的关系。从刘济于元和四年四月八日（809）亲自撰写的《涿鹿山石经堂记碑》可以看出一斑："……济遂以俸钱为圣上刊造《大般若经》，以今年四月功就。亲自率励与道俗，齐会于石经峰下……鸿祚景福，与天无垠；圣寿无疆，幕府众君子同称赞之。时元和四年四月八日记。"④ 一方面，幽州节度使刘济曾在今天北京房山云居寺刻石奉佛，其在任期间幽州连年大旱，引发蝗灾。他斋戒蔬食，默以心祷，最后天降甘霖，旱情得以缓解。他用自己的俸禄钱，带领部属刊刻《大般若经》，而云居寺距离刘济所葬之地长沟镇不远，可以看出其信奉佛教的虔诚，以及为佛教传播所做出的巨大贡献；另一方面他刊刻佛经的目的是为"圣上"祈福万寿无疆，而不是

---

① 《新唐书》卷39《地理志三》，第1021页。
② 《资治通鉴》卷238"唐宪宗元和五年七月条"，第7678页。
③ ［日］谷川道雄：《关于河朔三镇藩帅的继承》，《第一届国际唐代学术论文集》，1989年版，第193页。
④ 杨卫东编：《古涿州佛教刻石》，《涿鹿山石经堂记碑·唐元和四年》，河北教育出版社2007年版。

为自己，也怪不得他去世后唐宪宗"追锡太师，不视朝三日，命谏议大夫吊祠法赙，廷尉卿持节礼册"①，其志文也由大文豪中唐台阁体诗人权德舆撰写。当然，在死后能受到这样的礼遇，更大程度上也是因为他在任期间能对朝廷比较恭顺，屡次进贡，采取经营幽州镇、安抚部众措施，深受朝廷信任。虽然其"在镇二十余年，虽输忠款，竟不入觐"②，却成为安史之乱以后，唯一一位历经三朝（德宗、顺宗、宪宗）的一方藩镇节度使，在位时间最长（785—810），达25年，这在中晚唐时期幽州藩镇中都是少有的。有关刘济执政时期与中央王朝的互动关系，下文（第十章）将有详细撰述。

2. 张道昇

张道昇（？—约805），墓志记载其为"幽州范阳人"，远祖为晋代司空张华，其卒年不详，唐永贞元年（805）③冬十一月葬于幽州良乡县阎沟乡。张道昇出身将门，墓志中记载其家世从曾祖父开始就在幽州为官："曾王父朝议郎守檀州司马彻，祖王父朝散大夫行妫州长史克明，王父骠骑大将军持节亳州刺史令晖"，④张道昇为亳州刺史张令晖长子。笔者从其墓志中摘录出其仕宦经历进行分析：

> （张道昇）释褐充节度副将，转左金吾卫大将军，旋充左厢步军大将兼节度押衙。节制朱公首议归朝，公演成其意，遂率精骑二万，西赴阙庭，署公为行营都知兵马使……积功劳迁特进开府仪同三司、持节、陇州诸军事、陇州刺史、上柱国、南阳县开国伯。⑤

张道昇自幼读书习武，好读史书和兵书。他承袭家风，释褐官是幽州卢龙军节度使朱泚麾下任节度副将，后转左金吾卫大将军，不久升任右厢

---

① （清）董诰等编：《全唐文》卷505，权德舆，《故幽州卢龙军节度副大使知节度事管内支度营田观察处置押奚契丹两番经略卢龙军等使开府仪同三司检校司徒兼中书令幽州大都督府长史上柱国彭城郡王赠太师刘公墓志铭（并序）》，中华书局2001年版，第5138—5140页。
② 《旧唐书》卷143《刘济传》，第3900页。
③ 许建平：《〈唐刺史考〉阙误补正》，《杭州师范学院学报》1999年第1期，第34页。作者在文章中考证张道昇墓志中"□贞元年"缺字当为"永"，笔者在下文的分析中认同并采用这一结果。但许建平认为墓主张道昇担任陇州刺史为"贞元二十一年"，笔者认为，张道昇刺陇时间应当向前推几年或者更多，因为幽州、长安之间相距千里，其"殁于长安私第"，迁葬回幽州定须很长时日。
④ 《唐代墓志汇编》永贞007，第1945—1946页。
⑤ 《唐代墓志汇编》永贞007，第1945—1946页。

步军大将军兼节度押衙,成为朱泚手下的一员干将。

唐王朝天宝十载(751)自与西亚大食帝国的怛罗斯之战后,西域地区防务空虚,尤其是在平定安史之乱中,几乎抽调了西域的所有军事力量,难以保持对西域的控制,以至于吐蕃乘虚而入,占领了西域及河西走廊①。诗人白居易《新乐府·西凉伎》中写道:"平时安西万里疆,今日边防在凤翔。今蕃汉使来,悉在陇州交易也",可见当时凤翔已经是关中地区在西部的边防前沿阵地。此时,居住在青藏高原的吐蕃势力逐渐强大,经常趁秋高马肥之时,出兵进扰唐朝边地,唐中央朝廷不得不靠抽调藩镇军,助防西北陇州,抵御来自吐蕃的入侵,拱卫关中地区,时称为"防秋"。

史料中载有幽州节度使朱泚带兵入朝"防秋"事件。"(大历九年)六月,卢龙节度使朱泚遣弟滔奉表请入朝,且请自将步骑五千防秋;上许之,仍为之先筑大第于京师以待之"②。"九月,庚子,至京师,士民观者如堵。辛丑,宴泚及将士于延英殿,犒赏之盛,近时未有。"③

卢龙节度使朱泚遣其弟朱滔向朝廷奏疏,领卢龙将士五千前往防秋。朝廷先在长安为朱泚修建大宅第,九月又在延英殿宴请前来"防秋"的朱泚及幽州将士,大加犒赏之盛前所未有,可见当时吐蕃对长安的威胁之大,朝廷在西北地区军事防务上已兵力薄弱,必须调千里之外而来的幽州将士来充实。另一方面,"自幽州首为逆,(李)怀仙以来,虽外臣顺,然不朝谒,而泚倡诸镇,以骑三千身入卫,有诏起第以待"④。河北三镇自建立以来,朱泚此次入朝举动前所未有,象征着安史旧将形式上的"归朝"意义,因此朝廷对此也相当重视,代宗给了非常高的待遇,不仅犒赏了主将朱泚,在长安城为其建立私宅,也奖赏了墓主张道昇⑤。

墓主张道昇便在朱泚所带领的将士之列。张道昇墓志中载:"节制朱公首议归朝,公演成其意,遂率精骑二万,西赴阙庭,署公为行营都知兵马使。帝嘉之,拜朱公为丞相,旋除太尉兼陇右节度",大历九年(774),墓主张道昇以行营都知军马使随时任幽州卢龙节度使的朱泚,率两万人⑥从幽

---

① 李方:《怛罗斯之战与唐朝的西域政策》,《中国边疆史地研究》2006年第1期。
② 《资治通鉴》卷225唐代宗大历九年六月条,第7226页。
③ 《资治通鉴》卷225唐代宗大历九年九月条,第7227页。
④ 《新唐书》卷225《朱泚传》,第6441页。
⑤ 冯金忠:《唐代河北藩镇研究》,科学出版社2012年版,第36页。
⑥ 墓志中记载的两万人,与史书中记载的三千人有较大出入,或为墓主后人记载墓志时的夸大之嫌。

州出发"西赴阙庭",入朝"防秋"。大历十年(775)正月,"乙巳,朱泚表请留阙下,以弟滔知幽州、卢龙留后,许之"①,其年九月,吐蕃军队进犯泾州,"泾原节度使马璘破之于百里城。戊午,命卢龙节度使朱泚出镇奉天行营"②。

大历十二年(777)朱泚又代替李抱玉为陇右节度使。作为长途跋涉的幽州将士,墓主一直跟随朱泚征战奔波在关陇西北各地。直到建中元年(780),德宗即位,泾州刘文喜叛唐,朱泚平叛有功,因而加封太尉,兼任陇右节度使。墓志中记载"帝嘉之,拜朱公为丞相,旋除太尉兼陇右节度"③便可印证此事。墓主张道昇也因为辅佐朱泚征战之劳,而受到皇帝"特赐车马、金银缯彩万数",道昇将所赏财物给予手下将士用,不入个人私室。

墓主张道昇之后又积功劳迁特进、开府仪同三司、持节、陇州诸军事、陇州刺史、上柱国、南阳县开国伯。墓主的官职是"积功劳"而迁,并未记载其授予时间和具体的迁转经历,且是他的终任之官。那么,为什么未在墓志中并提到张道昇的迁转过程?这期间前往西北"防秋"的幽州将士到底经历了什么事件?为何作为幽州籍的将士,张道昇能够在关中地区一直留守到永贞元年(805)才迁葬回幽州?下面笔者通过对当时的形势,分析其原因所在。

第一,墓主张道昇建为何能担任陇州刺史?建中三年(782),朱泚之弟朱滔叛唐,朱泚也被免去泾阳、陇右节度使等职务,软禁于京师长安私第。这时候吐蕃已经占领陇右,因而朱泚所卸任的陇右节度使职位当为虚衔,真正担任的是凤翔节度使④。凤翔府西边紧邻着陇右的陇州也属凤翔节度使管辖,朱泚罢任凤翔节度使时,"留范阳五百人戍陇州,而泚将牛云光督之"⑤。此时朝廷派去的继任节度使是张镒,而权知陇州行营留后事为韦皋。

朱泚让部将牛云光统领留任的五百范阳兵,而墓主张道昇很有可能在这五百人之中,驻防于陇州,未留守凤翔和泾阳。建中四年(783),泾原兵哗变,叛军迎立朱泚为王,占领长安,德宗仓皇出逃奉天。朱泚想收

---

① 《资治通鉴》卷225 唐代宗大历十年正月条,第7228页。
② 《资治通鉴》卷225 唐代宗大历十年九月条,第7232页。
③ 《唐代墓志汇编》永贞007,第1945—1946页。
④ 黄永年:《"泾师之变"发微》,《唐史论丛(第二辑)》,陕西人民出版社1987年版,第164页。
⑤ 《旧唐书》卷140《韦皋传》,第3821页。

拢陇州之地的幽州旧将参加，而韦皋的态度却是一面答应前来劝归下诏的朱泚使者苏玉，另一面又暗地袭杀幽州主将牛云光。史载："云光以书生待皋，且以为信然，乃尽付弓矢戈甲。皋既受之，乃内其兵。明日，皋犒宴苏玉、云光之卒于郡舍，伏甲于两廊……斩云光、苏玉首以徇。"① 韦皋宴请牛云光部下之军，收缴军械，诛杀了云光与使者苏玉二人，尽收其部下之卒，之后遣送其兄韦平等前往奉天，通知袭杀朱泚两将以示忠心，朝廷任命其为陇州刺史、奉义军节度。同时，韦皋又在军中设坛，激励驻守陇州的将士平叛救驾，由此看出，留守陇州的朱泚幽州旧将五百人，并未参与到叛乱当中。墓志主人张道昇也未参加此后的叛乱，未被朝廷镇压，才有了墓志中记载其后来"刺陇"的事情。

第二，张建昇是一名武官，为何能以陇州刺史的职事官，却授予了文散官开府仪同三司②，散位至从一品？《资治通鉴》中记载，在泾原兵变之前："（建中三年）上以幽州兵在凤翔，思得重臣代之。卢杞忌张镒忠道，为上所重，欲出之于外，已得事总朝政，乃对曰：'朱泚名位素崇，凤翔将校班秩已高，非宰相信臣，无以镇抚，臣请自行。'"③ 这里我们可以看到"泾原兵变"之前，建中三年（782）驻守凤翔的幽州将士就"班秩已高"，以至于朝廷对于千里来到陇右驻防的幽州将士，得用"宰相信臣"前往主政才能镇住。此时这些幽州将士已经进入关中"防秋"近十年，墓主张道昇入关前已经是行营的都知兵马使，十年间也应该已经受到很高的重视和提拔。加上后来"泾原兵变"中张道昇在陇州之地驻守，没有跟随旧主朱泚参加叛乱，朝廷因此功劳迁升张道昇到"开府仪同三司"，用来稳定幽州籍"防秋"将士，就更无可厚非了。

另外，通过查阅幽州墓志的过程中，发现同时期前往"阙庭"受封的还有幽州将士刘如泉④。刘如泉是朱滔手下得力干将，生前官至"开府仪同三司、试太常卿、上柱国"，建中三年（782）六月三十日卒于"五王之乱"的一场战争中，去世时仅37岁。而张道昇约卒于贞元末年（805年之前），去世时66岁，张道昇与刘如泉年龄应该相仿，两者在军

---

① 《旧唐书》卷140《韦皋传》，第3822页。
② 关于唐代文散官的研究，最详细的论著为中国台湾学者黄清连《唐代散官试论》，《"中央"研究院历史语言研究所集刊》，第58本第1分，1987年；另有黄正建《唐代散官初论》，《中华文史论丛》1989年第2期。
③ 《资治通鉴》卷227唐代宗建中三年条，第7226页。
④ 《新中国出土墓志》北京卷壹下册一二，《唐开府仪同三司试太常卿兼左金吾卫大将军上柱国刘公（如泉）墓志铭》，第7—8页。

中的地位也相差不大，属于中级武职，因而二人受封赏的时间应该也大抵相当，都是在二朱叛乱之前朱泚入朝"防秋"之时段。刘如泉墓志记载有"天恩命入，扬封阙庭，特授开府仪同三司、试太常卿、上柱国"，也是作为武官而特授，文散进阶至开府仪同三司（从一品）。其中，"天嗯命入""扬封阙庭"，指的是幽州藩镇将士入朝接受唐王朝的封赏而得此官阶，可以看出，在朱滔、朱泚的叛乱之前，朝廷对幽州前来入朝觐见将士的优厚政策。

第三，朝廷启用张道昇为陇州刺史，加"持节陇州诸军事"，应该是考虑善于用兵之人做一方刺史，更能保障西部边境的防御稳定。墓志中有关于墓主在陇州带领当地军民抵挡来自西边吐蕃的细致记载：

> 顷为羌戎搔动，庶不安，征戍者望烟尘，农耕者带弓矢。下车之后，□以□恩，行春令而农夫击壤，明斥候而军人卧鼓，其政术有如此者。时属骄阳□□□□□□□公询诸灵迹，欲往祈之，境内有二姑神，素多灵验，祈者必应。公□□□□□□□□香才焚而阴云满空，酒再酹而甘雨盈尺，遂减己俸，特建妆楼，□□□□□□□□有如此者。①

这段文字虽已经部分漫泐不清，却仍能看出记载的是张道昇做陇州刺史之时的两件事：一是带领军民抵挡来犯的吐蕃之敌；二是去为陇州祈求二姑神降雨，用自己的俸禄钱建造妆楼。

当时陇州之地，是唐王朝关中地区的西部军事前沿阵地，吐蕃势力强盛，经常进扰，陇州戍守兵要时刻警惕其进犯，农民在耕作时也带上弓箭以备战。张道昇到任后，令防地农夫击斥候警，令兵士卧鼓而眠，严阵以待，因为其在军事方面的才能而得到重用。后陇州"时属骄阳"，使得本是干旱的陇州环境更加恶劣，张道昇又遍访群山，到"素多灵验"的二姑神庙焚香祈祷下雨，随后便"阴云满空，甘雨盈尺"，因此墓主减少自己的俸禄，为二姑神建造妆楼，供后人前来供奉。

第四，墓主卒地为"□安私第"，享年六十七岁，墓志这里的缺字或为"长安"。因为墓主人长期在关中之地西部驻守，后官至开府仪同三

---

① 《唐代墓志汇编》永贞007，第1945—1946页。

司、陇州刺史①，驻守陇州长达二十余年，且官至高位，当在长安有其宅第。"永贞元年冬十一月廿五日庚寅，窆于幽州良乡县阎沟山原，礼也。"②

通过对张道昇一生的梳理，我们可以看出，张道昇经过千里长途跋涉，在关中地区近三十年的从军滞留，其终任官为陇州刺史，后卒于长安私第。墓主于永贞元年（805）被子嗣迁葬回到幽州，其军旅一生，千里跃进，在入朝"防秋"后发生的"泾原兵变"等系列争斗中能够最终保全自己而善终，甚为难得。当灵柩回到幽州，由朱泚、朱滔而引起的"四王二帝"事件已经相去21年之久，已到了刘济主政幽州时期，朝廷与幽州镇之间的关系到了比较缓和的阶段。

墓志记载其"二子张佑、张侠泣血扶护还乡"，"□□镇守副使、御史大夫道晏，痛天伦之永别，抚诸孤而犹子"，这里的道晏，抚育道昇之子像自己的孩子，观其名字，应当为墓主道昇的弟弟，身份是"□□镇守副使、御史大夫"，从官职上看，或许也是幽州镇的武职，其御史大夫或为藩镇使府内的兼职。这方墓志对于研究朱泚带去的幽州防秋兵在"泾原之变"后的命运走向，以及朝廷和幽州镇之间的关系，有一定的补史作用。

3. 刘如泉

刘如泉（745—782），族望地彭城，其祖上仕宦经历未知，应该皆为白身（即普通百姓）。墓主解褐官为王府典军，正五品上。墓主是时任幽州节度使朱滔的手下武将。其有力如虎，曾经在沙场上生擒首级有数十级。志中记载，其曾奉命入朝觐见，授开府仪同、试太常卿、上柱国。墓主是朱滔在叛乱时期的股肱、心腹，忠于主将，忘命奔死，在朱滔叛乱后"充左随使将"，并于建中三年（782）六月三十日在"魏国峡山"之战中阵亡沙场；建中四年（784）二月二十五日葬于良乡县尚义乡，享年三十七岁。在其他的唐代幽州墓志中，笔者另找到一位在同一场战争中阵亡的将士，是授云麾将军（从三品上）、守左金吾卫大将军、试鸿胪卿、上柱国宋俨。下面将节选这两方墓志中的部分文字进行分析。

《唐刘如泉墓志》云：

---

① 郁贤皓：《唐刺史考全编》，安徽大学出版社2000年版，第298页。作者认为张道昇应当为贞元末年担任陇州刺史一职。
② 《唐代墓志汇编》永贞007，第1945—1946页。

第四章　墓志记载中的官员分类与入仕途径

伊唐季复兴，大君雍王立礼乐，征伐自诸侯出。大冀王南面听政，除恶务本，辑宁邦家，匡卫社稷，削平天下。戎马生郊，龙战于野，则燕之大将军刘公……大冀王宠锡，犒勤牛酒，输忠尽节。闻鼙鼓忘命，见勇波爱死。建中三年六月卅日，于魏国峡山，两军相犄，彼众我寡，当百阵亡……大王为之抆血，卿士为之泣洟。赗赠百金，棺椁木亲见三轨……呜呼大将，春秋卅有八，不幸寿终。孀萃二颜，哀嗣一子，曰少华。卿大夫礼窆。①

《唐宋俨墓志》云：

府君宋公讳俨，西河郡人也……建中二年（781）七月出蓟城，奉恩命，元戎朱公我神将，府君宋公亲领甲兵，收掌恒定，围深州，克伏。其年十一月，破恒定节度张惟岳十万余人，积尸遍野，收聚尸骸，埋筑丘冢。何期国家负德，不与功勋，反祸燕师，受太原河东节度马燧恶奏，先领朔方兵甲，陇右道李怀光领秦兵及殿前兵马同廿余万，屯营魏、博御河西侧。我幽州节度并以恒冀兵马，建中三年（782）三月，离深州至魏贝，相去秦兵十里屯营，……六月卅日，破马燧兵马廿余万，积尸遍野，血流御河。我府君名将节操，冲突先锋，决命于先，不顾残躯，名播后世。何期运命将终，逝水长流，永绝卒于此日阵也，享年春秋卅有八……冀国王封子长丰县丞，报其名父……建中四年岁次癸亥四月丁未朔廿七日癸酉，葬于幽州昌平县东北十里武安县。②

墓志中"大冀王""冀国王""元戎朱公"指的是朱滔③。《旧唐书·德宗上》："是月，朱滔、田悦、王武俊于魏县军垒各相推奖，僭称王号。滔称大冀王，武俊称赵王，悦称魏王。又劝李纳称齐王。僭署官名如国初

---

① 《新中国出土墓志》北京卷壹下册一二，《唐开府仪同三司试太常卿兼左金吾卫大将军上柱国刘公（如泉）墓志铭》，第7—8页。
② 《唐代墓志汇编》建中018，第1833页。
③ 孙继民的《"四王"建号与署置百官：唐代割据藩镇政治诉求的制度表达》一文中，对于唐代"四王"建号的性质、起止时间以及朱滔称号有较为详细的论述，认为"四王"名号绝非是唐朝廷下的爵位，而是效仿战国时期，在地方形成世袭之制的小朝廷，并从"效战国""肱髀相依""以土地传子孙"三方面分别阐述了朝廷与藩镇、藩镇之间、藩镇内部等关系，认为这是藩镇割据势力的一种政治制度上的诉求。参见《光明日报》，2010年3月23日第12版《理论周刊》。

亲王行台之制。丁丑，李希烈自称天下都元帅、太尉、建兴王，与朱滔等四盗胶固为逆。"①《旧唐书·朱滔传》："建中三年十一月，滔僭称大冀王，伪署百官，与李纳、田悦、王武俊并称王，南结李希烈。"② 这就是有名的"五王之乱"，也是上列两方墓志墓主阵亡时的唐朝河北三镇藩镇形势。

墓志中所记载的"峡山之战"，在建中三年（782）六月卅日，是在十一月五王僭称之前，交战一方是马燧、李怀光带领的朝廷禁军，另一方是朱滔、王武俊等的藩镇军，两位墓主都参加了这场藩镇与朝廷之间的战争，而且是在同一天阵亡。战争的起因是建中二年（781）七月朝廷派卢龙节度使朱滔发兵征讨恒定节度使张惟岳（应为李惟岳，或为避讳），朱滔等人对朝廷的"不与功勋，反祸燕师"产生不满，又将战争的罪责加到河东节度使马燧"恶奏"上，马燧、李怀光此役是为隔断幽州与其他节度使之间的联系。

《资治通鉴》中可见此日战争的详细记载：

> 朱滔、王武俊军至魏州，田悦具牛酒出迎，魏人欢呼动地。滔营于惬山，是日，李怀光军亦至，马燧等盛军容迎之。滔以为袭己，遽出阵。怀光勇而无谋，欲乘其营垒未就击之。燧请且休将士，观衅而动，怀光曰："彼营垒既立，将为后患，此时不可失也。"遂击滔于惬山之西，杀步卒千余人，滔军崩沮。怀光按辔观之，有喜色。士卒争入滔营取宝货，王武俊引二千骑横冲怀光军，军分为二。滔引兵继之，官军大败，甍入永济渠溺死者不可胜数，人相蹈藉，其积如山，水为之不流，马燧等各收军堡垒。是夕，滔等堰永济渠入王莽故河，绝官军粮道及归路。明日，水深三尺余。马燧惧，遣使卑辞谢滔，求与诸节度归本道，奏天子，请以河北事委五郎处之。③

由上述史料可以看出，此次峡山之战双方应该进行了两次厮杀，河东节度使马燧、陇右道李怀光等先围"魏国"，先发制人，先胜而后败；朱滔则是先败而后胜。战争的结果是，马燧、李怀光被朱滔通过引永济渠之水到王莽故河，绝了粮道及后路，而不得不卑微辞谢，奏请天子将河北之

---

① 《旧唐书》卷12《德宗纪上》，第335页。
② 《旧唐书》卷143《朱滔传》，第3896页。
③ 《资治通鉴》卷227建中三年六月条，第7331页。

事交付"五郎"朱滔处理。当然，马燧、李怀光等人的返回跟"泾原兵变"，德宗驾幸奉天，急于回到奉天救驾有关系。

显然，从刘如泉墓志中记载看出，他参加的应该是"敌众我寡"的第一次战斗，而宋俨墓志载"破马燧廿二万，积尸遍野，血流御河"，其则可能参加的是第二次战役，"（官军）蹙入永济渠溺死者不可胜数"。

通过对照《资治通鉴》中关于此战的记载，可以看出，此战的地点上，描述有分歧，分别是愜山、峡山、连篋山等不同之地。而两方墓志中均明确指出此役的时间为"六月卅日"，且战争惨烈状况描述相似。之前学界对于此役时间有异议，有六月二十、六月三十、笼统六月的分歧。本书认为，一方面，作为亲历这场战争的刘如泉、宋俨二人，其虽没有同日下葬，却不约而同在墓志中记载此役的时间为六月卅日，可见当时战争惨烈程度极高，以至于如此高级的两位军官都能阵亡，双方家庭及撰志者对此役一定印象深刻；《资治通鉴》德宗建中三年记载此事注引："六月壬子朔，七月壬午朔。然则辛巳，六月三十日；庚子、七月十九日也。滔与怀光至魏之日，滔营垒犹未立，怀光即与之战，岂得至七月六日邪！《实录》、《燕南记》所载日，皆不可据也。"① 通过两方墓志，结合《通鉴》中这个注引，当可以印证此战役时间当为六月三十日。

另一方面，朱滔当时自称大冀王，将士奔死卖命，对于死后的将士刘如泉能以"卿大夫礼窆"，而宋俨之子"冀国王封子长丰县丞"，显然是更不能忘记此两位将士死难的时间。从侧面可以看出，朱滔在经营幽州、割据一方是有一定的军事和民心基础，此两方墓志中对朱滔及墓主都极尽赞美之词，"大君雍王立礼乐，征伐自诸侯出"，而对朝廷却极尽指责"何期国家负德，不与功勋，反祸燕师"，将中央派来镇压的军队称为"秦兵"，将其叛乱发动战争的罪责加到"国家"头上，可见其骄横跋扈之性。

综上所述，从这仅有的三方高层官员的墓志中，我们可以看到，唐代幽州的墓志出土很少，仅三方，且只有刘济为"名副其实"的高级官员，荣居高位，前后迁转十次，位至幽州卢龙节度使，达25年。而张道昇、刘如泉的受封"开府仪同三司"，为藩镇中的武将，他们所授文散之职是朝廷在安史之乱后为抚慰前来"防秋"幽州将士而授予。随后的唐德宗时期，极力推行"削藩"政策，剪除安史旧将，爆发了二朱的叛乱，是

---

① 《资治通鉴》卷227 建中三年七月条，第7333页。

唐王朝开始由盛而衰的关键节点上，此后再也无力掌控"河朔割据型"的河北三镇①。二人中，张道昇未参与到叛乱中，驻守陇州二十余年，得以保全其身，进而善终；相反刘如泉、宋俨等却参与到藩镇与朝廷的战争，搅进中央、地方的政治漩涡当中，成为朝廷与藩镇之间权力争斗的牺牲品。可以说，两人的不同命运是唐王朝中晚期政治命运的一个缩影。

第二节　中层官员

唐代的传世文献中关于武将的材料不多，其中多以高层将领如郭子仪、李光弼等人，却很少提到中层军将。幽州出土的这些唐代中层官员墓志，能够给我们提供大量唐时期的中层军官从仕经历的珍贵材料。这些军官墓志的出土不仅能够给我们带来军官的一生升迁职事官经历，更能够了解到他们的散官、职事官、勋官及其他的种种加衔，尤其是到了唐代后期，中下层武职官员的迁转经历的运转细节，比起《通典》《唐六典》中的记载要复杂很多。②

唐代幽州的墓志中，共有43方志主为中层官员。整个唐王朝的疆域中，幽州属于"边鄙之地"，随着各个时期的边防形势以及政治局势变化，作为中层官员的墓主，其经历多辗转于全国各地。在搜集的幽州中层官员墓志中，刊刻年代最早的《忤钦墓志》③，墓主终任官是开福府旅帅，参加过唐太宗、唐高宗时期征伐高丽战争，且在高宗时期攻打高丽时，是参加的海上攻打："君沉戈画鹢，瞻独鹜于星楼。水剑浮龙，竞先鸣于月侠"，可以补充正史中海上征伐高丽的细节，墓主终以累获军功而被授予"朝散大夫"，从五品下；而李神德则是武则天时期的东都洛阳宫中宿卫，因其"以久侍丹陛，克清邦禁，既高其功，亦荣其职"④，授行右领军卫中郎将、右羽林军上下，去世后亦能赠本卫将军；吐蕃人论博言，咸通年间南征交趾；唐代中后期，随着来自幽州东北地区的奚、契丹的强大，开元年间唐代屡次对东北地区用兵，并设立了多处奚、契丹内迁人的羁縻州。如葬于幽州的《唐李永定墓志》，其中记载李氏世代在幽州的羁縻州

---

① 张国刚在《唐代藩镇研究》一书中，将唐代藩镇分为："河朔割据型""中原防遏型""边疆御型""东南财源型"四种类型，见氏著《唐代藩镇研究》（增订版），第42页。
② 赖瑞和：《唐代中层文官》，台北联经出版事业股份有限公司2008年版，第104页。
③ 《唐代墓志汇编》咸亨024，第526—527页。
④ 《全唐文补遗》第八辑，第383页。

做官，其本人也亲历了唐代对东北地区的多次用兵战争，并担任羁縻州的刺史。

关于唐代幽州墓志中墓主由于军事形势，辗转于各地对唐代东北、西北诸民族用兵的例子，其中有奚、契丹、吐蕃等族；下文以李永定、李秀两人为例予以说明。

李永定（687—751），墓志中其仕宦履历非常详细，对于唐代安史之乱前幽州的军事行动有详细的记载，尤其是与奚、契丹两族的关系处理上，以及幽州地区羁縻州的设置和管理，都可补充正史中的记载。墓主为陇西人，曾祖为李延，为赤山州刺史；祖父李仙礼，为玄州刺史；父亲为李大哥，玄州昌利府折冲都尉；李永定为青山州刺史，家族"考其枝叶，皆传五等之尊；察以波澜，世有叁边之贵"。《新唐书·地理志》载：

> 玄州，贞观二十年（646），以纥主曲据部落置。侨治范阳之鲁泊村，县一静蕃。青山州，景云元年（710），析玄州置。侨治范阳之水门村，县一，青山。赤山州以伏部分置。①

李永定世家为幽州周边契丹羁縻州官员，如赤山州、玄州、青山州。按唐代羁縻州的刺史、县令等职位，都多用原部落首领担任，但李永定却在志中记为汉人。其生平经历如下表：

表4—2　　　　　《李永定墓志》中墓主生平事迹

年号	年份	年龄	任官事迹
垂拱三年	687	1岁	出生
开元五年	717	21岁	父亲去世，袭父宁远将军（正五品下）、右卫昌利府折冲
开元八年二月	720	24岁	任安东卢龙府折冲都尉、充范阳马军副使
开元十五年二月	727	31岁	改授上谷郡龙水府折冲都尉
开元二十年	732	34岁	节度使赵含章差公统马军大人。改授宣威将军（从四品上）、右卫率府郎将。……制授忠武将军（正四品上）、左卫率府中郎将，仍袭伯父青山州刺史

---

① 《新唐书》卷43《地理志七下》，第1126—1127页。

续表

年号	年份	年龄	任官事迹
开元二十七年	739	43岁	以卢龙塞下降奚内叛，节度使张守珪令公张皇陆师，改授右清道率
开元二十八年	740	44岁	节度使李适之差公领马骑讨袭，大破奚军，斩馘其君王，系虏其人众
开元二十九年	741	45岁	节度使裴宽以公达于兵谋，奏充范阳都知兵马使
天宝五载	746	50岁	节度使安公（禄山）以公闲于抚理，差摄妫川郡太守，兼知雄武城使。俄而转摄渔阳郡太守、兼知静塞军使
天宝七载十二月	748	52岁	奏授公云麾将军（从三品上）、左威卫将军、兼青山州刺史如故
天宝十载四月十五日	751	65岁	薨于范阳郡之私第
天宝十载八月十日	751		葬于（范阳）郡西北十五里之平原

由上表可以看出，墓主李永定做官是唐王朝幽州镇开元、天宝连续对外用兵的时期，历任幽州节度使赵含章、张守珪、李适之、裴宽、安禄山都对其加以重用，南征北讨，封官加爵，参与征讨奚人、乌丸、鲜卑的多次战争，"于是梁北河，屠白城，犁乌桓庭，芟鲜卑首"，从李永定的墓志中看到"安史之乱"之前幽州周边的民族形势。

之所以举李永定这个例子，还因为其家族三世为幽州大都督府下契丹羁縻州长官，开元五年（717）其父因公殉国，李永定21岁便袭父亲宁远将军，后又袭伯父的青山州刺史，其家族从曾祖开始便一直担任青山、玄州、赤山州等刺史，应该采取的是世袭制。因而笔者揣测，其应该为契丹人，内迁后所赐"李"姓，并不是其志文中所说的"陇西人"。

可以说，在唐代幽州的墓志中，李永定是一个过渡时期的人物，体现在两个方面，一方面，李永定早年担任的是折冲府都尉，晚年担任的是各种军中使职、幕府官，可以看出军事制度上，府兵制的消亡和募兵制、幕府官的兴盛；二是李永定在"安史之乱"前夕去世，参与到"安史之乱"前近五十年幽州的军事行动。安禄山开始执掌幽州节度使时，原有的官员流动被打破，其尤其重用契丹人[①]，作为贴有契丹人标签的人物，一直世

---

① 宁欣、李凤先：《试析唐代以幽州地区为中心的人口流动》，《河南师范大学学报》（哲学社会科学版）2003年第3期。

第四章 墓志记载中的官员分类与入仕途径

代担任契丹羁縻州长官的李永定家族对研究唐"安史之乱"前的幽州形势有重要作用。

李秀,范阳人,开元四年(716)四月一日卒,天宝元年(742)与夫人合葬于"范阳福禄乡"①。其是军人世家,祖上从南北朝后燕时期便在燕地留守:

> 代为本官,累登连率……以至于曾祖讳溢府君,辽东都督……祖讳稽府君,左卫大将军、持节燕州刺史……考讳谨行府君,左金吾卫大将军。②

李秀曾祖为唐辽东都督,祖父为燕州刺史,父亲是左金吾卫大将军,皆为幽州地区周边的武将,其家族到了李秀这一代,不仅参加了征辽战争,且辗转到陇西参加攻打吐蕃的战争,并因军功而三次加官晋爵:

> (第一次加官)及二九渡辽,什伍御寇……张辽解围,盖其小者;李广飞将,居然在兹。特拜游击将军。
>
> (第二次加官)日者,犬戎侵边,虎臣拥节。公以名数见召,义勇备行。遽登陇预谋,入幕规画……此以一取十,所云必胜也。时议休之。一战而吐蕃大败。恩加忠武将军、右卫翊府左郎将。
>
> (第三次加官)累载,吐蕃报东门,掠西牧,众倍于昔,心锐于兹,蓄量练兵,设奇乘间……议者多之,听其言,行其策。旬有七夕,云雾晦,风沙昏,公乃暗号潜□,深入□旅,吐蕃以为天兵总集,围师数重,尽其力以自诛,因其乱以自北……我天子录异等,加懋功,特拜云麾将军、左豹韬卫翊府中郎将,封辽西郡开国公,食邑二千户③。

从李秀的仕宦旅程来看,他一度都是以军功而得官。攻打高丽战争后,加游击将军(从五品下);打败吐蕃从东边入侵结束后,加忠武将军

---

① 陈康《唐代幽州蓟城里坊、村乡之我见》一文中总结了唐代幽州城里坊和乡村分布,特别提到了《唐李神德墓志》(《全唐文补遗》)中的下葬地为"范阳福禄乡",认为此乡的出现,或许正能够补充赵其昌关于幽州十二乡未能找到的唯一一乡,文见http://www.bjww.gov.cn/2006/4-12/154525.html。今笔者又在《唐李秀墓志》(《全唐文补遗》第八辑,第90页)中查阅到墓主所葬地亦为"福禄乡",或许可以补充"幽州十二乡"的不能复原的第十二乡。

② 《全唐文补遗》第八辑,第90页。

③ 《全唐文补遗》第八辑,第90页。

（正四品上）；多年后，又一次打败吐蕃，特授云麾将军（从三品上），并封爵为辽西郡开国公，食邑二千户口。

志中有关于墓主人对唐蕃军队之间的优劣势分析，认为吐蕃有"五胜"，而唐军有一优势，主张用唐军优势诱敌深入，待其乱后以骁骑乱其阵法，最后主帅采纳墓主的建议，取长补短而大胜吐蕃。这两场战争一北一西，正是唐中央朝廷军事重心，由进攻北部突厥、高丽转向西部防御吐蕃的转变表现。①

除了以上的两个人外，唐代幽州的其他中层官员也有很多。笔者搜集的唐代幽州墓志中，中层官员有43位，为直观表述，现列表如下：

表4—3　　　　　　唐代幽州墓志主人中层官员

姓名	官职	品级	史料出处
仵钦 600—668年	朝散大夫、仪同三司、上柱国、右戎卫、开福府旅帅	从五品下	咸亨024② 第526—527页
王道 ？—676年	幽州市丞、骑都尉	从五品	精粹石刻卷215，216③
李神德 648—704年	云麾将军、行右领军卫中郎将、右羽林军上下、赠本卫将军、上柱国	从三品上	补遗8—383④
李秀 655—716年	云麾将军、左豹韬卫朔府中郎将、辽西郡开国公	从三品上	补遗8—90
李永定 687—751年	云麾将军、左威卫将军、兼青山州刺史	从三品上	续天宝073 第634—635页
王景秀 699—776年	恒王府典军	正五品上	大历048，第1790—1791页

---

① 李鸿宾：《唐朝的地缘政治与族群关系》，《人文杂志》2011年第2期。作者在此文中，通过对唐朝地缘政治与民族势力之间的互动关系的研究，认为决定地缘关系的因素是影响前期政治形势主要因素，但格局一旦确立，外族政治势力的活动，就成为制约并影响唐朝地缘政治的首要因素，具体到唐朝前期关中北部的战略格局之建构与后期长安西部战略地位之转移，均是突厥和吐蕃这样有影响力的政治势力促成的。

② 本书中表格，如无特殊说明，则墓志排列顺序皆以墓主葬年为准，无葬年，则以墓主卒年为准；下表同此凡例。

③ 梅宁华主编：《北京文物精粹大系》石刻卷215、216，北京出版社2004年版，第168页。

④ 《全唐文补遗》第八辑，第383页。

第四章 墓志记载中的官员分类与入仕途径 63

续表

姓名	官职	品级	史料出处
赵龙 703—775 年①	左领军卫、怀州河内府折冲（都尉）	正四品上	新中国一〇② 第6—7 页
李休 696—750 年	宁远将军、守恒王府典军、赐紫金鱼袋、上柱国，充范阳节度经略副使兼节度都虞候，转平卢节度副使兼都虞候	正五品下	大历 067，第 1807—1808 页
姚子昂 704—762 年	棣州司马	从五品下	建中 005，第 1824 页。
朱愿 ?—783 年	左金吾卫大将军、金紫光禄大夫、试太常卿、检校青宫太保、□执宪大夫、充卢龙节度行军司马	正三品	新中国一三 第 8—9 页
宋俨 745—782 年	云麾将军、守左金吾卫大将军、试鸿胪卿、上柱国	从三品上	建中 018 第 1833 页
王郅③ 737—789 年	瀛州司马、兼侍御史	从五品下	贞元 021 第 1852 页
任希 732—789 年	云麾将军、太常卿、衙前讨击、兼团练副使	从三品上	续贞元 016 第 744—745 页
孙如玉 728—798 年	平州卢龙府折冲都尉、前潞县录事	正四品上	新中国一五 第 10 页
崔府君 689—776 年	云麾将军、守左金吾卫大将军、试太常卿、上柱国、赠使持节亳州诸军事、亳州刺史	从三品上	北文 15
蔡雄 735—787 年	银青光禄大夫、行瀛州别驾、莫州刺史、上柱国、申国公	从三品	续贞元 074 第 787—788 页

① 《北京市文物研究所藏墓志拓片》中题为《刘龙兹墓志》（第 9 页）的和此墓志拓片吻合，《新中国出土墓志》北京壹上册中，刊有墓志拓片并志盖，盖题"唐故怀州河内府折冲天水赵公墓志铭"，对照原石拓片，再查阅下册中录文内容："府君讳龙，字龙，兹土人也，其先与秦共祖，至造父受赐赵城，因为赵氏。"（第 6 页）所以以《新中国出土墓志》为准，墓主应为"赵龙"，而非"刘龙兹"，其误认为是"龙兹"，皆因断句之误。
② 《新中国出土墓志》北京卷壹下册一〇，《唐故怀州河内府折冲天水赵公（龙）墓志铭》，第 6—7 页。
③ 志主王郅，为太原王氏世家大族，祁县人，其五代祖王隆，曾于隋开皇初，以国子博士待诏云龙门，向隋文帝奏《兴衰要论》七篇，"言六代之得失"，颇为隋文帝所称道。王隆的曾孙之一就是"初唐四杰"之王勃。《唐王郅墓志》参见《唐代墓志汇编》贞元 021，第 1852 页。

续表

姓名	官职	品级	史料出处
王恭 732—804 年	河东道汾州司马、试太子舍人、上柱国	从五品下	补遗6—474
高行晖 691—759 年	正议大夫、试怀州别驾、赐紫金鱼袋、赠户部尚书	正四品上	续元和007 第805—806 页
王叔原 758—812 年	恒王府司马、幽州节度经略军兵曹参军	从四品下	元和060 第1990 页
张乾曜 744—813 年	云麾将军、守右金吾卫大将军、试太常卿、防御军防城副使	从三品上	北文24
和元烈 不详	衙前散将、游击将军、守翊府中郎将	从五品下	新中国一九 第12—13 页
崔载 761—819 年	太子洗马	从五品下	元和134 第2044 页
侯□弘① 752—827 年	幽州（下残）度押衙、摄纳降军营田等使、银青光禄大夫、检校国子祭酒、兼御史中丞、上柱国	从三品	新中国二四 第16—17 页
刘騆 785—829 年	朝散大夫、节度都衙、兼御史中丞	从五品下	补遗7—102
高霞寓 768—833 年	幽州节度押衙、金紫光禄大夫、检校太子宾客、摄妫檀义州刺史等使、兼御史中丞	正三品	大和066 第2143—2144 页
周元长 774—837 年	幽州卢龙节度都押衙、银青光禄大夫、检校太子宾客、使持节檀州诸军事、檀州刺史、兼殿中侍御史、充威武军团练等使	从三品	续开成014 第933—934 页
王时邕 799—845 年	幽州节度押衙、银青光禄大夫、检校太子宾客、兼监察御史	从三品	续会昌030 第965—966 页
王公淑 780—848 年	幽州节度判官、兼殿中侍御史、银青光禄大夫、检校太子宾客、卢龙节度留后、营府都督、柳城军使、平妫等州刺史、上柱国	从三品	新中国二六 第18—19 页

---

① "□"代表拓片中漫漶不清之处，下同。

第四章　墓志记载中的官员分类与入仕途径　65

续表

姓名	官职	品级	史料出处
周璵 787—856年	平州刺史、卢龙节度留后	正四品下	续大中056 第1009—1010页
宋再初 777—858年	前蓟州刺史、幽州节度押衙、银青光禄大夫、检校太子宾客、兼侍御史上柱国	从三品	续大中070 第1020—1021页
董唐之 804—858年	卢龙节度衙前兵马使、兼知船坊事、银青光禄大夫、检校太子宾客、兼监察御史、上柱国	从三品	续大中071 第1022—1023页
论博言 805—865年	幽州卢龙节度左都衙、银青光禄大夫、检校国子祭酒、摄檀州刺史充威武军使、兼御史中丞、上柱国	从三品	补遗第七辑，第141页。
赵从一 792—868年	幽州节度押衙、银青光禄大夫、检校太子宾客、兼监察御史、上柱国	从三品	新中国三二 第25页
王公晟 802—870年	幽州随使节度押衙、正议大夫、检校国子祭酒、兼侍御史、上柱国	正四品上	咸通083 第2443—2444页
阎好问 810—873年	守宿州司马、妫瀛莫三州刺史、银青光禄大夫、检校太子宾客、御史中丞	从三品	咸通106 第2460—2461页
温令绶 806—874年	幽州节度衙前讨击副使、太中大夫、试殿中监	从四品上	续咸通102 第1114—1115页
黄直 818—872年	雄武军捉生将、太中大夫、试殿中监	从四品上	续乾符003 第1119—1120页
韩宗穗 830—879年	幽州节度押衙、银青光禄大夫、检校国子祭酒、兼监察御史、上柱国	从三品	新中国三五 第28页
耿宗倚 823—881年	幽州节度押衙、遥摄檀州刺史、知雄武军营田等事、兼御史中丞	从三品	续中和004 第1148—1149页

续表

姓名	官职	品级	史料出处
乐邦穗 827—877 年	幽州节度押衙、摄檀州刺史、充威武军营田团练等使、银青光禄大夫、检校国子祭酒兼御史大夫、上柱国	从三品	北京市文物局网站①
敬延祚 827—882 年	幽州随使、节度押衙、遥摄镇安军使、充绫锦坊使、银青光禄大夫、检校国子祭酒、兼御史中丞、上柱国	从三品	中和 005 第 2509—2510 页
张建章 806—866 年	幽州卢龙节度、押奚契丹两蕃副使、摄蓟州刺史、正议大夫、检校太子左庶子、兼御史大夫、上柱国	正四品上	中和 007 第 2510—2512 页
刘钤 837—888 年	妫州刺史、充清夷军营田等使、朝散大夫、检校尚书、司封郎中、摄御史中丞、上柱国	从五品上	续文德 001 第 1151—1152 页
李殷辅 858—889 年	亲事虞候、银青光禄大夫、检校国子祭酒、兼监察御史、上柱国	从三品	北京市西城区丰盛胡同出土②

从表格中官员的官职可以看出，唐代幽州墓志中层官员有如下特点：

第一，前期、后期比较③：前期官员的职事种类较为复杂；后期官员中大多为有幕府武职经历的官员；这样的现象的主要原因是，唐代前期在幽州居住的官员多在朝廷掌控的官员体系中为官，而后期由于藩镇割据，幕府官盛行，形成一个幽州镇体系下的割据军将集团，为大多官员留下了幕府武职经历。

第二，前期官员的官职类型较为复杂，多以幽州周围的州长官、僚佐为主，如王道④，为幽州市丞、骑都尉，从五品，是管理幽州城市场的主

---

① 《乐邦穗墓志》原石曾藏于北京大学历史系内，今不知其下落。本书采用拓片图来自北京文物局官方网站中的《唐乐邦穗墓志考》一文，见 http://www.bjww.gov.cn/2009/12－3/1259828071906.html。
② 于璞：《北京地区唐墓壁画的分期与时代特征》，《文物春秋》2010 年第 6 期。笔者研究中采用的《唐李殷辅墓志》录文，是笔者根据《西城区丰盛胡同唐代壁画墓发掘简报》一文中照片 8，来源为北京市文物局网站，原图参见韩鸿业文：http://www.bjww.gov.cn/2011/8－30/1314687436328.html。
③ 需要说明的一点是，这里的前期、后期，指的是墓主人主要生活的年代为前期、后期，而不是以墓志的刊刻年代而分。
④ 梅宁华主编：《北京文物精粹大系》石刻卷，北京出版社 2004 年版，第 168 页。

官；李永定①，云麾将军、青山州刺史，从三品上，是羁縻州长官；王郅②为瀛洲司马，从五品下；崔府君③为亳州刺史，从三品上；蔡雄④，为行瀛州别驾、莫州刺史；王恭⑤为河东道汾州司马等，这些人大多为幽州州县僚佐；另有一些是前期府兵制时期的折冲府军官，如仵钦⑥为开福府旅帅，赵龙⑦为河内府折冲都尉，孙如玉⑧为平州卢龙府折冲都尉。但随着唐代府兵制的瓦解，朝廷到了安史之乱以后的第七年即宝应元年（762），命令畿县的折冲府，官阙不补，折冲府事由县令"摄判"，并规定折冲府的手力（差役），每府不得超过一人，折冲府之名，就这样渐渐从历史上消失⑨。经过中央实行募兵制，生活在幽州墓主人的折冲府官职也开始逐渐消失，取而代之的是后期节度使幕府中武职官职。

第三，唐后期的幽州墓志的中层官员，多为幽州镇中的幕府武职官员，均有在幽州县从官经历；并且多有兼任或摄"御史台"的职官，如刘騊⑩幕职为节度押衙，"兼御史中丞"，高霞寓⑪幕府职为节度押衙，亦"兼御史中丞"，王公淑⑫为节度判官，兼"殿中侍御史"；吐蕃人后裔论博言⑬，为幽州卢龙节度左都衙，兼"御史中丞"；温令绥、黄直是幽州节度衙前讨击副使，却兼"试殿中监"。这样的例子非常之多，不胜枚举。

第四，唐代后期的幽州中下层官员，武职官员都加以文散官，其中以"银青光禄大夫"居多，从三品。我们从官衔中可以看出，银青光禄大夫，往往奏加"御史中丞""御史大夫""监察御史"等衔，而文散"太

---

① 《唐代墓志汇编续集》天宝073，第634—635页。
② 《唐代墓志汇编》元和077，第2002页。
③ 《北京市文物研究所藏墓志拓片》，第15页。
④ 《唐代墓志汇编续集》贞元074，第787—788页。
⑤ 《全唐文补遗》第六辑，第474页。
⑥ 《唐代墓志汇编》咸亨024，第526—527页。
⑦ 《新中国出土墓志》北京卷壹下册一〇，《唐故怀州河内府折冲天水赵公（龙）墓志铭》，第6—7页。
⑧ 《新中国出土墓志》北京卷壹下册一五，《唐平州卢龙府折冲都尉乐安故孙公（如玉）墓志铭》，第10页。
⑨ 王仲荦：《隋唐五代史》上册，上海人民出版社2003年版，第474页。
⑩ 《全唐文补遗》第七辑，第102页。
⑪ 《唐代墓志汇编》大和066，第2143—2144页。
⑫ 《新中国出土墓志》北京卷壹下册二六，《唐故幽州节度判官兼殿中侍御史银青光禄大夫检校太子宾客卢龙节度留后营府都督柳成军使平州诸军事平妫等州刺史上柱国太原王府君（公淑）墓铭》，第18—19页。
⑬ 《全唐文补遗》第七辑，第141页。

中大夫",往往加御史台衔为"试殿中监";看来,中央对于幽州(卢龙)节度使下的官职授予,也有一定的约束性,并不是随意而无章法,其独立运作的升迁系统已经开始形成。

唐代幽州中层官员所带的官衔颇具特色,着重对后期官员中得任"御史台"职务的原因进行浅析。

所谓"御史台",为唐代中央监察机关,其设置的目的在于监察中央和地方各级官吏的言行职事是否合乎法律的规范。"正朝廷纲纪,举百司紊失。"① 御史台职责就在于弹劾百官,举出百官行使职权的失责之处。御史台包括有御史大夫、御史中丞,及"三院御史"侍御史、殿中侍御史、监察御史等职。安史之乱之前,御史台职权很高,地位崇重。唐代后期,御史台的职权被渐渐侵削,尤其是地方上藩镇割据,御史台对其更是难以行纠察、检举的职责。

唐代后期的藩镇中,官员的御史加衔,多以地方长官上奏朝廷后,才能得到中央的承认,这一时期朝廷对地方藩镇的控制,也就只能体现在这种形式上的权威而已。而从上面的中层官员表可以看出,再结合墓志文本材料,我们可以看出后期的"御史台"职位,已经成为幽州镇节度使对部下的一种"荣誉性"的虚衔奖赏,可以说已经在其发展过程中,成为勋官一种角色,而官员志题中所加的使职才是该官真正行使的职能。

一 因军功而加御史衔

刘翱:"宝历三年,奏加朝散大夫、节度押衙、检校太子詹事兼殿中侍御史。大和二年,进位侍御史又转御史中丞,冠带衙门,金曰称职。"②

王时邕:"首署佩刀之职,浸成高位。时君知其廉平刚直,特为闻奏。皇恩既敷,勋赗御史,而名立于世,是公之操行也。"③

耿宗倚:"起家庐龙镇将虞候,旋转充副将军头等,莫不名光忠毅,器止方圆,踊身而鲲跃洪湍,逸步而鹏搏碧汉。乃以昭彰德誉,旋复播迁,转监城大将,又迁随使兵马使,又转随使押衙,并管器仗官将,奏授御史中丞。"④

论博言(805—865):"咸通初,蛮陷交阯,兵凑海岭,蓟府相国清

---

① 张国刚:《唐代官制》,第76页。
② 《全唐文补遗》第七辑,第102页。
③ 《唐代墓志汇编续集》会昌030,第965—966页。
④ 《唐代墓志汇编续集》中和004,第1148—1149页。

河公递绢伍万委公部,进与堂弟宥州刺史锷连授兼御史中丞于辇下,时人荣之。"①

周元长,长庆年间(821—824)在幽州卢龙节度使府出任押衙,"明年,却复旧职,奉正议大夫、检校后太子中允、兼监察御史,权知蓟州军州事"②,后宝历年(825—826)参加一场战役,获凶手四人,朝廷嘉赏其转"殿中侍御史"。大和九年(835),"录其功劳"章表上奏,除银青光禄大夫、检校太子宾客、使持节檀州诸军事檀州刺史、兼殿中侍御史、充威武军团练等使,可见其真正的官职应该是威武军团练使。

二 因管理经济有功而奏加"御史"衔

董唐之:"我公嘉其勤劳于邦家,有徇公灭私之旨。下议其效,敦奖乃功。洎大中七年(853),表受兼监察御史,畴其茂功也"③,董唐之的使职为"卢龙节度衙前兵马使兼知船坊事",得知其为运河船只的管理官吏,在管理运河的过程中,他因为有功劳而被表授"监察御史"。

墓主赵从一"冠岁或自衔汝南公举。既莅郡,训农佩犊,以阜其俗。行轩书虎以清盗,粤三周而政成。迁河间太守。景子岁,嘉绩上闻,锡秩右散、云麾,官勋如故"④,赵从一因训导汝南农业,行仁政,清除盗贼,只用了三周,做了河间太守后兼得监察御史衔。

三 因担任节度使宿卫而得"御史"官衔

韩宗穗(830—879):"乃擢自良家,致之近卫。授亲帐兵马使。丹诚贯日,素志排云。委以腹心,见其忠谨。旋表授节度押衙、银青光禄大夫、检校国子祭酒、兼监察御史、上柱国。"⑤ 韩宗穗担任节度使的近卫之人,年久之后成为节度心腹,由是表授监察御史等职。

墓主王公晟:"元戎以挺生襟抱,迥出人寰,初其宿卫之资,终致建牙之署。"⑥ 后其官至幽州随使节度押衙、正议大夫、检校国子祭酒、兼

---

① 《全唐文补遗》第七辑,第 141 页。
② 《唐代墓志汇编续集》开成 014,第 933—934 页。
③ 《唐代墓志汇编续集》大中 071,第 1022 页。
④ 《新中国出土墓志》北京卷壹下册三二,《唐故幽州节度押衙银青光禄大夫检校太子宾客兼监察御史上柱国天水郡赵公(从一)墓志铭》,第 25 页。
⑤ 《新中国出土墓志》北京卷壹下册三五,《唐故幽州节度押衙银青光禄大夫检校国子祭酒兼监察御史(下残)韩府君(宗穗)墓志铭》,第 28 页。
⑥ 《唐代墓志汇编》咸通 083,第 2443—2444 页。

侍御史。其铭载："施武力兮折锐摧刚，勤王事兮披肝倒肠"，可以看出其忠贞不渝侍奉节度使，因此而加官为侍御史。

然而，能担任节度使近卫之人，在唐代幽州墓志中共找到了两方墓主，均为节度使的亲属。一位是乐邦穗，是时任节度使张允伸的女婿，其迁转经历为唐后期幽州墓志中，所任官职最多的；另外一方是阎好问，是节度使张直方的外甥，其曾因保护张直方而受伤："庄王犹子德辅，潜祈大福，阴构祸阶，爰从东第，直临正寝。乃被坚执锐，从辰洎申，威掠前锋，血盈左胁。户部遽选名医，始获痊复。明年冬，谏户部，吐以血诚，请觐龙阙。"张直方之子张德辅因要杀害父亲，直抵寝官，以夺节度之权，阎好问因保护张直方而受伤，后跟随节度使出逃幽州镇外，由朝廷授予了宿州司马，此后其又返回故里，受到时任节度的重用。

由上述唐代幽州官员兼"御史监察官"职衔的现象，可以看出，唐后期幽州地区中层官员的很多职事官、监察官，在授予的过程中，不仅已经阶官化，可以将秩阶作为阶官用，而且还勋官化了[①]，作为酬劳将士各种功绩的荣誉职衔。唐中央朝廷在此间所起到的作用，也仅仅是批准节度奏请，是一种象征性的授予，此前御史"官低位重"的局面被逐渐打破了。

第三节 下层官员

唐代幽州的墓志中，下层官员共有 10 方墓志，另有三方幽州镇的低级幕府将官。下层官员中，除了华封舆、朱方道是幕府辟署而得官外，其余多为唐代幽州所辖区域的州县僚佐；而幕府将官中，姚季仙为经商至蓟门而辟署得官，终身没有迁转；孙英，为幽州副将，墓志中也未出现其迁转经历；茹弘庆也是幽州亲事兵马使、充使宅将、副将，低级将官，其祖、父的官职也是使府中的下级官员。

为直观表达，现将墓志中的下层官员和未能分列的幕镇官列表如下：

---

① 张国刚：《唐代阶官与职事官的阶官化》，《唐代政治制度研究论集》，台北文津出版社1994年版，第207—232页。

表4—4　　　　　　唐代幽州中的下层官员统计

姓名	官职	品级	史料出处
李相 587—656年	隋昌平尉	从九品上	续永淳008① 第259页
彭浣 ？—781年	瀛州景城县主簿	正九品下	建中016 第1832页
李丕 725—787年	"墨授"莫州长丰县令②、莫州司法参军	正七品上	贞元015 第1847—1848页
王仲堪 734—797年	幽州大都督府兵曹参军，拜节度参谋，监察御史里行	正七品下	贞元076 第1891页
李藤 743—812年	奉议郎、前守瀛州长史、赐绯鱼袋、摄檀州长史	从六品上	新中国一八 第12页
李洪 728—799年	朝请郎、试太子洗马、赐绯鱼袋、蓟州司仓参军	正七品下	新中国二〇 第13—14页
朱曰□ 不详	卢龙节度驱使馆（下残）王府参军	正八品下	新中国二一 第14—15页
杨鏻 ？—821年	妫州怀戎县令	从六品上	新中国二二 第15页
华封舆 788—846年	幽州节度两蕃使、朝散郎、检校秘书少监、兼御史中丞、上柱国、赐绯鱼袋	从七品上	新中国二九 第21—23页
陈立行 800—857年	幽州大都督府兵曹参军	正七品下	大中129 第2352页

表4—5　　　　　　唐代幽州墓志中的幕府官

姓名	官职	品级	史料出处
姚季仙 787—863年	（幽州）节度驱使官	幕府官	续咸通025 1052—1053页
孙英 776—837年	幽州副将	幕府官	新中国三三 第25—26页
茹弘庆 827—878年	亲事兵马使、充使宅将副将	幕府官	续乾符031 第1140页

---

① 《唐代墓志汇编续集》永淳008，第259页。
② 墨授，即为不经过吏部注拟的特殊任官程序。详见裴恒涛《唐代墨敕斜封官初探》，《青海社会科学》2006年第2期。

从上述表5—5中官员的任职情况，可以看出，唐代幽州墓志中的下层官员，仅一方为隋代官吏，其余皆为唐代中后期的官员。笔者试图分析这些官员地位低下的原因。

一 改朝换代、唯愿隐退

李相，隋代末年任昌平尉，"隋运将终，任昌平尉，非吾所好，谢病免官"，① 其没有升迁至中高级官吏，是因为看到"隋运将终"，不愿为官，才称病辞官，辞官年龄大概为32岁。

二 家道中落、门荫衰微

迁转经历徘徊在下层州县僚佐中的官吏。如杨鏻，隋司徒、越国公杨素的七代孙。其曾祖为库部郎中，父亲为湖州长城县主簿，"府君即长城府君第三子。文行忠信，为世所推。燕伯再辟为莫州清苑县尉。□□□于公府，又辟为蓟县尉。三辟为良乡主簿。四命为妫州怀戎县令"②。墓主虽然贵为隋炀帝辅佐功臣杨素（544—606）后裔，但却是前朝旧官，时间也相隔久远，其父做官也远在湖州长城县，且只至县尉。杨鏻虽经四次迁转，但是却始终在幽州辖区的县做县尉、主簿这样的基层官吏。怀戎县地处偏远，属于幽州中较为贫瘠的县。可以看出，到了唐代中后期，杨素家族亲友的实力已渐趋衰微。

李洪，是唐章怀太子之后，属于皇族宗室，却也没有在幽州登上中层官吏，迁转经历遍经大江南北。李藤，是唐开国功臣李粲的后代。李粲因与唐高祖李渊交厚，拥护唐廷有功，但其家族两百年的为官经历中可以看出，除了李元紘官在高宗朝为相外，其余后人都是中下层官吏。

三 漂泊蓟门、委任官职

姚季仙："公幼好周游，寰瀛之内，颇曾经历……即为幽州人也。"③ 姚季仙游历到幽州而得官，为幽州节度驱使官，未曾迁转。如彭悦，终任景城县主簿，是"因省遇乱，来游幽蓟，"才得官，在任时期遇到李惟岳叛乱，彭主张以防御盗贼入侵景城。虽然此方墓志因为残破，没有下文，但其开篇写到墓主"因官殁难"，可以看出，在此次战争中墓主因抵挡李

---

① 《唐代墓志汇编续集》永淳008，第259页。
② 《新中国出土墓志》北京卷壹下册二二，《唐故妫州怀戎县令杨府君（鏻）夫人河南达奚氏墓志铭》第15页。
③ 《唐代墓志汇编续集》咸通025，第1052—1053页。

惟岳军而因公殉难。

四　年过强仕、方从命官

陈立行直到四十岁才得到元戎赏识，开始做官，只有三次下层官吏的迁转经历：释褐授檀州参军→幽州安次主簿→幽州大都督府兵曹参军。其去世时五十九岁，任官近十八年后才到大都督府做兵曹参军。①

由于唐代幽州出土的墓志中，下层官员、未能定品的幕镇官案例较少，因而只能从他们的仕宦履历、家庭背景角度，和中层官吏进行比较，得出这些官员未能跻身中层的原因所在。唐代州县僚佐的地位发展到中后期，在藩镇中已经走向了衰落，远不如辟署幕府升迁得快。三方幕府官品级的不能确定，体现了幽州镇并没有授予更多官员散官的权力，另外，他们有的人是孤身一人漂泊至幽州，在幽州的家族势力不够强大，资历较浅，从战争中获得军功的机会也较少，因而没有跻身于幽州中高层官员之列。

第四节　入仕途径：科举考试

官员是朝廷、地方保证政令得以实施的重要媒介，是唐代幽州治理一方的重要群体。唐代幽州的墓志中，其中以墓主人为官员数量最多，占到约60%，因而本书将重点通过研究官员的入仕途径来考察幽州官员从官经历中特殊的得官和迁转特点。从唐代幽州出土的官员墓志中，我们不难看出，其进入仕途的途径多种多样，以辟署或征召为最，这是由于安史之乱之后，河北藩镇获得辖区内官员的辟署权，不仅如此，其经济、军事、教化等权利也集节度使于一身，河北藩镇宛如"独立朝廷"，成为众多墓主人心中的"我邦"。

唐代幽州墓志中官员的入仕途径可以分为三类。其一，通过科举考试而得官，如太原王仲堪，大历七年擢进士第，解褐授太原府参军事，在时任幽州节度的奏请下授予幽州大都督府户曹参军，后任节度参谋，以监察御史里行终任；其二，门荫得官，如李藤（743—812）"以荫补斋郎"②，

---

① 《唐代墓志汇编》大中129，第2352页。
② 《新中国出土墓志》北京卷壹下册一八，《唐故奉议郎前守瀛洲长史赐绯鱼袋摄檀州长史李（藤）府君墓志铭并序》，第12页。

其五代祖为李粲,唐代初年因拥戴之功,赐姓为"李",世代显贵;其三,节度使征召、辟署而入仕,这方面例子比较多,以行伍、军功或辟署得官最为众多,其家族为官、升迁经历方面都有其特定的模式,下文中笔者试图对这三方面进行分析。

唐代幽州墓志中官员有59人,其中以武官为主。燕赵之地为边鄙之地,以武为重,以文为轻,但唐代幽州的士人,还是有很多长途跋涉前往长安参加科举考试,墓志主人中,参加过进士考试的就有幽州节度使刘济、监察御史里行王仲堪、华封舆兄弟等二人,刘济墓志在此前章节中已经论述,此不表。下文节选出后两方墓志记载加以分析,这些墓志中的人物都能体现出唐代"幽燕侠气"下幽州的社会文化风气。①

《唐王仲堪墓志》云:

> 生而岐嶷,体备刚柔,越在龆年,便志于学,逮于弱冠,乃为燕赵闻人。经史该通,词藻艳发,本道廉察使贤而荐之。自乡赋西游太学,群公卿士聆其声而交之,所居结辙,名动京邑。大历七年(772),进士擢第,稽古之力,自致青云,所谓拔乎其萃为山九仞者也。解褐授太原府参军事,居无何,丁太夫人忧,服阕,本道节使奏授幽州大都督府户曹参军,以能转兵曹参军事。雍容府寮,名检标举,局无留事,庭宇生风。节使嘉之,俟其硕画,乃奏充节度参谋,拜监察御史。②

墓主人王仲堪,族望太原,年幼喜欢读书,精通经史,河北道廉察使因为他的才华而举荐,参加乡赋,西游长安,曾名动京邑。大历七年(772)在长安考取功名③,进士擢第后,共经历过五任官职。解褐官为太原府参军事(正八品下),丁忧结束后,再任幽州大都督府户曹参军(正七品下),又以其才能任兵曹参军(正七品下),后因为得到节度使的嘉奖,又奏请其为节度参谋,终任官为监察御史里行。

还有一些人因为不能及第,而进入幕府征辟的,如《唐华封舆墓志》云:

---

① 顾乃武:《唐代河朔三镇的社会文化研究》,博士学位论文,厦门大学,2007年。
② 《唐代墓志汇编》贞元076,第1891页。
③ 刘琴丽:《中晚唐河北举子研究》,《史学集刊》2009年第4期。

第四章　墓志记载中的官员分类与入仕途径　75

　　十六，与□封儒同举进士。有才无时，三上不第。俱应直言极谏，以犯权豪，诏不下。繇是文行之名，益闻于贤达。兄以元和初从□□□刘公辟命，表为幕府。迁青州□□□以太君在蓟门，侍恋心切，恳求罢职，因来于燕。①

　　华封舆（788—846）十六岁与兄长华封儒都去参加朝廷进士考试，但是三次不第，都是因为其直言相谏，而未下诏。不能及第后，其兄华封儒前往幽州，成为幽州节度使刘济的幕府官；华封舆则在元和七年（812）去了亳州刺史李帅处谋得崇文馆校书郎（从九品下）一职，后又迁到青州做官。② 此后因要侍恋在幽州的母亲而罢职，与兄长华师儒同辟于刘济幕府中，初任幽州户曹参军（正七品下），二任录事参军（正七品上），三任："文宗召对三殿，陈事称旨，面锡章绶，拜监察御史"③，四任节度推官、殿中侍御史、内供奉，五任屯田外郎、充通王幕府，六任尚书工部郎，终任尚书职方郎，充幽州节度两蕃副使，拜秘书少监，兼御史中丞，其散位为朝散郎（从七品下）。

　　华封舆虽然没有进士及第，但其家学传统却能够得到传承，其本人在家中也能以身作则，遍览群书："自六经之外，至百家之书，逮释氏、老子之说，无不该览。著文集十卷"④，华封舆有四个儿子，除一人为莫州鄚县县尉："嗣子僖伯，莫州鄚县尉；次子郇伯，举进士；申伯，举三传；□□，举学究"⑤，其余三子都参加科举考试：华郇伯举进士，华申伯举三传，而幼子华□□则举学究。《唐华封舆墓志》也是次子华郇伯所撰写，文词精炼，叙事流畅，辞藻华丽，悲痛之心跃然纸上。华家崇尚科举，如此的儒学世家，其家尚文之气能够得到传承，也是唐代幽州尚文气息的体现。

　　王时邕墓志中载：

---

① 《新中国出土墓志》北京卷壹下册二九，《唐故幽州节度两蕃副使朝散郎检校秘书少监兼御史中丞上柱国赐绯鱼袋平原华府君（封舆）墓志铭》，第21页。
② 《华封舆墓志》原文中此处漫漶不清，因而华封舆在青州得何种官位不得而知。
③ 《新中国出土墓志》北京卷壹下册二九，《唐故幽州节度两蕃副使朝散郎检校秘书少监兼御史中丞上柱国赐绯鱼袋平原华府君（封舆）墓志铭》，第21页。
④ 《新中国出土墓志》北京卷壹下册二九，《唐故幽州节度两蕃副使朝散郎检校秘书少监兼御史中丞上柱国赐绯鱼袋平原华府君（封舆）墓志铭》，第21页。
⑤ 《新中国出土墓志》北京卷壹下册二九，《唐故幽州节度两蕃副使朝散郎检校秘书少监兼御史中丞上柱国赐绯鱼袋平原华府君（封舆）墓志铭》，第21页。

（祖父王解公）错综五经，深秘奥义，礼闱对策，而取十全。条奏精辩，才冠等列，……皇考讳杲，躅其先迹，以五经及第，获瀛州河间县主簿，终幽府功曹参军；力行博学，温故知新……（王时邕）辞田园，赴春闱。已行及离乡千里，而遇德音。如得坎则止，增益厥道。旅游一十五祀，是以骤驰乡思而怀归焉。故知克禄燕地，从仕军门。①

墓主祖父王解公精通五经，擅长文才；父亲王杲也以五经及第，因为参加科举考试而得到瀛洲河间县主簿（正九品下），终任官为幽州大都督府功曹参军（正七品下）。墓主人王时邕也试图到长安考取功名，但无功而返，游历于江湖达十五年，之后入仕军门，后官至侍御史。

刘钤："十五察孝廉，二十举茂才，……大男子以儒术致身，不越吾土而能张士大夫之冠盖如此者，荣亦至矣。所不得者其寿？……有子四人：长子作乎，幽州大都督府参军，次曰作□、作式、作辞，咸隶进士业。"② 墓主刘钤虽出身于军人世家，但其本人却举茂才，以儒术致身；从其三个儿子的名字"作辞、作式"，也能看出刘钤对其子的殷切期望，其三个儿子也都以科举为业。

另有墓志主人张建章（806—866）的文采斐然，《唐张建章墓志》载：

洎青襟从师，丹霄有志，年十六，云水兴高，风月吟苦。旋自试于的秋赋，□□著名；尚持疑于春闱，琢磨益厉……星纪再周，渤海国王大彝震，遣司宾卿祝守歉来聘。……又著《渤海记》，备尽岛夷风俗、官殿、官品，当代传之。③

张建章，中山北平人，作为一方文豪，曾经也试图参加科举考试，但是遇到博陵歉收，出于孝敬而没有参加科举成功。后游历于燕地，被节度看中，起家官为安次县尉，此后代表朝廷出使渤海国，撰有《渤海记》，虽已经失传，但从墓志中却能看到渤海国的岛中风情，留下了研究渤海国历史的珍贵资料。④《渤海国长编》中载有："张建章为幽州行军司马，后

---

① 《唐代墓志汇编续集》会昌030，第965—966页。
② 《唐代墓志汇编续集》文德001，第1151—1152页。
③ 《唐代墓志汇编》中和007，第2510—2512页。
④ 佟柱臣：《〈渤海记〉著者张建章〈墓志〉考》，《黑龙江文物丛刊》1981年第1期。

历郡守,尤好经史,聚书至万卷,所居有书楼,但以披阅清净为事,经涉之地,无不理焉",张建章爱好读书,家里建有书楼,藏书万卷,墓主的文,可见一斑。怪不得其去世后,其弟张总章发出"词锋没于逝川,学植权为朽壤,悲夫!"的感叹。

唐代幽州的墓志中,除了很多墓志主人有科举经历,其撰志者也许多加有"乡贡进士""乡赋明经"等头衔。这一群体的庞大,也从另一方面反映了唐代幽州尚文尚儒的社会风气,这与前面所述自汉代以来尚武的风气并不矛盾。为直观表达,现列表如下:

表4—6　　　　　　　唐代幽州墓志的撰书者及头衔

史料出处	墓主姓名	撰、书、刻志者及头衔
元和060 第1990页	王叔原	从弟乡贡进士知□撰
元和066 第1994页	桑氏	乡赋明经孙□□文并书
新中国一九 第12—13页	和元烈	乡赋明经刘适撰
新中国二○ 第13—14页	李洪及妻裴氏	国子进士、前涿州参军、摄莫州参军李标撰
续大和044 第915页	周氏妻刘氏	乡贡进士贾暄
续会昌030 第965—966页	王时邕	前卢龙节度驱使官、宣德郎、试太常寺协律郎贾暄撰;外生乡贡明经李方素书
新中国二九 第21—23页	华封舆	孝子乡贡进士郇伯纂
续大中018 第981—982页	李顺通妻张氏	乡贡明经郭少达撰并书
咸通031 第2402页	王公晟夫人张氏	乡贡进士李玄中撰,哀子弘泰书,杨君建刻
咸通083 第2443—2444页	王公晟及妻张氏	乡贡进士、前摄幽州大都府参军许舟文
续乾符003 第1119—1120页	黄直	乡贡词士张敬撰
续乾符031 第1140页	茹弘庆	乡贡进士、路宾辞撰

在笔者搜集到的唐代幽州墓志中，有明确写明撰、书、刻、篆盖志者的有 59 方，约占到所有墓志的 62.8%，其多数墓志的刊刻年代为唐代后期，且撰志者的身份多为幽州地方中下层人士，并带有头衔；而由表 3—1 中，在所有记载有撰、书、刻、篆者的 59 方中，有 12 方墓志撰志者标有"乡贡进士""乡贡明经""国子进士"等衔，占到约 23%。不难看出，这些墓志多出现在唐代后期。吴宗国在《唐代科举制度研究》中指出，国子明经、国子进士、乡贡进士等头衔不过是表明他们已经取得了应举的资格，并不表明他们的社会身份，更不是一种头衔。① 这些人回到地方上，有的还在藩镇中谋得一官职，如上表中王公晟墓志的撰志者……乡贡进士许舟，就同时是幽州大都督府参军，李洪的墓志撰写者李标，既是国子进士，还是涿州参军、摄莫州参军。虽然这些人没有取得做官的出身资格，但士的身份是确定无疑的。他们回到乡里中间，虽然没有及第，但其作为地方上的知识分子，为本地人撰写墓志铭，也自然而然成为他们的一项工作。

在其余墓志的撰写者中，也有一些人身居幽州节度要籍、掌书记等职，他们作为幽州节度使文职幕僚，在整个幽州地区有一定的文化影响力，幽州地区的崇尚文化风气也因此有所提升。

有七例：如王仲堪墓志②就是由其族弟卢龙节度掌书记张叔平撰写；高行晖墓志③则是由剑南西川节度掌书记郑宗经撰写，而高行晖④的儿子就是平定西川刘辟叛乱的剑南西川节度使高崇文，郑宗经是其幕僚，以高崇文的节度使地位，选取给其父母撰写墓志的人，必定文采斐然。高崇文对朝廷的功劳，志文大加赞赏，相关篇幅较大，也是情理之中的；陈立行⑤的墓志由前摄涿州范阳县丞、节度要籍赏绯于全益书写；董唐之⑥墓志由节度要籍、摄幽州良乡县尉许胜撰写；论博言⑦墓志由曾出使渤海国、著有《渤海国记》的张建章撰，其家中藏书甚多，并且由节度要籍、兼摄涿州范阳县丞、赏绯于金则书写，志盖也由其来篆写；乐邦穗墓志⑧

---

① 吴宗国：《唐代科举制度研究》，北京大学出版社 2010 年版，第 263 页。
② 《唐代墓志汇编》贞元 076，第 1891 页。
③ 《唐代墓志汇编续集》元和 007，第 805—806 页。
④ 《唐代墓志汇编续集》元和 007，第 805—806 页。
⑤ 《唐代墓志汇编》大中 129，第 2352 页。
⑥ 《唐代墓志汇编续集》天宝 102，第 657 页。
⑦ 《全唐文补遗》第七辑，第 141 页。
⑧ 墓志拓本原藏北京市文物管理处资料室，现不详。本书采北京文物局官方网站中《唐乐邦穗墓志》一文，http://www.bjww.gov.cn/2009/12-3/1259828071906.html，以下不再出注。

则是由前义武军节度巡官、充幽州节度要籍李缊撰写；刘钤墓志则是由卢龙节度判官、兼掌书记郑隼撰写等等，这些撰志者或为墓主生前亲友、或是"衙兄幕弟"，有的还是墓主子嗣的部下和幕僚；但相同的是，他们属于幽州镇一方略有文学才华的人物，是幽州墓志的主要撰写群体。

综上所述，唐代幽州墓志中，进士及第或通过科举考试及第的墓主人很少，这也跟当时整个科举考试的整体氛围有关。不论是墓志主人是否进士及第，其向往为饱学之士的想法在幽州也形成了一定的气候，即使是世家从仕军门的家族，其文化水准也非同一般。抛开这些墓志主人本身，到了唐代后期，其墓志的撰写者也有多位幽州地方的士人，有的是国子进士、乡贡进士、乡贡明经，也有一部分是节度推官、要籍、掌书记，都是文职幕僚，后期超过一半的墓志由他们这些人撰写，可以看出幽州卢龙镇不仅是尚武任侠的边鄙之地，也是河北士人士风、文风的风向标。

第五节　入仕途径：依靠门荫

所谓门荫，就是唐代皇亲国戚、功臣、上层官吏（五品以上官吏）的子孙后代，通过祖上的恩荫而得官的制度。[①] 唐代幽州官员的入仕途径，除了科举考试得官以外，还有一条就是门荫。但在幽州出土的墓志中，明确写为门荫的数量却仅存几例：一为皇族章怀太子之后李洪（728—799），其虽然是皇族，可并没有像门荫中的规定而终任官，其初不在幽州为官，后辞满，而辟署于幽州，终任在幽州[②]；二为祖上有建国功勋，并赐国姓的李藤（743—812）；三为家族四世为羁縻州长官的李永定（687—751）；四为终任幽州节度使的刘济，以"门子横游京师，进士及第"，担任节度使25年。

唐代享有荫子特权的除皇室宗戚外，主要是当朝权贵。门荫法规定：职事官一品子的散阶为正七品上，二品子为正七品下，自三品起

---

① 关于唐代官员的门荫制度研究，国内外已经硕果累累。有毛汉光《唐代荫任之研究》，《"中央"研究院历史语言研究所集刊》，第55本第3分册，1983年；王永兴《关于唐代门荫制的一些史料校释》，氏著《陈门问学丛稿》，江西人民出版社1993年版，第370—393页；张泽咸《唐代的门荫》，《文史》第27辑，1986年；宁欣《唐代选官研究》第五章《唐代的门荫》，文津出版社1995年版，第129—154页。

② 《新中国出土墓志》北京卷壹下册二〇，《唐故朝请郎试太子洗马赐绯鱼袋蓟州司仓参军李公（洪）墓志铭》，第13—14页。

始有正从之分，其子所叙品阶递降一阶，从五品子从八品叙。赠官、散官、勋官也按相应的规定荫子弟。严格说，门荫只限于五品以上官员，但是对六品至九品官，也给予一定的照顾，他们的子弟可以"品子"身分服职役后获得做官资格。对于大多数高官子弟来说，他们在取得散阶后，要充任三卫、千牛备身、殿中省进马、太庙及郊社斋郎等职，获得参选资格，然后逐步劳考升迁。此外，国子监下设的六学、门下省弘文馆、太子东宫崇文馆也多由高官子弟垄断荫补，二者虽不是职事官选，但由于"速于登第"，仍不失为入仕之美选。还有一种不依令文、旨在体现对臣下特殊恩宠的皇帝特授。例如追荫前朝功臣子弟、表彰本朝忠臣而对其子弟恩赐，及因战事等紧急情况的临时赐官等。这种皇帝惠赐臣下的恩荫在实质上与门荫制无异，我们也把它视为门荫的一种特殊形式。①

其一，为皇族贵戚出身，如李洪，皇族章怀太子之后。志中记载：

> 况维城开百代之宗，阮竹带千年之荫。起家试太子洗马。历邸横海，受署清池县丞。辞满，后应辟我邦。旋差摄檀州司法参军，次任司户参军。虽渐陆之仪，尚戢其翼，而才应历试，迹亦宜迁。改授蓟州司法参军，旌其能也。②

其迁转经历具体如下：

起家试太子洗马→清池县丞→摄檀州司法参军→檀州司户参军→蓟州司法参军

由上所列墓主的迁转经历，可以看出，李洪虽然身为皇族，却并没有一路升迁做大，而是从仕于两个州。起家官为试太子洗马，清池县丞，而其一生做官五十余年，却一直在"摄"州县僚佐"司法参军""司户参军"这样的基层官吏，且仅仅做了三任官，还"禄不停于一日"，直到最后才由远离幽州府城的山区檀州，迁转到地理环境和位置稍佳的平原地区蓟州为官，怪不得"凡历官守道五十余年，屈于伯寮"，可见其在幽州生

---

① 杨西云：《唐代门荫制与科举制的消长关系》，《南开学报》（哲学社会科学版）1997 年第 1 期。
② 《新中国出土墓志》北京卷壹下册二〇，《唐故朝请郎试太子洗马赐绯鱼袋蓟州司仓参军李公（洪）墓志铭》，第 13—14 页。

活和地位的窘迫。

其二，唐建立之初，祖上因与高祖李渊为旧友，因而赐姓为李。李藤（743—812），本姓邴，因为其五代祖粲与李渊旧交深厚，而因"国初功大"而赐郡望为陇西并皇姓"李"。

《李藤墓志》载：

> 五代祖粲，隋左卫大将军并庆州道廿四州总管，宗正卿、膺国公。高祖实，汾州长史，袭应国公。曾祖孝义，左监门卫郎将。祖承宗，应制举及第。父昌，陕州平陆县令。君既冠，以荫补斋郎。调授成都尉，历潞府屯留令、扬府兵曹。太尉、中书令刘公奏授瀛州长史，摄涿、莫、檀州长史。①

李藤父亲为陕州平陆县令，平陆县为望县，县令属于从六品职事官。根据《唐六典》记载，唐代太常寺辖两京郊社署有斋郎一百一十人，② 宗正寺有京、都太庙斋郎各一百三十人，鸿胪寺辖司仪署有斋郎三十人③，太庙斋郎"以五品以上子孙及六品职事并清官子为之"，郊社斋郎"以六品职事官子为之"，"限年十五以上、二十以下，择仪状端正无疾者"。而李藤正是符合这一规定，弱冠（二十岁）后"以荫补斋郎"，其后到四川担任成都县尉，也符合担任斋郎以后的得官规定。考证《新唐书》中《宰相世系表》载：

> 汉骑都尉陵降匈奴，裔孙归魏，见于丙殿，赐氏曰丙。后周有信州总管龙居县公明，明生粲，唐左监门大将军、应国公，高祖与之又旧，以避世祖名，赐姓李氏。④

然而《宰相世系表》中没有墓志中记载的李藤这一支；李藤高祖是汾州长史李实，继承了李粲的"应国公"爵，因而李藤很可能为长房嫡子，可补《宰相世系表》中所缺"李实"一支。根据《新唐书》李藤五代祖"李粲"条记载以及《李元纮传》，再对照墓志中的内容，将李藤世

---

① 《新中国出土墓志》北京卷壹下册一八，《唐故奉议郎前守瀛洲长史赐绯鱼袋摄檀州长史李府君墓志铭并序》，第12页。
② 《唐六典》卷14《太常寺》，第400页。
③ 《唐六典》卷18《司仪署》，第507页。
④ 《新唐书》卷72《宰相世系表》，第2468—2469页。

系列表于下：

表4—7　　　　　　　　李藤（743—812）家族世系①

五代祖	高祖	曾祖	祖父	父	墓主同辈	子嗣
李粲，隋左卫大将军、并州总管、庆州道廿四州总管，宗正卿、应国公；"及义旗入关，粲率其众归附，拜宗正卿，封应国公，赐姓李氏"，谥号为胡	李实，汾州长史，袭应国公	李孝义，左监门卫郎将	李承宗，制举及第	李昌，陕州平陆县令	李藤，瀛州长史	
	李宽，太常卿，陇西公。	李道广，武后时期担任汴州刺史、殿中监、平章事、益州长史、金城侯，赠秦州都督，谥曰成	李元综，屯田郎中、荆州长史	李舒，工部郎中	李莒	李濠；李秦；李换；李?
			李元绎，都水使者	无	无	
			李元缄，郓州刺史			
			李元纮，户吏中书三侍郎、平章事、户部尚书致仕	李有季		
				李有功		
				李有容		
			李承业，绛州刺史	无	无	
		李孝旻，纪王府户曹、纪王府参军	李承嘉，御史大夫、户部尚书	李希逸，左率府兵曹参军；	无	
				李希遂，泾州司马；		
				李希远，同州司兵参军		

---

① 此表除据《李藤墓志》以外，还主要综合根据如下史料：《新唐书》卷126《李元纮传》（第4418—4420页）、卷72上《宰相世系表》（第2468—2469页）。

通过上表分析李藤家族世系的官职，我们可以看到，其家族五代人两百年的为官历程，是逐渐从京城长安退出，远赴荆州、汴州、绛州、瀛州等地，远离了中央政权的核心区域，且官品逐渐降低。到了李藤这代人，同辈人李莒居然没有任何为官记载。李藤也仅仅靠门荫得一出身，谋职于藩镇之间，辗转成都、潞城、扬州等大都督府，到了幽州得到刘济的赏识，奏授得到幽州镇下的州府僚佐。可见，其家族随着门荫的衰落而不得不南奔北走，穿行于各个藩镇，谋取官职。

其三，世为武将，墓主因祖为武职，也进入军中担任武职。墓主或承袭祖、父之官职，或以名将之后，为节度所看重，擢升官职。

墓主父亲阵亡沙场的，以身殉国，子承父、伯父军职，如李永定：

> 父仙礼，宁远将军、玄州昌利府折冲，孝敬居怀，忠贞莅事，赤心以奉上，捐躯以殉国。公即宁远君之长子也。气禀辰象，量齐海岳，播英声于岁，奋勇烈于弱龄。国家酬忠赤之诚，举勤劳之嗣。以开元五载，袭父宁远将军、右卫昌利府折冲。皇上懿公是名将之子，期门之流。……制授忠武将军、左卫率府中郎将，仍袭伯父青山州刺史。①

关于李永定墓志，笔者在上章中已经做了细致的分析，这里仅谈其因何而得官，因何而迁转及加官。李永定父亲李仙礼为宁远将军、玄州昌利府折冲，可能是因为其伯父家无子嗣，或是和李仙礼一样殁于阵前，李永定得以承袭父辈的羁縻青山州刺史，直到去世。

另外，还有几个武职军将也是因为其世家服役军中，而得到幽州节度使朱滔的赏识，位处武将官职位。如任希（732—789）："皇王宠之以殊功，赐之以金秩，诏授云麾将军、太常卿，属节制易迁，用人求旧。太尉朱公以公干蛊之能，补充衙前讨击、兼团练副使。"

高霞寓（768—833），"初效质贞元中故太师彭郡刘公，以名家子擢充补步军副将、云麾将军、左卫大将军、试太常卿"②。高霞寓，世官居幽州，后经过安史之乱而没有背叛朝廷，而得以受到刘公（节度使刘济）的擢升，首次为官就是云麾将军（从三品上），一直终任至去世，后因子而赠户部尚书。

---

① 《唐代墓志汇编续集》天宝073，第634—635页。
② 《唐代墓志汇编》大和066，第2143—2144页。

崔府君（689—776），"乃祖先父亲，居休□贞。府君风仪万肃，心志高朗，有孙子之略，兼管氏之筹，承君亲如天，兄长唯放，故能受国殊宠，存殁不展"①。其终任官至云麾将军、守左金吾卫大将军、试太常卿、上柱国，赠使持节、亳州诸军事、亳州刺史。

王恭（732—804），"因官弈叶，家于北燕……世传朱绂，薰烈正宫。三良蕃卫，二门尽忠"②，后王恭即使在河东道汾州做司马，也在退休后回到幽州，卒于幽州私第，葬于昌平县。

由上述例子可以看出，唐代幽州墓志中，其官员的入仕途径，门荫并不是主流，甚至极少。这些墓志中出现这样从仕现象，不仅由于门荫在唐后期的衰落，也是由于幽州远离中央政权的中心，没有像长安、洛阳一样有许多高级官员后裔；另外，在士族求官的主观观念上，很多衰落中的士族不愿远走他乡，在思想上也不屑与庶族同幕为官；客观上，在尚武的幽州地区，节度长官只有通过取得军功、辟署等途径，才能延请和吸引到更具真才实学之人，以为己用，笼络为"肱骨之臣"，以达到巩固自己的势力，与朝廷分庭抗礼的目的，造成了"门荫"之途在幽州地区并没有成为官员入仕的主要途径。

第六节　入仕途径：辟署与征召

唐代随着使职差遣的发展，地方辟署制度逐渐成为中央铨选制之外，官员的另外一条重要的入仕途径。这在唐代后期，尤其是德宗以后的藩镇幕府中表现得尤为突出。德宗削藩政策失败后，朝廷对使府的用人权力控制的很弱，各地藩镇辟署僚佐的权力也极其大。这样的辟署制度，能够任贤用能，俸禄极其优厚，升迁较快，对于士人的诱惑力比较大。另外，士人一旦不能通过科举、门荫等"出身"正常途径步入仕途，其多选择"先辟于征镇，次升于朝廷……异日入而为大夫公卿者十之八九焉"③。

然而通过研究唐代幽州的墓志，可见这些墓志主人绝大多数仅仅在幽州节度使辖区范围内迁转，很少有离开幽州镇前往中央或别镇任官的，仅存一例：如追随节度使出逃中央，而授官"宿州司马"的阎好问④，后来

---

① 《北京市文物研究所藏墓志拓片》，第 15 页。
② 《全唐文补遗》第六辑，第 474 页。
③ 转引自杨志玖、张国刚《唐代藩镇使府辟署制度》，《社会科学战线》1984 年第 1 期。
④ 《唐代墓志汇编》咸通 106，第 2460—2461 页。

还是归故里,摄妫、檀州刺史,终老于幽州。

笔者通过考证幽州地方长官辟署而得官原因和历官经过,得出以下特点。

第一,唐代幽州墓志的后期官员,往往累世辟署官于幽燕之地的节度使幕府。如王公淑、乐邦穗、刘钤等人。墓主王公淑,字均,太原人,生于建中元年(786),卒于大中二年(848)。王公淑墓志载其从官经历:

> 五岁从师授业……元戎累辟,解褐幽州节度要籍。……持署卢龙节度巡官……政令合宜,庶绩允畅。迁幽州节度判官、兼殿中侍御史。……恩光宠赐,荣曜金紫。授卢龙节度留后、营府都督、柳城军使、平州诸军事、平州刺史。……转牧妫汭。入境露冕,下车求瘼。……更充防御军使,古人辞大不辞小之义也。①

从墓志中记载可看出,王公淑受到元戎,即幽州节度使的累次征召,辟署解褐官为幽州节度要籍,历任(以幕府官为主)卢龙节度巡官→节度判官→节度留后,这样的迁转过程,是典型的幕府内部的升迁。王公淑曾一度位至节度留后,成为名义上的"储帅"。后王公淑又担任营州都督、柳城军使、平州诸军事、平州妫州刺史,这些地方都位居幽州镇的北部,是抵挡契丹侵扰幽州的一道屏障。王公淑的曾祖王亮、祖父王连、父王戬中,除王戬为白身外,其余诸人均曾任职于幕府,曾祖王亮曾任幽州节度衙前都虞候,祖父王连曾任卢龙节度要籍;同时,其子也为幽州昌平县丞,也是幽州镇下的州县僚佐。

墓主刘钤(837—888):

> 祖立,字殷衡,皇幽州节度兵马使、充东北路八寨屯田都巡使;考咸宾,字制远,皇卢龙节度押衙、定爱阳西镇马步都兵马使、正议大夫、检校国子祭酒兼监察御史;长子作孚,幽州大都督府参军……(刘钤)前后表六掾……佐两军,尹五邑,辟二府,刺二郡,受诸侯奏功之赏者四,进天子命官之秩者六。②

---

① 《新中国出土墓志》北京卷壹下册二六,《唐故幽州节度判官兼殿中侍御史银青光禄大夫检校太子宾客卢龙节度留后营府都督柳城军使平州诸军事平妫等州刺史上柱国太原王府君(公淑)墓铭》,第18页。
② 《唐代墓志汇编续集》续文德001,第1151—1152页。

刘钤的终任官为：妫州刺史、充清夷军营田等使、朝散大夫、检校尚书、司封郎中、摄御史中丞、上柱国。其家四世皆在幽州卢龙镇中担任武职，本人也先后多次受到天子、节度的奖励和赏识，可以说其家世受幽州卢龙镇节度使的勋赏，当然在幽州的墓志中，这样的例子数不胜数。

第二，与节度联姻或为时任节度使的亲属，得以迅速升迁。

唐代后期，河北藩镇统治者除了利用婚姻关系与地方势力结合外，更与地方的豪族合作使其参与政权①，幽州卢龙镇也不例外。

如《乐邦穗墓志》中，节度使张允伸就将女儿嫁于燕地世家乐家，墓志中记载张允伸曾这样说："'乐氏，世燕上将，代袭专城，名早振家，誉多成国，雅钦贵胤，宜结好仇。'乃因语冰，请然懿援"，乐邦穗的父亲乐文谅也是高官勋贵，志载其为"使持节瀛州诸军事、兼瀛州刺史、充永宁军营田等使、银青光禄大夫、检校右散骑常侍、兰陵郡王、食邑三千户"，也是从三品官，这可能是为什么乐家能受到节度使的青睐，将女儿嫁于乐氏，以结交当地豪强。幽州节度使在统治幽州地区的过程中，注意到这些世居燕地的贵族，意识到这些人在燕地的地位，结亲以巩固自己的统治。

唐代幽州墓志中，有两方墓志都是节度使的亲属：一是阎好问，是节度使张庄王的外甥；二是乐邦穗，为节度使张允伸的女婿。

《阎好问墓志》中载：

> 会昌中，燕帅赠太尉兰陵张庄王念切重甥，特署衙职，功因破虏，官奏宪阶，……庄王嫡直方以户部袭位，情娱弋猎，性乐微行，常以言维持，严于宿卫。庄王犹子德辅，潜祈大福，阴构祸阶，爰从东第，直临正寝。乃被坚执锐，从辰洎申，威掠前锋，血盈左胁。户部遽选名医，始获痊复。
>
> 明年冬，谏户部，吐以血诚，请觐龙阙。时台席白公敏中俯边劳，特论半刺，宣皇恩诏，授宿州司马。
>
> ……
>
> 故府燕国公以揆路帅临之时，乃遵旧政，退归故里，署为幽都县令，俄授幽府录事参军。……又委边垒，授安塞军使。咸通初，奏侍御史，又摄纳降军使，奏御史中丞……燕国公遐察宰人，试其巡警，

---

① 吴光华：《唐代幽州地域主义的形成》，《晚唐的社会与文化》，台湾学生书局1990年版，第208页。

授节度都虞候。有谁何之誉，副旌□之心，又授都押牙。遽付专城，实苏边俗，授妫州刺史。未逾期岁，授瀛州刺史。今府仆射以貂蝉统戎之际，推以新恩，难膺旧秩，授莫州刺史。逾数月，授幽州司马。①

上文中墓志记载，阎好问因为是节度使的外甥，而授予了衙职，担任近身侍卫，后因在藩镇内乱中舍命保护张直方而受伤，直至跟随节度使出逃中央，授予了宿州司马一职。后在继任节度的召唤下回到幽州，担任幽州官吏，并受到重用。咸通年间以边境告急而得妫州、莫州、瀛州等刺史，后回到幽州做司马，在幽州的墓志中，阎好问是唯一一位走出藩镇到别镇为官的墓主，可以看出当时中央与地方藩镇之间的中下层官吏迁转交流较少。

再如，乐邦穗，因是节度使张允绅（850—872 年在位）女婿，因为张在位时间较长，乐因此连年升迁，为唐代北京墓志中，除了一方诸侯刘济外，升迁最快、任职最多的官员：

（大中八年）公才逾弱冠，择为燕国之东床，释褐簪裾，遥摄渔阳之典午。九年冬，改职亲事、虞候。十年春，加近卫三阶。是年秋八月，迁署节度押衙。冬十二月，旨授中散大夫、检校太子宾客、守蓟州司马、兼监察御史。十四年冬闰十月，敕告节度押衙、檀州长史、兼殿中侍御史，中散如故。

咸通三年秋九月，奏旧职，遥摄防御军使，守妫州别驾，银青光禄大夫、检校国子祭酒、兼侍御史。四年秋七月，自武幕遥典归顺州。六年夏六月，州迁摄改遥拟滹沱，爰及岁终守莫州刺史、妫州别驾兼御史中丞。九年，更牒假郡蓬瀛。十二年秋八月，剖竹于归顺州，充营田等使，其官级无革也。闰八月，宠命洊及，守瀛州刺史、妫州别驾兼御史大夫。冬十月，移任檀州刺史，充威武军营田团练等使，及银青阶行人亚相并如上。

咸通十三年（872）春，忠列公（张允伸）薨。二月十一日，公辞禄居闲，仍遥上佐。

由上述乐邦穗墓志记载可以看出，其在幽州的迁转经历非常丰富，有

---

① 《唐代墓志汇编》咸通106，第 2460—2461 页。

时一年就有数迁。为官二十年始终得到岳父幽州卢龙节度使张允伸的提拔，幕官只做了亲事、虞候、近卫、押衙，历时三年，便开始参与辖区州县重要的军事行动。乐的一生为官的升迁和流转历程，都是在幽州镇范围内，且都是执掌较为重要的军事要塞，如莫州、妫州、顺州、檀州、蓟州，横贯于幽州东西北三个主要防御方向，几乎涉及幽州镇内的所有州县。咸通十三年春（872），张允伸去世，也造成了乐邦穗二十年荣耀至极的为官生涯结束。乐邦穗在二月便辞去官职、居闲于家，从幽州的政治舞台退出，表明其并没有世袭岳父的节度一职。由此幽州镇内部政治势力开始重组，证明藩镇内部有其自成一套的任官体系，节度使往往都有各自的幕僚和亲信。

有唐一代，各地的方镇幕府中，宾主之间存在着各种众所周知的姻亲故旧关系。由于幕府的用人权基本上掌握于府主之手，从私人情谊上，他当然要尽量安排自己的姻亲故旧；而从事功上考虑，他既要辟请有才能有声望的人佐统戎务，又要僚属在政治上和情感上为己心腹。因此，辟请姻亲故旧入幕势在难免，① 其姻亲故旧升迁较快，任职较多，从情理上讲，也就成为节度使巩固在幽州镇的统治、管理上的一种方式。

第三，很多人是从外地游历到幽州，或投奔亲人、或往来经商，而受到节度的征辟，此后便长期定居幽州，戎马一生。

如周元长（774—837）：

> 贞元末，（周元长）旅于渔阳，太守异席待之，一言自合，以甘旨是乏，所资及亲，遂投笔就职，受团练衙官。骥不称力，顺流同尘。元和初，侍中彭城公嗣位，辟为衙前虞候。②

周元长旅居渔阳，太守以礼相待，他接受团练衙官，后节度使刘总征辟为虞候，逐级而升官至从三品。《朱方道墓志》中载：

> 余漂然蓟门，幼失□□怙，身处陋巷，室有羁孤，人不堪忧，我宁改乐。……洎贞元中，幽州节度使、彭城王庄武公征余从仕，遂立节于君助，日愧于萤光。……至元和初，大司空、同中书门下平章

---

① 石云涛：《唐后期方镇使府宾主关系与牛李党争》，《许昌学院学报》2003年第1期。
② 《唐代墓志汇编续集》开成014，第933—934页。

事、楚国公嗣位，恩容转新，出入朱门，岁踰二纪。①

此方墓志为墓主自己撰写。墓主在即将离开人世之时，对其初始在幽州的落魄生活记忆犹新："身处陋巷，漂泊蓟门，以读书为乐。"后在贞元年间，受到节度使刘济的征辟，而得以定居幽州，安身立命。

游历至幽州得官的官员，还有上章中提到的姚季仙、陈立行等人，或因战乱而避幽州，或投亲，或经商经过幽州，他们在幽州都得到了时任幽州（卢龙）节度使的征召辟署。

第四，在某一方面有专业之才或突出能力，而被征辟为官。有管理运漕、税收、铸钱等经济之才能，被辟署为官，如董唐之：

> 州公以其专才表奏。端木废居，弘羊心术，乘时射利，日就月将，校乃簿书，课居其最。……下议其效，敦奖乃功。洎大中七年，表受兼监察御史，畴其茂功也。无何，公议以运漕殷繁，供输务切，舳舻往返万斛者千艘。精选良能，非公莫可。至八年，拜卢龙节度兵马使、内衙亲事、兼船坊使。提纲振领，削去繁苛，利于公家，便于沿岸。校其程课，功倍昔年。赡于榜人，牢盆绝于润屋。②

另有王叔原③，为大沽河使，课税来往盐铁商贸船只，以供应军府，也是因其有经济专才而征辟。

此外，还有一些墓志主人的从官经历比较坎坷。

陈立行"年过强仕，方从命官"，曾在动乱中救助孤儿寡母而获得乡里众贤推举而得官。"繇是休闻善价，汪洋郁烈，翔于道路，动于公卿，于是群贤推毂，元侯授简，年过强仕，方从命官，释褐授檀州参军，非其志也。"④ 而赵从一："冠岁或自衔汝南公举。既莅郡，训农佩犊，以阜其俗。行轩书虎以清盗，粤三周而政成。迁河间太守。景子岁，嘉绩上闻，锡秩右散、云麾，官勋如故"⑤；另有一些墓志主人为军功或行伍出身，

---

① "朱曰□，字方道"，其名漫漶不清，此处用其字"方道"代替。《新中国出土墓志》北京卷壹下册二一，《唐卢龙节度驱使馆（下残）王府参军吴郡朱曰□墓志铭》，第14页。
② 《唐代墓志汇编续集》大中071，第1022—1023页。
③ 《唐代墓志汇编》元和060，第1990页。
④ 《唐代墓志汇编》大中129，第2352页。
⑤ 《新中国出土墓志》北京卷壹下册三二，《唐故幽州节度押衙银青光禄大夫检校太子宾客兼监察御史上柱国天水郡赵公（从一）墓志铭》，第25页。

如王景秀①,早年从戎行伍出身,官至恒王府典军,未有迁转。

由上述四点,可看出幽州节度使在辟署任官方面多不问出身,漂泊或者累世定居幽州的唐人,不论其是拥有政治、文字才华,还是经济、军事方面的才能,可以"不拘一格,人尽其才"。但另一方面,节度使往往在重要的官职,尤其是军事官职上会任命亲信之人,以协助自己控制一方。

虽然墓主文献的出土具有其特定的偶然性,但是不得不说,唐代幽州的墓志中,其前期与后期不论从出土数量上、还是官员的从官经历上都有极其大的差别。纵观唐代幽州墓志中官员的入仕历程,其中由幽州(卢龙)节度使辟署而得官的占极大的比例。尤其是后期的官员中,往往都是先入幕府得一使职,后因功节度使奏请朝廷得一散官、职事官的朝衔,其所得的朝衔的职事官往往已经和散品、勋官一样,走向了虚衔化、勋官化②,其原本作为迁转升迁的"资历"作用已经丧失。

总体而言,科举、门荫在唐代幽州官员的入仕途径方面,占有非常小的比例,文人则多成为节度使的幕府中的官员,其官员的主流尤其后期是"入行伍""辟幕府",进而在对外族、外藩镇、朝廷的战争中,获得军功,加官晋爵,后转为文职官员,刺一州或摄多州,兼御史台衔、加文散衔;而一些世家或者成为平庸无为的下层武职官员,或早殁于战争,或终其一生服役军中,成为藩镇割据一方的统治工具;另外,唐代河北的幽州地区割据一方,充满的是尚武任侠的社会风气,其官员经历多是围绕幽州镇范围内迁转,与中央、其他藩镇之间很少有迁转,可见其独立的官员任免体系正在逐步形成,其与中央之间的向心力也逐步淡化,加上幽州内部经济的独立,奠定了唐五代以后幽州最早脱离中原政权的基础。

---

① 《唐代墓志汇编》大历 048,第 1790—1791 页。
② 张国刚:《唐代阶官于职事官的阶官化》,《唐代政治制度研究论集》,第 207—232 页。

第五章 唐代幽州的特殊群体、迁葬与改葬

在已发现的唐代幽州的墓志中，墓主为妇女的共 20 方，其中有一方为赵公的前后两位夫人的合葬墓志。其余男女合葬墓志 13 方。这些妇女或为官宦夫人，或为平民妻子，在婚后生活中，既要遵守三从四德，又要处理好家庭中的各种关系，如婆媳关系、妯娌关系、夫妻关系、母子关系等。同时，唐代幽州为北方边塞之地，是唐代经营东北的战略前沿阵地。在唐代前期，多数人殁在幽州却不选择葬在幽州，他们或为驻守北地的将士，或为担任幽州辖区下州县的官员，但都是将幽州作为自己做官过程中的迁转地，对于幽州没有很高的故里认同感，这一点从唐代幽州出土的墓志在前后期的数量反差上可以得到印证。另外，很多郡望地在幽州或周边区域的世家大族，如范阳卢氏、上谷寇氏、北平田氏、侯氏等都极少葬在幽州，多数选择在死后"权葬"于别处，如归葬洛阳邙山、长安、太原周围。这虽与魏晋以来到唐时期，这些世家大族南迁和两京地区的向心力、吸引力有关，但是幽州后期本地墓志在数量上占优势，却是毋庸置疑的。

第一节 幽州女性墓志的书写

生活在纷繁复杂的幽州地区的唐代女性在墓志中呈现出的形象，有其特色的书写方式。正如王尚準夫人窦氏墓志中开篇提到的："懿夫肃雍居内，实妇道之所资；和顺处中，盖闺门之先事。"[①] 妇女多处于"主闺门"的角色。作为妻子，首选不是容貌，而是德行，要以"居内"为妇道之本。而维持家庭的和睦也是为妻应该考虑的事情，在家庭生活中，要上奉

---

① 《新中国出土墓志》北京卷壹下册三六，《唐高道王尚準故夫人窦氏墓志铭》，第 29 页。

公婆，中侍夫君，下抚子女。唐代幽州妇女在丈夫死后要恪守妇道，有几方墓志可以看出，她们有很长的守寡年限，有的甚至二十几岁嫁入夫家，未过几年便守寡，时限达四十年之久。此外，幽州墓志中的妇女有的"恩以子贵"，由皇帝敕诏给予嘉奖，晚年有了物质保障，家庭生活比较幸福，这种现象在唐代也非常普遍。由于墓志材料文体的特殊性，难免充满了溢美之词，会有言过其实的地方，但是从这些幽州的妇女墓志我们依然能看到唐代幽州妇女的一些生活细节。

一 墓志中的婆媳关系

唐代幽州的妇女，嫁入夫家后要处理好婆媳、妯娌之间关系，孝顺侍奉公婆，还要谦和对待妯娌，养儿育女更不必说。

如周刘氏"泊归我周氏，琢磨礼范，修持德门，尽爱敬以事舅姑，尚友睦以和娣姒"，① 刘氏自从加入周家以后，每天要认真学习礼仪规范，对公婆孝敬，与娣姒间和睦相处。其子为摄良□县尉，刘氏到了颐养天年之时却撒手人寰。

粟特人曹朝宪故夫人太原陶氏，"馨礼则以奉舅姑，秉谦卑用和娣姒，竭哀祭而敬宗庙，极工巧而组紃玄黄"②，太原陶氏礼奉舅姑，谦卑和对娣姒，敬奉夫家宗庙，擅长女工。丈夫"历佐五主，四拜武官"，因公事在外，却未能见她最后一面，两人夫妻共处四十年，举案齐眉，相敬如宾，可谓感人至深。

再如，李顺通之夫人张氏，"夫人四德先彰，三从早著，孝养无亏，过于秦妇。育女越于曹家，训子逾于孟母"③，张氏在家庭生活中顺从三从四德，上孝敬公婆，下抚养子女，从未有过间断和亏欠，堪比秦妇、孟母和曹氏。

又如，董唐之妻王氏，"夫人既笄从族，濯羞□篚，孝敬以事上，纯厚以御下，温顺而不伤其柔，严恪而不害其和"④，董唐之的妻子王氏15岁嫁入董家，洗衣做饭无所不为，孝敬老人，厚待下人，温严有度，从不伤感情。

王尚準故夫人窦氏，"仁和处室，礼备辞家，竟无失于结褵，终保遵于授室。其奉舅姑也，则无渝谨慎之诚，宁变听从之志。其待王君也，则

---

① 《唐代墓志汇编续集》大和044，第915页。
② 《唐代墓志汇编续集》大和004，第882页。
③ 《唐代墓志汇编续集》大中018，第981—982页。
④ 《唐代墓志汇编续集》咸通068，第1086页。

敬行侍执,诚过大宾。其教子也,则继彼轲亲,同乎侃母"①。

段喜妻温城常氏,"幼而敏,长而顺。师氏曰试不逾闲,父义曰动而习礼,母训曰行成于内,及笄而三者备矣。先君乃回于行人,将归于段为冢妇。称来妇也,当嗣续以礼达,奉舅姑以孝闻,能使上下和而家祀,内外闻而人悦,岂非德欤?"②从温城常氏墓志中记载,可以体现出唐代幽州妇女三个特点:"试不逾闲""动而习礼""形成于内",嫁入男方家庭,应该遵守的德行:续嗣、侍奉婆婆和使家庭和睦,这就是唐代妇女应当恪守的德行。

此外,在幽州出土的妇女墓志中,有一些娶了两房妻子的,前夫人与继夫人之间的关系融洽。《新中国出土墓志》中,有一方是一个丈夫的两房妻子合葬墓志:"故内外为之语曰:前李后王,赵氏之光;后王前李,继兴赵氏。其先后见称如此"③,丈夫赵公先后娶了两房妻子,分别是李氏和王氏,葬于一起,共用一方墓志。

二 墓志中的夫妻关系

唐代妇女在处理夫妻关系中要恪守妇道,守贞洁,而幽州地区妇女也不例外。段喜之妻在其丈夫死后,"未几,摄心禅寂,炼行斋戒,虽桑门倾德,泫字名公,化其精修,未足加也。故能时遇艰难,备经险阻,交争之下,曾无震惊"④。夫人在丈夫死后沉迷于禅机,侍奉佛法,斋戒成习惯,即使在后来的艰难的时局中也镇定自若,可见其对丈夫的忠贞。"夫人作配君子,合卺结缡,垂四十春。动无措容,言未越礼。将军待之喜愠未形,宾敬无异。"⑤曹朝宪与妻子结婚四十年,从未有过惊慌之措,相敬如宾,因而能够和美度过一生。

下面的这对夫妻感情则更为深厚,宋君妻子先宋君而去,墓志中详细记载了娶妻之过程,并在夫人先去世的时候哭泣悲痛不已,邻里都为之震撼:

> 繇是广平宋君咏匪媒之诗,备纳徵之礼。亲御三币,敬合二宗。

---

① 《新中国出土墓志》北京卷壹下册三六,《唐高道王尚準故夫人窦氏墓志铭》,第29页。
② 《唐代墓志汇编》圣武011,第1729—1730页。
③ 《新中国出土墓志》北京卷壹下册七,《燕游击将军赵公故赵郡李氏太原王氏二夫人墓志铭》,第4—5页。
④ 《唐代墓志汇编》圣武011,第1729—1730页。
⑤ 《唐代墓志汇编续集》大和004,第882页。

凤凰于飞,宜其家室。星霜绵历,四纪于兹。苦乐均同,以道相诫。齐眉之敬无失,断织之教亟闻。正肃闺闱,外和内理。辅佐君子,著清慎公平之名,茂采蘩采苹之诗,契关雎鹊巢之义,恃以积善,冀享大年。讵谓修短有涯,奄同电烛。宋君撤悬兴悼,叹遗挂以增悲;至孝绝浆,痛偏露而泣血。哀伤闾里,相杵绝闻。悲感亲亲,琴瑟不御,皆追其往昔,致此哀怀。又共嗟伏枕,再宿,苍卒而终,呜呼哀哉!天不可问,难明寿夭。以会昌六年十月卅日属纩于幽州蓟县燕都坊之私第也。即以其年十二月窆于幽州幽都县界礼贤乡龙道村西南一百廿步之原,礼也。

广平宋君与妻子生前关系很好,同甘共苦。广平宋君对妻子的先亡悲痛欲绝,哭泣流血,乡里邻人想起他们过去的美好生活,感叹哀伤,为之动容。

另有一方墓志中,夫人为丈夫守寡四十余年,"夫人自以府君捐背,四十余年,以灰心蓬道之容,弃纨绮花钿之饰,断机训子,剪发奉宾,德容诚比于轲亲,礼教实于陶母"①。夫人王氏在丈夫死后的寡居生活中,蓬头垢面,从不穿华丽的服饰,剪了头发,而以教子为自己日常生活中的主要事情。②

三 墓志中的母子关系

唐代妇女不仅在家庭生活中要对上侍奉公婆,辅佐夫君,和睦妯娌,而且在日常生活中要夫死从子,教育子女,培养好下一代。儿子的仕途顺畅,也会母以子贵,荣享当代。

如,《高行晖墓志》载:

嗣子崇文,承公志业,缵公基绪,探黄石之秘术,得玄女之灵符,孝乃克家,忠以奉国。自台丞亚相,再为尚书,一为司空,三拥

---

① 《唐代墓志汇编》大中141,第2361—2362页。
② 张国刚:《"立家之道,闺室为重"——论唐代家庭生活中的夫妻关系》,《清华大学学报》2008年第1期。张国刚在文章中认为在家庭关系中,唐代成文法律贯彻着儒家礼制文化精神;而在实际生活层面,人伦常情仍然是判断实际生活中的家庭亲情关系的最可靠依据。他的另一篇文章《墓志所见唐代寡居妇女的生活世界》,则认为唐代寡妇守贞是社会舆论所代表的主流价值观念,见《安徽师范大学学报》(人文社会科学版)2007年第3期。

旄钺，析珪受脉，封茅裂土，名芳竹帛，功勒鼎彝。干祸乱以机权，镇风俗以易简。封食斯重，孝敬自中。①

墓主人高行晖（691—759）在安史之乱中有参与平定叛乱之功，他的儿子是高崇文，《旧唐书》《新唐书》中皆有其传，曾任"左神策行营节度""东川节度""剑南西川节度"等使，被皇帝封为"南平郡王"，墓志中关于高崇文的从官记载和事迹，与史书相合。②墓志中有关于高行晖与其妻子去世后朝廷的诏书。夫妻二人因为高崇文的功劳和孝敬，而受到皇帝的下诏赠官：

> 既而孝通于明神，情感于君上。先期五月，制命褒荣。其诏曰：委珠提剑，追崇喉舌之司；象服鱼轩，永贲松楸之岁。赠府君以户部尚书，夫人以汝南郡太夫人。仍敕王人护事，本部备礼，太府赙帛，司常具仪。玄潭及于漏泉，天光照于重壤。惟国家孝理，以弘令典；惟南平孝心，以昭令名。③

皇帝所下的诏书记载赠高行晖为户部尚书，而赠夫人以汝南郡太夫人，朝廷也赠送葬礼所需的衣帛和礼仪。这一方面因为高行晖本人在安史之乱时接受朝廷的授官怀州别驾（正四品下），"播歌谣于海沂，息涂炭于冀土"，没有加入叛乱中，而是稳定河北局势，救民众于水火之中；另一方面，也是其子高崇文的功劳："高崇文以律贞师，勤于军政，戎麾指蜀，屡历奇功，可谓良将也"④，其子领导军队平定蜀中刘辟的叛乱，并大胜而归。因而在高行晖夫妇去世四十年后行合葬之礼的时候，朝廷给予了极高的礼节和赠官。

另有，清河张氏以子为贵：

> ……夫人勖以义方，子亦克绍前烈。宝应二年（763）七月一日，皇上以元子功高卫霍，德冠桓文，乃下诏曰：张氏礼备三从，行全四德。尝有宜家之道，赞成归国之谋。夫子建功，已受金章之宠，妇姑表德，俾开石窌之荣，可封贝国太夫人。恩由子贵，名以德升。

---

① 《唐代墓志汇编续集》元和007，第805—806页。
② 鲁晓帆：《唐高行晖墓志考》，《首都博物馆丛刊》第11辑，1997年，第43—46页。
③ 《唐代墓志汇编续集》元和007，第805—806页。
④ 《旧唐书》卷151《高崇文传》，第4061页。

无惭象服之华,岂忝鱼轩之宠。昊天降戾,曾不慭遗。良玉砰于空山,星婺沉于广汉。代丧邦媛,宗倾母仪。昔仲由恨禄不及亲,霜露增感。今夫人享元子二千石之禄,十有三年,可谓贵矣。①

清河张氏所谓的"元子",是为李府君之子李献诚,李府君死时尚在孩提。按照王策《〈唐归义王李府君夫人清河张氏墓志〉考》②的考证,李献诚是安禄山的女婿,在安史之乱时期曾担任伪深州刺史,后归顺唐朝。墓志中记载,夫人对儿子倍加教导,也赞成儿子的归顺。所以"尝有宜家之谋"。从宝应二年(763)唐代宗的封诏中,看出张氏被封贝国太夫人,享受朝廷的二千石俸禄,夫人殁于大历十年(775),荣耀长达十三年之久,都是由于其子的归国功劳,由此可以看出,朝廷对于安史之乱的叛降之人及其家属还是比较优待的。

除清河张氏作为汉人嫁给非汉人外,幽州出土的墓志中还有很多是非汉人家庭。唐代幽州地区是胡汉杂处的民族文化交汇区,唐王朝在这里设置了很多羁縻州,众多民族在一起生活,也促使这里的汉人与非汉人之间通婚:或汉人妇女嫁给胡人为妻,或汉人丈夫娶胡人妇女。如,论博言③,其妻子为刘翳④之长女,论博言为吐蕃人禄东赞后裔,杨鏻之妻为河南府达奚氏⑤,鲜卑人后裔。

四 唐代女性的业余生活

唐代幽州妇女墓志中,还记载了她们在家庭生活中的业余生活。唐代妇女在日常生活中除了要服侍公婆、和睦妯娌、养育子女外,还要有一些业余生活,充实自己,打发闲暇的时间。主要有学习《诗经》、礼仪规范,以及家里的针线活。如郑氏:"夫人性禀灵和,非礼不视,箴管之

---

① 《北京市文物研究所藏墓志拓片》,第8页。
② 王策:《〈唐归义王李府君夫人清河张氏墓志〉考》,《北京文物与考古》,第6辑,2004年,第167—192页。另一篇毕广德的《唐清河张氏墓志考》(《北京文物与考古》2012年第3期,第87—91页)也对同一方墓志进行了考证,认为该墓志主人丈夫李府君为开元年间的奚人饶乐都督李归国,并不是王策所认为的奚人饶乐都督李诗,但双方在其族属上都认为其为奚人不误。这里并不影响笔者对其夫人和子嗣的论述和分析,因此后文中提到此方墓志皆用"李府君"代替。
③ 《全唐文补遗》第七辑,第141页。
④ 《全唐文补遗》第七辑,第102页。
⑤ 姚薇元:《北朝胡姓考》,中华书局1957年版,第14页。姚书中提道:"《官氏志》:'达奚氏后改为奚氏'……《姓解》一并云:'后魏献皇帝为达奚氏。'"可看出,达奚氏确为北魏皇族鲜卑人姓氏。

外，常以诗礼自娱。"①

另有太夫人吴金，"夫人爰自乳育，禀性灵然，渐期总毛，观竺峡，欲饰花，笄岁觏彼，兰陵之言，琴瑟用张，雨结荣远"②。在年过知命后，很多妇女会选择遁入佛门，栖心于佛教，达到了忘我的境地。如吴金："习《关雎》之训，四教克敷；守仪凤之规，六行兼备。所以佐成君子，通惠家人。洎乎知命之岁，尤悟大乘，栖心真镜，了性非我。"③太夫人的"高曾三祖，并崇尚丘园，蟠晦烟壑。父休府君，器宇弘渊，博雅玄畅，才兼管、郭，道迈梁、莱。夫人即府君之第二女也"。由此也能看出来，夫人吴金自寡居以后，就遁入佛门，其思想也受到其祖上"崇尚丘园"而不仕的隐逸田园思想的影响。

第二节　幽州平民阶层的墓志

除了以上唐代幽州墓志中的官员、妇女外，笔者搜集的唐代幽州的墓志中，还有13方墓主是没有任何官职履历的平民，他们或是隐逸于江湖的"处士"，或为寺庙"奥主"，或为幽州镇道观"道士"，成为唐代尚武的幽州镇统治下不可忽视的群体。

一　处士：高雅的称呼

"处士"和平民百姓是不一样的，在唐代就是未做官或屡举不中的士人。唐代的社会中，他们要随时等待来自圣上或者地方长官的征聘入仕。他们中很多人远走幽州，谋求出路，幸运者可以谋得一幕府职，不幸者则自愿隐于乡里，成为引导乡里乡风之楷模。曾有唐代处士墓志载："君子处下避位曰道，远上捐俗曰德"④，很准确地说明了处士这一群体的为官和处世的原则。君子"处下""远上"是为"避位""捐俗"，这样超凡脱俗的为人处世，他们往往成为社会道德的典范，成为影响一个时代的群体。美国学者包弼德认为唐宋时期是"士的转型"时期⑤，而处士作为一个群体对于唐代整个社会士人群体的风气转变，有很大的影响。

---

① 《唐代墓志汇编续集》贞元005，第738页。
② 《唐代墓志汇编》大中098，第2326—2327页。
③ 《新中国出土墓志》北京卷壹下册一四，《唐故太夫人吴氏（金）墓志铭》，第9页。
④ 《唐代墓志汇编续集》天宝080，第640页。
⑤ ［美］包弼德：《斯文：唐宋思想的转型》，刘宁译，江苏人民出版社2001年版。

中国古代的士人多以"格物致知"为修身之先,唐代以前,尤其是魏晋以来,就有很多隐逸之士为众人所知。东汉有黄宪隐于乡间,《后汉书·黄宪传》:"友人劝其仕,宪亦不拒之,暂到京师而还,竟无所就。年四十八终,天下号曰'徵君'"①,这是文献中"徵君"的最早记载。到了魏晋时期,陶渊明隐于民间,其崇尚自然,离开仕途的本性,也影响着后来的唐代士人。《礼记·大学》中提到:"古之欲明明德于天下者,先治其国;欲治其国者,先齐其家;欲齐其家者,先修其身;欲修其身者,先正其心;欲正其心者,先诚其意;欲诚其意者,先致其知,致知在格物。物格而后知至,知至而后意诚,意诚而后心正,心正而后身修,身修而后家齐,家齐而后国治,国治而后天下平",其中提到"格物,致知,修身,齐家,治国,方能平天下",处士在儒家思想影响下,做好自身的修养,管理好家庭,教育好子女,才能步入仕途,治国安邦,这也成为其所遵循的一个出仕准则。

笔者搜集到的唐代幽州墓志中,有明确记载为"处士"的墓志,其特点如下:

其一,墓主世代居于燕地,成为当地贵族,淡泊名利,不出仕。

如处士公孙封:

> 公讳封,字封,其先黄帝之子公孙高之后。自三王以降,侯伯英达,代有其人。洎瓒堡易据燕,子孙家于此,今为幽州潞人也。王父威,大父平,皆以富赡豪侠,就乐不仕。公白皙大耳,昂藏美须。性高尚闲,亦不言禄。若乃居丧感,追远饰终。伯仲友朋侪,信其庶几矣。至于弱则多惠,强不敢凌,里社取其标准,宗党资其影援,夫何有在哉。是以乡邻鳏孤,闾井耄耋,使其力而不倦,并其业而无憾。君子于是乎以为善处家焉。②

从上引墓志可以看出,公孙封为东汉末年燕地割据军阀公孙瓒(?—199)的后人。自从公孙瓒占据燕地以来,墓主累世居于燕地,成为幽州潞(今北京市通州区)人。从其祖上仕宦情况来看,其祖父公孙威、父亲公孙平,都是"富赡豪侠,就乐不仕"。公孙封也受到祖上的影

---

① 《后汉书》卷53《黄宪传》,中华书局1965年版,第1744页。
② 《新中国出土墓志》北京卷壹下册——,《唐故处士南阳公孙府君(封)墓志铭》,第7页。

响，性情清高，闲逸不定，不崇尚仕宦道路。墓主生前在乡里好结交朋友，强人不敢欺凌，对弱者也多有施惠，从而成为乡邻、宗族中的楷模，鳏孤耄耋之人对其也颇为称赞。

另有一方赵悦墓志，祖、父及墓主，皆不仕于朝廷："祖讳元琰，轻傲荣禄，樗散丘园，贞白自居，琴樽取适。考讳冬日，不忝先志，恭佩庭训，高尚其事，不屈王侯"①，处士的这种处事方式对于乡里有激励薄俗、奖导后生的引导作用。

其二，墓主家境殷实，好歌词诗赋，不愿做官。如《唐郭君墓志》②云：

> 府君逸人之第四子。赋是贤英，禀于仁孝。平生性与词学周旋，谈唯王霸之友，行必中和之侣，得烟霞之胜躅，乐以忘年；殖诗酒之通闲，神惟张王。出则金羁昭路，宝马临云；坐则甲第当衢，家僮若月。资等王孙之积，财丰猗顿之饶。夫以崇其身，训于子，不入有过之地，克遵无妄之途。卒后之书，孝成□语；□方之法，习以春秋。将谓华屋邀欢，竹林终宴；讵知穷泉聚魄，蒿里先归。

墓主郭君生活无忧，其父名号不详，为"逸人"，"幼契玄道，晓不崇妄，名非其真"，不曾做官。郭君喜好诗词学问，好酒吟诗，平生结交的朋友都是像王霸一样的隐士。王霸为西汉末年隐士，王莽篡政后，连征不就，隐居守志。墓主家中殷实富裕，从上文的记载中，可以看出，家宅为"甲第"，是古代贵族的豪宅，并且四通八达，仆人如云；出门则有佩有"金羁"的宝马作为交通工具，其家中财富堪比猗顿。虽然墓志中这样的表述有夸大之嫌，但也看出府君作为平民即使不为官，在幽州地区也能富甲一方，生活也能保障，日子过得优哉。

其三，处士的思想往往倾向儒家、道家，在唐代幽州社会中成为扶困济危、教化乡里的楷模。

如董唐之父亲，"烈考讳□，字弘润，不仕；性好云水，不顾场苗，考盘幽□，聊以卒岁，燕代儒流，目之曰处士"。董唐之父亲，有山水之间的性情，不愿意去做官。董唐之父亲就是燕地的儒士，因而被称为"处士"。

---

① 《唐代墓志汇编续集》大历031，第713页。
② 《唐代墓志汇编续集》开元124，第538页。

《唐王公晟夫人清河张氏墓志》云："祖万友，父少清，鲁儒相袭，业善何曾不仕王庭，取姿优逸，古今之有也，于戏！"① 墓主人清河张氏的祖父和父亲都是儒士，喜好幽娴，亦不愿意仕于朝廷。

《唐高元表墓志》云："君风云逸气，秉节高亮，轹酋豪之党，挫拉□□之流。作间开之领袖，为郡县之标准……"② 墓主处士高元表（682—755）超凡脱俗，秉持节操，成为地方豪族的领袖人物，被郡县之人称为榜样。

《唐黄直墓志》云："曾王父讳文，王父讳宾，俱不仕；咸以心慕幽奇，道闲雅素，居清虚而避禄，混名姓以逃荣。笑宁生和牛，轻冯子弹铗。"③ 黄直的曾祖父、祖父都没有做官。他们淡泊名利，崇尚玄妙的哲理，喜欢清净虚无，逃避俸禄和荣华显贵，崇尚宁武子的"邦无道则退而全身"的气节。这里黄直的曾祖父、祖父都是崇尚虚无的老子的道家学说，是唐代处士除儒学外的另一种思想倾向。

其四，有的墓主人开始虽坚持不仕，年过近半百后又征聘到藩镇中去做官。

如《唐董唐之墓志》中记载：

（董唐之）雅志日新，孜孜不息。善者嘉而誉之，不□者则矜而拊之。乡党之间，恂恂如也。里有疑议，皆造门而质之。随类损益，各得其宜，愉愉然虚往而实归。皆曰：我里□之颜闵，我宾友之领袖。语以在三之格，言不仕而无义。公曰：时有否泰，命有穷通。育德于时，不急急于进取。韬声晦迹，畏出处非宜果。命与时俱，俄臻际会，拔自淹滞，致乎青云。问之机宜，果惬师锡。委以剧务，参之货财……我公嘉其勤劳于邦家，有徇公灭私之旨。下议其效，敦奖乃功。洎大中七年，表受兼监察御史，畴其茂功也。无何，公议以运漕殷繁，供输务切，舳舻往返万斛者千艘。精选良能，非公莫可。至八年，拜卢龙节度兵马使、内衙亲事、兼船坊使。提纲振领，削去繁苛，利于公家，便于沿岸。④

从董唐之的墓志中记载可以看到，董唐之（804—858），殁于大中十

---

① 《唐代墓志汇编》咸通031，第2402页。
② 《唐代墓志汇编续集》天宝102，第657页。
③ 《唐代墓志汇编续集》乾符003，第1119—1120页。
④ 《唐代墓志汇编续集》大中071，第1022—1023页。

二年（858），去世时五十四岁。大中七年（853）以前漫长的49年里，都隐居于乡里，并且威望很高。乡里中不能裁决之议，都登其门拜访询问，乡里人都尊他为乡党中的领袖人物。后州中再三征召墓主前往做官，他认为如果再在乡里不出来做官，是不义之举，应该"命与时俱"。看来墓主人韬光养晦，隐逸行踪，只是害怕自己做官以后，不能有合适的位置而已。大中七年（853）董唐之前往幽州，节度使张允伸嘉奖其勤劳持于邦家，为公而灭私。张允伸表奏墓主为监察御史，后官拜卢龙节度兵马使，兼船坊使，进入幕府，让其主管运漕交通之事。从墓志中看出，当时幽州镇处于京杭大运河之北端，运输事务之发达，可见一斑。墓主做官仅五年就进阶至银青光禄大夫（从三品），进阶之快，可见其在治理幽州运漕之事中，是节度使张允伸的得力助手。

由此可以看出，墓主人"提纲挈领"，有管理经济方面的特长，能够得到合适的去处，才是其49岁还应征为官的重要原因。但遍观其家族谱系，其他人还是以"不仕悠游"为主："烈考讳□，字弘润，不仕；性好云水，不顾场苗……聊以卒岁，燕代儒流，目之曰处士……仲叔通，未仕，邦之造士，频历名场，射鹄未遑，爱从板署，无忝青紫……公之母弟唐清嘉遁丘园，优游不仕，实里之通介也。"董唐之的父亲、儿子、弟弟都不在仕宦人之列。

综上所述，我们可以看到，唐代幽州墓志中的不仕平民，多是累世不仕，家境殷实，生活来源也有保障，其思想倾向也多以儒、道为主，即使有处士因"难辞征召"而做官，也是年过半百才出仕。

二　佛教人物的墓志

唐代以前及唐前期，幽州佛教发展不繁荣，寺院也很少。比较有名的寺庙有潭柘寺、光林寺、戒台寺等，从唐初开始幽州地区才有了佛教的逐步发展。"燕地普遍建造寺院，是从唐初开始的"[1]，安史之乱后，幽州佛教得到了长足的发展，其原因一是受到全国范围内的大发展和繁荣影响，二是由于后期幽州镇节度使对于佛教采取的扶植态度，在武宗灭佛期间也对朝廷的政策加以抵制，客观上造成周围各镇佛教僧人的涌入，形成了幽州佛教寺院的大发展。尤其是在位时间（785—810）最长的节度使刘济，更是带领部属用自己的俸禄在房山云居寺刻经造石，为圣上祈福，自己死后也葬在离云居寺不远的今房山区长沟镇，可见地方藩镇首领对佛教的重

---

[1] 曹子西主编，向燕生著：《北京通史》第二卷，中国书店1994年版，第297页。

视和扶植力度之大。

唐代幽州的佛教发展也影响着平民对佛教的信奉生活，笔者从搜集到的唐代幽州墓志中发现很多平民或者仕宦家庭中，有很多信奉佛教人物的相关记载，有的夫妻二人都信仰佛教，有的是父亲号"徵君"，儿子遁入佛门，成为幽州府城中寺庙的奥主。

居士常俊夫妻二人皆遁入佛门，其墓志云①：

> 德也不德，名也无名，混迹潜机，世莫能识，则常府君之美矣……府君早岁悟道，荣宠绝求，蒙难藏诸晦明，德闲耶养正。净乎天根，虚物存诚，陶空见实，谢名知幻，亡忧乐天，默语行藏，常处中道，而有妻子，俱□梵行，□处尘劳，恒莹真性。府君形同于无形，心存于无相，净于无为，味于无事，知而不知，学而无迹。修之无因，果胡能测；净既成矣，曷能久诸？……其逝也精爽如归，谓其妻子，诫念季弟；尔等而一其无二焉。始终念兹，无忝斯语。生死者幻，曷足悲乎？净尔意，焚宝香，于是乎大称十念，超间诸禅，俄然无心而归真也。以其岁（大历十四年）闰五月三日，葬于蓟城北高梁河南礼贤乡之原兆，从宜也。夫人太原王氏，同修梵行，尤精妙理。彼美淑人，德佐君子。

从以上的墓志记载中，可以看出，居士常俊很小就步入佛门，淡泊名利，不求荣华富贵，六根清净，"形同于无形，心存于无相"。其婚后，连夫人也同自己一起修行佛事。就连去世时，墓主也"精爽如归，不忘念佛，超然归真"。墓志中对居士常俊夫妻两人沉迷于佛教的记载细致入微，有很多佛教词汇闪烁其中，可以作为研究唐代幽州地区民间佛教信仰的珍贵文献材料。

又如，《大唐故徵君史府君墓志铭并序》云：

> ……呜呼！道不常泰，天不□遗，以贞元八年九月十九日寝疾终于私第，享年七十有六。邦国殄悴，风烟晦冥，爱子恒微，幼归真宗，早晤玄理，受二百五十之具诫，总三千六万之威仪，且弘业随朝□古寺也。宝刹山立，仁祠洞开，佛事至大，待人弘禅，恒微常清，净办事实。领都纲，又居上府，今即为佛寺之奥主也。三纲备□，一

---

① 《唐代墓志汇编》大历079，第1817页。

德日彰。虽鸠摩、道安，今古同流也。①

史光的儿子史恒微，从小皈依佛门，很早就悟玄理"受二百五十"具诚、"总三千六万之威仪"，所谓"二百五十"，为佛教中比丘所受之诫。史光本是徵君，拒绝从宦邀请，"怀肥遁之志，守父祖之风，累有辟命而坚辞不起"②。其子史恒微进入古寺，每天以佛事为大，向周围人群弘扬禅的思想，办理佛事一丝不苟，成为幽州府中一佛寺之主，堪比鸠摩佛祖。

如张乾曜之子张荣绪，"……长子荣绪，幼而志道，长归释门，惠炬内明，戒珠外朗……"③ 墓主张乾曜之子张荣绪也投身佛门，受戒念佛。又如，《大唐故天水赵府君墓志铭并序》："复以施惠不倦，乐道忘疲，家置禅居，堂悬宾榻，高人信士，投诣如归。时议以为蓟北有孟尝之家，桑门得东道之主。由是远近推先，闾里钦异，以为孝悌忠恕，为方之最也。足可以激励薄俗，奖导后生。"④ 赵悦乐善好施，家里置有禅居，信佛之人都投其门下，人们都比喻其为孟尝，远近闻名。还有，河内府折冲都尉赵龙"次子开元寺僧常悦等，柴毁过礼，□泣伤神，勉就礼经，几于灭性"⑤，赵龙去世后，其子开元寺僧人赵常悦，悲痛万分。这些佛教事件和人物一定程度上都起到了激励乡里、教化世风的作用。

三　道教人物的墓志

在笔者搜集到的平民墓志中，有的墓志主人还痴迷于道教，身份为道士。

如《大唐天宝十三载故开元观道士王公墓志铭并序》⑥：

> 公行厌回骞，才钧贾马，迹浮心隐，体物知章。乡豪椎迁，道俗钦揖。爰自弱岁，栖身道门，符紫气之精，契金章之录。岂其函关西没，脱翼归仙，知命之军，果弃尘俗……即以其载龙集癸卯，窆于故顺州城北平原，礼也。惟公好道，归神昊苍。

---

① 《唐代墓志汇编续集》元和009，第807—808页。
② 《唐代墓志汇编续集》元和009，第807—808页。
③ 《北京市文物研究所藏墓志拓片》，第24页。此拓片录文尚未出版公布，这里所用录文，为笔者对拓片校订后录出。
④ 《唐代墓志汇编续集》大历031，第713页。
⑤ 《新中国出土墓志》北京卷壹下册一〇，《唐故怀州河内府折冲天水赵公（龙）墓志铭》，第6—7页。
⑥ 《唐代墓志汇编续集》宝应003，第686页。

《唐任紫宸墓志》① 云：

> 自以归命于道，天宝将末，随师受诸书，无不通备。至弱冠，以学业精博，去大历中，故节使丞相□公特衷赏锡度，冠加华岳，披挂云霓，俨然道容，而贯龙兴也。其后精禀符，为道门师，四五十年间，翕如若诸流输海，燕中道□风晔，实因斯乎。直以拥志丹丘，情笃精炼，灵根未寿，三尸成灾，而遘疾不瘳。

开元观道士王徽，从二十出头就栖身于道观之中，年过半百去世，葬于顺州城。另一位道士任紫宸，从其名字可以看出他迷恋道教之重。紫色是古代道教人士所崇尚的色彩，写"紫书"、住"紫垣"等。天宝末年，墓主就随其师父信奉道教。弱冠之年又因为道家学问做的渊博，大历年间，受到幽州节度使的"加冠锡度"之礼遇，在道门中栖身四五十年，后得病而亡。

道士任紫宸的夫人墓志中，记载其两个儿子也进入道观做道士。《唐故黎阳桑氏夫人墓志》："嗣子有五：长子皓青，府中豪杰，幕下英奇；次子二：龙兴观道士国清、士幽，并出于玄叔，入于杳冥"②；墓主人桑氏，有两个儿子国清、士幽，都是龙兴观道士，"出于玄叔，入于杳冥"。其父亲为任紫宸，也是道士；就连桑氏夫人的父亲："皇考讳忠，逍遥不仕，放旷人寰，或啸傲于陂池，或逸游于台榭"③，其父亲也看破俗世，不去做官，隐逸于江湖。由此可见，唐代幽州平民家庭中，不论其是佛教、道教人物，都有其家族的隐世渊源。

唐代幽州墓志铭中的平民虽不多，但是也能管中窥豹，笔者略总结其特点如下：其一，从墓志资料来看，唐代幽州平民墓志中，处士有的是累世居于幽州的大族，家境殷实，都受到儒家、道家思想的影响，并和家族中其他人有作用力和反作用力；其二，其余入佛入道之人，多以家族为单位遁佛入道，有的还受到官方的鼓励和倡导；其三，这些处士、居士、道士身处唐代幽州地区的乡里间，还对当地的社会风气起到了教化和引导作用。④

---

① 《唐代墓志汇编》元和027，第1967—1968页。
② 《唐代墓志汇编》元和066，第1994页。
③ 《唐代墓志汇编》元和066，第1994页。
④ 侯振兵：《唐代处士与社会》，硕士学位论文，陕西师范大学历史文化学院，2009年。

第三节　迁葬与改葬的现象

唐代幽州墓志中，存在迁葬记载的多以今北京范围内的迁葬为主，而从外地远道迁葬至幽州的为数较少，其迁葬、合葬原因也各不相同。

其一，归葬故里或旧茔。

如，墓主高行晖（691—759）终任官为怀州别驾，志中载其为范阳潞县人。

> 公名行晖，字行晖，本郡之潞县人也。……以乾元二年十二月二日寝疾，终于怀之官舍，享龄六十九。夫人……以大历元年七月廿九日终于幽州平朔里之私第，享龄七十二。嗣子崇文，承公志业，缵公基绪……自台丞亚相，再为尚书，一为司空……封茅裂土，名芳竹帛，功勒鼎彝。干祸乱以机权，镇风俗以易简。封食斯重，孝敬自中。遂灼元龟，筮灵蓍，日辰叶兆，窀穸方启。以元和二年岁在丁亥十一月朔日甲申归□于潞县高义乡庞村之原。①

高行晖夫妇二人分别去世于乾元二年（759）怀州官舍、大历元年（766）幽州私第，而元和二年（807）才归葬于潞县，相隔近50年。通过对照两《唐书》记载，一方面其子高崇文（746—809）一直在外地做官，高行晖夫妇去世之时，高崇文不是年龄尚小，就是正征战于长武城、宁州（今陕西、甘肃）等地，等到元和二年（807）前后才回到幽州故里，出于合葬父母的要求，由怀州迁高行晖与夫人之墓，与夫人合葬于其故里潞县（今北京市通州区），高崇文也于两年后（809）病卒；另一方面由墓志及《高崇文传》中记载，"其先自渤海徙幽州七世不异居"②，高氏家族从西晋末年就在幽州为官③，是幽州的名望之族，因此时过50年归葬故里，是权葬别处后又回到潞县故里。

还有的墓主，不以万里之遥迁葬回幽州。如张道昇，前文已述其生平，此不赘述。生前在幽州为官，终任官为陇州刺史，卒于长安私第，由

---

① 《唐代墓志汇编续集》元和007，第805—806页。
② 《新唐书》卷170《高崇文传》，第5161—5163页。
③ 《唐代墓志汇编续集》元和007，第805—806页。

陇州迁回幽州,其子"泣血扶护还乡",是笔者所搜集的北京墓志中迁葬距离最远的一方,约 2000 千米。

墓主王仲堪在异乡去世,后归葬于幽州。"以为诸侯聘问,岁惟其常,妙选行人,以通两君之好,(贞元)十二年冬十一月,公奉使于蒲;春二月,旋车自蒲,经途遥遥,旅次云鄢,以贞元十三年二月三日不幸暴殂于望岩之传舍,享年六十有四……以贞元十三年二月十七日殡于蓟东之别墅,从权也。以其年四月六日迁神于蓟县燕夏乡甘棠原,礼也。"① 墓主王仲堪,为太原王氏后裔,五代祖王冲举家迁徙到幽州安次县,成为幽州的名门望族,从此就认同为幽州人。王仲堪贞元十二年(796)冬天奉幽州节度使之命,出使蒲州,十三年二月三日在客舍得病而亡,先权葬于蓟县东的别墅,四月迁葬回蓟县燕夏乡,这都是在幽州范围内的迁葬。

其二,有的墓主迁葬是出于夫妻合葬要求,或迁丈夫和妻子合葬,或是迁妻子与丈夫合葬。迁丈夫与妻子合葬,如《李神德墓志》②云:

> 公讳神德,字贞,王父因世居洛,为河南府河南县人也。……自兹宿卫,调拜司戈。职恭其劳,嗯制累赏。授游击将军、果毅都尉,仍长上。以神襟独运,武略冠伦,又无何,特阶宁远将军、忠武将军、云麾将军,拜易州长乐府折冲都尉,依旧长上。以久侍丹陛,克清邦禁,既高其功,亦荣其职。迁右领军卫中郎将、兼右羽林军上下。节制严肃,警察弥坚。蕴德怀仁,贵游慑伏。忽遘寝疾,莫痊良医。痛哉哲人,国丧其宝。享年五十有七,以长安四载十一月十二日,薨于洛依仁坊私第也。追赠本卫将军,宠后命也。……夫人南阳郡夫人张氏……享年七十有七,以开元廿六年七月廿三日,薨于幽府私第。以其年岁次戊寅十月乙丑朔廿六日庚寅,龟筮献兆,启殡合葬于幽府城西南三十里福禄乡卢沟河西鹿村西北百步平原,礼也。

李神德(648—704),祖父世居洛阳,籍贯河南府河南县。墓主在武则天时期担任东都洛阳宫中宿卫,先做司戈③(正八品下),屡次受到武则天的奖赏,由于在武则天身边做侍卫时间比较长,功高劳苦,恪尽职守,屡次授官,散官由游击将军特阶至宁远将军→忠武将军→云麾将军,

---

① 《唐代墓志汇编》贞元 076,第 1891 页。
② 《全唐文补遗》第 8 辑,第 383 页。
③ 《唐六典》卷 25《左右羽林军》,第 643 页。

跳级升品，资历由从五品下进阶至从三品上。后前往易州长乐府作折冲都尉，又迁回洛阳，回到宫中做右领军卫中郎将兼右羽林军上下，可见其受宠之极。李永定长安四年（704）殁于洛阳依仁坊，死后赠本卫将军，皆拜武后所赐。其夫人张氏开元二十六年（738）在幽州城私第去世，其年十月打开李神德灵柩，由洛阳迁到幽州。李神德卒于洛阳后迁葬幽州的京官，而在唐代幽州墓志中，多是殁于幽州而迁葬别处的，李神德这样的例子是少数。

另有一方墓志，《刘翳暨妻张氏墓志铭》：

> 大和己酉岁（830）夏六月旬有廿九日，殁于瀛州之官署，享年四十有五。……（夫人）宝历元年（825）正月十四日先殁，享年三十有三。其年十一月殡于幽州幽都县西界卅里房仙乡新安里岗原，礼也。……以大和三年秋八月十三日，启夫人故茔，迎府君神柩，遂迁祔焉。合葬非古，奉周公之仪；墓而不坟，遵宣父之典。①

刘翳妻子宝历元年（825）先于丈夫去世，十一月葬于幽都县房仙乡。大和三年（830）六月，丈夫刘翳去世，与妻子合葬一处。这里记载，合夫妻之葬是周礼的要求，可以看出唐代合葬制度的缘由。

其一，迁妻子与丈夫合葬。

王郅与妻子崔氏："公讳郅，太原祁人也。……窆于府城南十里姚村之南原，以权礼也。夫人博陵崔氏，……奈何寿不□德，先公而逝。权厝于陉邑。遘等州佐县寮，不离恒冀；迨幽州节度，要以拱摄，文安县尉。顷以道路艰阻，岁□未通，名宦既拘，久乖洒扫；罔极之忉，今获吉辰。以元和九年十月十七日迁陉邑□座□姚村，立堂合礼也。"②

又见王郅的墓志记载："起家棣州厌次尉，累至定州功曹掾。……移拜本州陉邑令。自陉邑转深州安平令，自安平迁涿郡范阳令"③；早年王郅曾在陉邑为县令，后迁转至范阳令，终任官为瀛州司马。其夫人崔氏先去世，"权厝于陉邑"，当为王郅做陉邑令之时而去世。后王郅"不幸以贞元五年（789）三月遘疾，廿一日终于官舍，享年五十三"，葬于幽州城南姚村。元和九年（814），其子幽州文安县尉王迨，从陉邑迁王郅夫

---

① 《全唐文补遗》第7辑，第102页。
② 《唐代墓志汇编》元和077，第2002页。
③ 《唐代墓志汇编》贞元021，第1852页。

人崔氏墓与王郅合葬于幽州城姚村。这里的迁葬,相隔时间为 25 年,有合葬夫妻双方的原因,也有其子在幽州为官的缘由。

吐蕃人后裔论博言与妻子刘氏:

> 咸通乙酉重五(865),聘东垣回,暍疾于路,迄秋分永逝于蓟城南郭析津坊,寿六十一。……夫人,防御军使检校太府卿兼御史中丞中山刘曙长女,先于公殁十余年,墓于幽都之西三十里新安原。……嗣子幽州节度牙门将从礼,卜以其年孟冬廿五日,合祔故室茔陬。①

墓主吐蕃禄东赞后裔论博言的妻子刘氏,为前文中提到的刘曙长女,先于论博言去世十多年,葬于幽都县的新安原。而论博言则咸通六年(865)在路上得病,于析津坊去世,其子论从礼,在当年孟冬将论博言与妻子合葬在一起。论博言为吐蕃名相禄东赞后裔,其家族从曾祖父论弓仁(墓志中名为"布支")开始归唐②,祖叔父论惟明、祖父论惟贞参与平定德宗时期的"泾原兵乱",皆封为"奉天定难功臣"③,到了论博言,已历四代。论博言自大和初年(约 828),受到李公(李载义)赏识,入幽州为官,后征战交趾,世家定居于幽州。其家族有近百年的入华历程,得以汉化。

从论博言能够娶汉人刘曙之女、其子对父母行合葬之礼,可以看出其去世后的丧葬情况;其墓葬(今北京市石景山区)为家族墓地,论博言殁后与其岳父、岳母刘曙夫妻葬于一处,体现其已经深受汉文化影响,融入了汉族家庭之中,整个家族入唐以后,经历四世后汉化较深。

其二,另一方奚人的汉人妻子墓志,行汉人的合葬之礼,也能侧面反映出幽州地区非汉人入华以后的汉化。李府君夫人清河张氏,"有唐大历

---

① 《全唐文补遗》第 7 辑,第 141 页。
② 陈康:《唐〈论博言墓志〉考释》,《北京文物与考古》第 5 辑,2002 年,第 202—209 页。陈康另有一文对于论博言家族的内迁和兴衰过程有详细的描述,认为论博言祖上的钦陵(弓仁)、惟贞等都是唐代吐蕃内附的功臣将领,其家族的内迁是禄东赞为首的噶尔家族的衰落表现。参见氏文《从〈论博言墓志〉看吐蕃噶尔氏家族的兴衰》,《北京文博》1999 年第 4 期。
③ 关于唐代"奉天定难功臣"的研究,可见黄楼的《唐德宗"奉天定难功臣"、"元从奉天定难功臣"杂考》,《魏晋南北朝隋唐史资料》第 24 辑,第 150—164 页。该文结合出土墓志对"奉天定难功臣"及"元从奉天定难功臣"的政治背景、赐予情况及流变等问题进行考察。另有王苗《唐代功臣号研究》,硕士学位论文,中央民族大学,2012 年。

十年,岁在单于三月甲午朔七日庚子,贝国太夫人清河张氏薨,享年九十。……(李)府君以开元廿四年十二月二日即世,子等幼稚在于孩提。……粤以其年四月廿九日,奉迁玄寝祔于府君,从周制也"①。由前人的研究成果可以得知②,此李府君为奚人,被唐廷封为"归义王",为唐代奚人内迁家族。墓主于开元二十四年(736)便去世,其子尚在孩提,其夫人清河张氏于大历十年(775)去世,葬于李府君墓之侧,"从周制也",体现了内迁奚人从丧葬方面也已经受到汉文化的影响。

另有墓志主孙英与妻子合葬:

> 府君讳英,其先乐安人也。……祖因官至燕,遂为涿郡范阳人也。……以开成二年四月廿六日,休明私第,享年六十二。以其年四月廿七日,归葬于良乡县金山乡韩村管西南三里大茔,礼也。夫人王氏,……春秋九十七,以咸通八年二月廿一日,权窆于丘园。以咸通十一年十月十六日,龟筮祔于府君旧茔,礼也。……有孙男二人:长曰自丰,充幽州器仗官。仲曰克绍,文武忠孝,纳士招贤,州县知名,乡中行者。代父之忧,何图不幸短命,今也则亡。③

孙英与妻子二人在开成二年(837)、咸通八年(867)先后去世,分别葬于两个地方,后其子孙自丰为幽州器仗官,咸通十一年(870)才迁其母墓,与孙英合葬一处。

其三,随子而迁的墓志也很多见,此举两例。

蔡雄,墓志记载其为信都人,曾祖为号州别驾,祖父为沧州乐陵令,父亲蔡济为泽州司户,都不是幽州的官员。而蔡雄年轻时候因遇到安史之乱,而游历于幽燕之地,其子为良乡县尉,贞元三年(787)或葬于檀州密云,十六年后迁葬良乡。蔡雄辞官远赴檀川,寻找医生治病:

> 又属丧乱未平,忧人生疾,卧治不迫,辞荣寻医。车次檀川,疾之已亟。以贞元三年二月十六日,终于题舆之官舍,春秋五十有三……长曰昭,幽州良乡尉,以十九年十月廿五日迁窆于良乡邑北复

---

① 《北京市文物研究所藏墓志拓片》,第8页。
② 王策:《〈唐归义王李府君夫人清河张氏墓志〉考》,《北京文物与考古》第六辑,2004年,第167—192页。
③ 《新中国出土墓志》北京卷壹下册三三,《唐故幽州副将乐安郡孙府君(英)夫人太原王氏合祔墓铭》,第25—26页。

业乡之原，礼也。①

蔡雄终任官为莫州刺史，其子官为幽州良乡县尉，便在贞元十九年（803）迁其父亲墓葬于良乡县复业乡。时隔 16 年后，其子并没有因为志中提到的"丧乱"已平，而归葬回其籍贯信都，也没有与祖、父旧茔合葬一处。

另太夫人吴金随其子官于蓟门，而葬于幽州城保大乡：

> 夫人讳金，渤海安陵人也。……夫人育子二人：长曰中孚。早为物□□、遂。贞元初，从官蓟门，时位为幽州永清尉、兼都麾掌记。……贞元四祀四月十日，终于幽都县遵化里之私第，时春秋七十有三。……以十月十日，权迁兆于城西北保大乡之原，龟筮之宜也。②

吴金贞元四年（788）去世，其子中孚贞元初年到幽州担任永清尉等官职，这样也将母亲之墓葬于幽州城周围的保大乡。

第四节　迁葬与改葬的原因

唐代幽州墓志中还有改葬一方，即张建章墓志铭。张建章在咸通七年（866）去世，先葬于幽州城西南七里邓村，墓志由其弟张总章书写，中和三年（883）十月十六日又自邓村原改葬于幽都县礼贤乡高梁河北原③，前后相差 17 年，但从墓志中并不能得知其改葬的缘由。

综上所述，唐代幽州的墓志中，存在很多迁葬和改葬的例子，但多数人群是在幽州范围内的迁葬与改葬。这些墓志主人绝大多数人郡望地并非为幽州镇区域，其去世后没有离开幽州葬回郡望地，而是就地或以幽州府城周围安葬，或是在其为官、居住的县周围择风水宝地安葬。

唐前期的墓志中，尚能够观察到记载为"权葬"的墓志 5 方，但后期的墓志多数墓主会出现"其先太原人，因官而居，今为燕人"的表述，

---

① 《唐代墓志汇编续集》贞元 074，第 787—788 页。
② 《新中国出土墓志》北京卷壹下册一四，《唐故太夫人吴氏（金）墓志铭》，第 9 页。
③ 《唐代墓志汇编》中和 007，第 2510—2512 页。

安厝于幽州各处。甚至有的墓志主人为非汉人，内迁之后便受到汉文化影响，娶汉人，丧葬制度都"从周制"，最终安葬幽州。他们生前的从官经历多以幽州镇官员为主，去世后就安葬幽州；有的虽然从幽州前往外地做官，去世后亦迁葬于幽州城周围；有的人因为其子在幽州为官，在夫妻二人都过世后，不顾路途遥远，从河南洛阳等地，迁其中一人墓，合葬于一处，以合"周礼"。

由上述的例子中，墓主安葬地点的抉择上，我们是否可以做出这样的论断：唐代安史之乱后，幽州镇逐渐成为河北三镇地域中心，唐代后期，尤其是建中以后，随着其割据一方程度的加深，人们对于幽州的向心力以及籍贯认同度有了明显的提高，出现大量人群"官于燕地，因家徙此，遂为蓟人"的现象，也就不足为奇了。

第六章 《阿史那明义墓志》与安史政权

安史之乱所造成的社会动荡，不仅关乎唐朝内地的普通民众，也牵涉中原之外的边疆族群。这不仅是因为安禄山、史思明二人本身的粟特族属所致，也关系到 7、8 世纪北方草原地区的政治动向，即突厥第一、第二汗国的先后兴衰对北方民族流动的推动作用。安史之乱后河朔地区随之兴起的各个颇具北族色彩的藩镇，也是这一时代背景下的产物。其源头，则可追溯至安禄山所建大燕政权中的各色北族群体，相关内容除了可以根据出土墓志进行索引外①，学界也有一些系统的关注②。更有活动于此的突厥王族阿史那氏，颇可发覆。对此，新出《大燕故司膳卿阿史那公（明义）墓志铭并文》（下文简称《阿史那明义墓志》）为我们提供了诸多线索。

第一节 《阿史那明义墓志》录文

新出《阿史那明义墓志》目前藏于洛阳私人手中，据其拓片：志石尺寸为 61 厘米×61 厘米，28 行，满行 29 字；志盖尺寸为 36 厘米×36 厘米，3 行，行 3 字，篆书"故司膳卿阿史那公志"。志题"大燕故司膳卿阿史那公墓志铭并文"，作者署名"沙门灵瞰撰"，末有书者署名"太子率更令翰林供奉张芬题篆"。现将该志录文整理如下，以备进一步探讨。

---

① 安禄山、史思明所建燕国政权时期的出土墓志，及其所见北族人士，可根据新出的墓志索引书进行索引，参见气贺泽保规编《新编唐代墓志所在总合目录》，汲古书院 2017 年版，第 268—271 页。该书所著录的截至 2015 年出土的 60 方安史政权年号墓志中，有涉及贺兰、豆卢、呼延、曹、康、长孙等北族姓氏的墓志 4 方。
② 详见王炳文《从胡地到戎墟：安史之乱与河北胡化问题研究》，北京师范大学出版社 2020 年版。

大燕故司膳卿阿史那公墓志铭并文

沙门灵瞰撰

　　四气肇形，分地理而立正朔；八方俶建，称天骄以置君臣。单单夫莫与京也。公讳明义，之字守谦①，其先自夏后淳维之胤也。托圣诞灵，凭神启土。鸡秩峥嵘而作镇，余吾濆薄以通波。日隐穹庐，云低代马。境连中夏，国壮边方。郁为强宗，世不乏祀。曾祖缅繁施，任本藩可汗。祖惠真，本藩特勲。并屠耆表德，须卜贻芳。锦服琱鞍，珠缨玉帐。既成贵种，亦曰豪家。父承休，司徒、同中书门下平章事、云中郡王。当唐室盛昌，岁时交会。远慕汉宣之化，遂逐呼韩之朝。相公敷奏中京，累承宠寄。将改温敦之号，旋封义阳之名。作捍幽燕，以御夷羯。公即相公第三子也。生而岐嶷，志性不群。沉静而好谋，含弘而尚智。相公雅爱之，尝于众子中指而言曰："此子必大吾门也。"相公授职夷疆，公亦随侍。或漠南塞北，日夕边阴。寇戎相持，彼众我寡。长戈雪落，飞镝星流。公之妙年，曾未介意。手挥一剑，腰佩双鞬。突围而踣毙者如麻，冲阵而摧伤者接武，如此数矣。克敌夷凶，救父之危，成子之孝。诏书诏书②褒赏，有超凡等。遂授右领军卫左郎将，又转左司御率府率，又转左骁卫将军，又转左威卫大将军。扦边克清，能官人也。顷者唐祚陵夷，燕邦遂启。相公攀龙附凤，卜宅周秦。特标建国之勋，大署元功之绩。不变奥鞬之号，更崇丞相之班。父贵子随，征还洛邑，诏授司膳卿。皇情有属，鼎餁斯调。九列增辉，百寮取则。冀其绍伊吕之业，翼尧舜之君。保固邦家，昭彰史策。岂谓昊天不惠，歼厥贤良。生也有涯，溘从沦谢。以大燕圣武二年八月遘疾，越八日薨于中都尊贤里之私第，春秋卅有七。呜呼！荣衰迭换，修短同归。天子悼龙剑之匣空，家君恸骊珠之掌碎。赗赠羽仪，有加恒典。即以其年后八月廿五日归窆于洛阳南原之礼也。有子垂髫，任太仆主簿，继公而夭。夫人郎氏，泣井桐之半死，悲鸾镜之一沉。展敬舅姑，永期同穴。呜呼！秋风箫鼓，哀鸣非出塞之时；落日旆旌，缭绕是送终之骑。高楼相府，长绝晨昏。

---

① 此处"之"字为行文语气助词，并不表示墓主名"明义之"，故从属下段，作"之字守谦"。

② 此处重复"诏书"二字。

陇月松门，永沉泉壤。瞰迹忝缁门，情非俗侣。奉渭阳之命，敢辞琢玉之文。牢让难胜，遂为铭曰：

凤城南，龙门北。地吉祥兮龟食墨，开茔卜兆将封域。

夕月松林千古色，年代悠扬浩无极，独有功名纪燕国。此二。

太子率更令翰林供奉张芬题篆

第二节　阿史那明义的世系分析

通过《阿史那明义墓志》可以简单了解到志主阿史那明义（721—757）与其亲属之间的关系，图示如下：

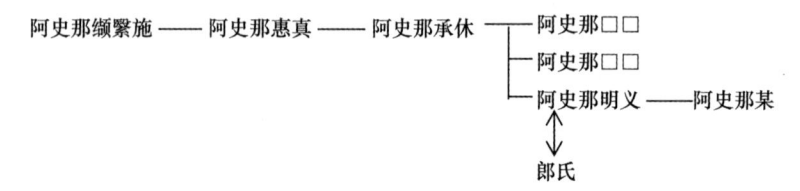

```
阿史那缬繄施 —— 阿史那惠真 —— 阿史那承休 ┬ 阿史那□□
                                    ├ 阿史那□□
                                    └ 阿史那明义 —— 阿史那某
                                         ↕
                                        郎氏
```

图7—1　《阿史那明义墓志》所见阿史那氏世系

作为突厥王族和是可汗后裔，阿史那明义一系的世系已经比较清楚。但关于阿史那明义的曾祖缬繄施和祖父惠真，传世文献皆无直接对应的记载，故而难以与现有的突厥王族世系完全缀合起来。不过笔者初步怀疑"本藩可汗"阿史那缬繄施可能是后突厥汗国创立者颉跌利施可汗阿史那骨咄禄，"本藩特勤"阿史那惠真即阙特勤（685—731）。[①] 不过从辈分之间的年龄差距来看，阿史那明义比其祖父阿史那惠真仅小36岁，其上两位兄长估计年龄差距更小，颇为勉强。聊备一说。

至于阿史那明义之父阿史那承休，传世文献亦无直接对应的记载。关于阙特勤本人的子孙，突厥文碑铭中也没有明言其是否就是毗伽可汗之侄夜落纥特勤[②]，故而只能从《阿史那明义墓志》中考索。墓志提及其在唐

---

①　关于后突厥汗国的可汗世系，参见薛宗正《突厥可汗谱系新考》，《新疆大学学报》1998年第4期，第44页。关于阙特勤的生卒年，见于著名的《阙特勤碑》，可参考芮传明《古突厥碑铭研究》（增订本），商务印书馆2017年版，第185页。

②　薛宗正的谱系所载阙特勤之子为药利特勤，当即从《阙特勤碑》《毗伽可汗碑》所载"夜落纥特勤"而来。然而碑文皆云此人是阙特勤和毗伽可汗两个人共同的侄子，无法判定其为阙特勤之子。参见芮传明《古突厥碑铭研究》，第186、232页。

帝国中任"司徒、同中书门下平章事、云中郡王",可见其已然位极人臣。但到安史之乱起,却认为"唐祚陵夷,燕邦遂启",想要"攀龙附凤,卜宅周秦",从而归入安禄山帐下,并成功地在安禄山称帝建立大燕政权后,"特标建国之勋,大署元功之绩",乃至"不变奥鞬之号,更崇丞相之班"。可见,阿史那承休在唐时已为郡王,至安燕政权后依旧位极人臣。而在正史中,与此人履历最合拍的就是阿史那承庆。

阿史那承庆在安禄山起兵前,即已在其麾下,并积极参与安禄山起兵之谋划。《安禄山事迹》谓:天宝十四载(755)"十一月九日,禄山起兵反,以同罗、契丹、室韦曳落河,兼范阳、平卢、河东、幽蓟之众,号为父子军,马步相兼十万,鼓行而西,以诛杨国忠为名。唯与孔目官严庄、掌书记高尚、将军孙孝哲、蕃将阿史那承庆、庆绪同谋,幕府僚属偏裨更无一人知其端倪者"[①]。如此,则阿史那承庆为安禄山信任之人,宜乎其"特标建国之勋,大署元功之绩"。而《阿史那明义墓志》中为"阿史那承休",故疑因安燕政权建国后,为避安禄山诸子辈字"庆"字之讳而改。

阿史那承庆既然就是阿史那承休,那么阿史那明义作为阿史那承休之第三子,也就是阿史那承庆之第三子。且根据《阿史那明义墓志》可知,阿史那明义追随其父亲,"父贵子随,征还洛邑,诏授司膳卿"。不过阿史那明义不久即去世,年仅三十七岁,未能在安燕政权中大展身手。值得进一步考索的是史书中与阿史那承庆经常一起出现的阿史那从礼,如《册府元龟》所载:

> 乾元元年三月丁巳,逆贼军将幽州节度副使、特进、献诚王阿史那承庆,特进、左威卫大将军安守忠,左羽林大将军、顺化王阿史那从礼,蔡希德、李庭训、符敬等使人赍表状归顺。诏曰:承庆可太保,封定襄王。守忠可左羽林大将军,封归德郡王。从礼可太傅,封归义郡王。希德可德州刺史。庭训可邢州刺史。敬可洺州刺史。[②]

[①] 姚汝能:《安禄山事迹》卷中,第94—95页。《资治通鉴》亦谓安禄山"以高尚、严庄、张通儒及将军孙孝哲为腹心,史思明、安守忠、李归仁、蔡希德、牛廷玠、向润容、李庭望、崔乾佑、尹子奇、何千年、武令珣、能元皓、田承嗣、田干真、阿史那承庆为爪牙"。见《资治通鉴》卷216,唐玄宗天宝十载三月条,第6906页。不过《资治通鉴》的记载以总结性的意涵居多,阿史那承庆排在最末,大概表明其入安禄山帐下稍晚,或受重视程度稍弱。

[②] 《册府元龟》卷164《帝王部·招怀二》,凤凰出版社2006年版,第1829页。其中"洛州"当为"洺州"之误。中华书局影印本误作"雒州",第1983页。参见郁贤皓《唐刺史考全编》卷一○四《洺州》,第1459—1460页。

类似的记载在《新唐书·安禄山传》亦有：

> 会蔡希德自上党，田承嗣自颍川，武令珣自南阳，各以众来，邢、卫、洺、魏募兵稍稍集，众六万，贼复振。以相州为成安府，太守为尹，改元天和。以高尚、平洌为宰相，崔乾佑、孙孝哲、牛廷玠为将，以阿史那承庆为献城郡王，安守忠左威卫大将军，阿史那从礼左羽林大将军。然部党益携解，由是能元皓以伪淄青节度使，高秀岩以河东节度使并纳顺。德州刺史王暕、贝州刺史宇文宽皆背贼自归，河北诸军各婴城守，贼使蔡希德、安雄俊、安太清等以兵攻陷之，戮于市，脍其肉。庆绪惧人之贰己，设坛加载书、歃血与群臣盟。然承庆等十余人送密款，有诏以承庆为太保、定襄郡王，守忠左羽林军大将军、归德郡王，从礼太傅、顺义郡王，蔡希德德州刺史，李廷训邢州刺史，苻敬超洺州刺史，杨宗太子左谕德，任瑗明州刺史，独孤允陈州刺史，杨日休洋州刺史，薛荣光岐阳令。自裨校等，数数为国间贼。①

两书皆同时提及阿史那承庆和阿史那从礼，且前者比后者地位更高一些。考虑到阿史那承庆率其子阿史那明义投入安禄山部下，故疑阿史那从礼亦其子。此外，"礼""义"二字作为儒家文化的核心概念，用作兄弟取名，也很易理解。《礼记·曲礼》曰："道德仁义，非礼不成。"可见"礼"又在"仁""义"之上，疑"从礼"为长子名，"某仁"为次子名，"明义"为三子名，这也符合史料中阿史那从礼紧随阿史那承庆之后出现的顺序。

明此，可进一步修改世系图为：

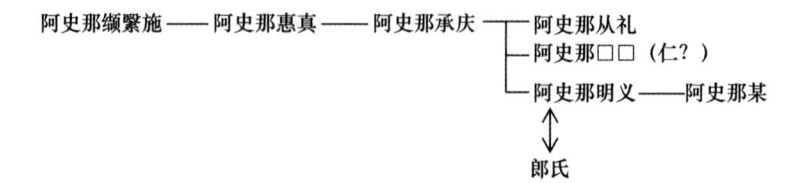

```
阿史那缅繁施 ── 阿史那惠真 ── 阿史那承庆 ┬─ 阿史那从礼
                                        ├─ 阿史那□□（仁？）
                                        └─ 阿史那明义 ── 阿史那某
                                                          ⇕
                                                         郎氏
```

图7—2　安燕政权中阿史那氏家族世系

---

① 《新唐书》卷225《逆臣上·安庆绪》，第6422—6423页。

第三节 阿史那承庆父子的官爵

明了了阿史那氏的世系，便可进一步讨论这支突厥王族在安燕政权中的境遇问题。因此，首先要梳理的是阿史那承庆父子在安燕政权中的官职和封爵。据前引《册府元龟》和《新唐书》两则史料，可列表如下：

表7—1　　　　　　安燕政权中阿史那承庆父子官爵

	《册府元龟》	《新唐书》
阿史那承庆	官：幽州节度副使、特进 爵：献诚王	官：不详 爵：献城郡王
阿史那从礼	官：左羽林大将军 爵：顺化王	官：左羽林大将军 爵：不详

表7—1所列，实际为阿史那承庆父子在安庆绪时期的官爵，安禄山时期则不详。在此表中，阿史那承庆父子的官爵，虽然有不详之处，但基本符合父子二人的等差。父亲阿史那承庆为节度副使，坐镇一方；儿子阿史那从礼为禁军将领，侍从禁掖。其差异处，如《新唐书》之"献城郡王"，疑为"献诚王"之误。盖当时无献城郡，且阿史那承庆父子既然是自安禄山帐下转入安庆绪帐下，分别受封"献诚王"和"顺化王"，颇为合适。

不过父子二人很快就潜通唐廷，并获得了唐朝的官爵，可具列如下：

表7—2　　　　　　归唐后阿史那承庆父子官爵

	《册府元龟》	《新唐书》
阿史那承庆	官：太保 爵：定襄王	官：太保 爵：定襄郡王
阿史那从礼	官：太傅 爵：归义郡王	官：太傅 爵：顺义郡王

表7—2所列，是阿史那承庆父子在乾元元年（758）三月之后所受唐廷官爵。与表7—1不同的是，此处阿史那承庆和阿史那从礼父子俩的

官爵差距比在安燕政权时期缩小了，都贵为三公和郡王。所不同者，定襄郡王（定襄王）为有实土的郡王，而归义郡王（顺义郡王）为并无实土的美称郡王，这大概就是对父子二人辈分的区分。当然，有实土的郡王也并不表明真正具有其地。一是因为定襄作为唐前期安置东突厥的几个都督府之一，经过此后一百多年的时间，此时已经难以维持其旧①；二是阿史那承庆父子并未脱身归唐，依然留在安燕政权内部。

值得一提的是，最近陈恳提出的一个观点亟须学者们再度讨论关于父子身份和官爵的问题。陈恳的观点涉及另一方墓志，即 1955 年 6 月在西安市东郊韩森寨地区出土后现藏碑林博物馆的《唐故薛突利施匐阿施夫人墓志铭并序》：

唐故薛突利施匐阿施夫人墓志铭并序

　　十二姓阿史那叶护可寒顺化王男、左羽林军上下左金吾卫大将军阿史那从政，番名药贺特勤。夫人薛突利施匐阿施，元年建卯月十八日，染疾终于布政里之私第，春秋卅有八。以其年建辰月五日，迁厝于万年县长乐乡之原，礼也。呜呼哀哉！法伦等痛当擗踊，泣血难任。恐陵谷之迁变，示以刻雕贞石，用记徽猷。其铭曰：
皇天无亲，歼我良人。占卜宅兆，而安其神。
呜呼哀哉，有去无来。冥冥何往，魂归夜台。
　　　　　　　　　　　　元年建辰月五日建②

关于这方墓志无年号纪年的情况，周晓薇和孙英刚等人已予以考证，可知所谓"元年"为唐肃宗元年（762），建卯月十八日为二月十八日，建辰月五日为三月五日。③ 由此，志主薛突利施匐阿施夫人（725—762）的生卒年可以确认。

---

① 定襄是唐前期安置东突厥的几个都督府之一，参见艾冲《唐前期东突厥羁縻都督府的置废与因革》，《中国历史地理论丛》2003 年第 2 期，第 135—141 页。
② 《唐故薛突利施匐阿施夫人墓志铭并序》，吴钢主编《全唐文补遗》第二辑，第 565 页。图版见《隋唐五代墓志汇编》陕西卷第一册，天津古籍出版社 1991 年版。录文参照陈恳修订标点，见陈恳《突厥十二姓考》（一），氏著《突厥铁勒史探微》，花木兰文化出版社 2017 年版，第 101 页。
③ 周晓薇：《〈唐薛突利施匐阿施夫人墓志〉卒葬年份考》，《文博》1997 年第 4 期，第 57—58 页；孙英刚：《无年号与改正朔：安史之乱中肃宗重塑正统的努力——兼论历法与中古政治之关系》，《人文杂志》2013 年第 2 期。

对于本文而言，最主要的信息是"顺化王"三字。陈恩认为："《新唐书》中记朝廷封阿史那从礼为'太傅、顺义郡王'，《册府元龟》中则记其封号为'太傅、归义郡王'，而《册府元龟》中还记载阿史那从礼在受封之前的称号除'左羽林大将军'之外，尚有'顺化王'一称，这很可能就是上述《唐故薛突利施匐阿施夫人墓志铭并序》中提到的'十二姓阿史那叶护可寒顺化王'。考薛突利施匐阿施夫人卒葬于唐肃宗元年（762），从时间上看两者正相符合，而其墓志出土于长安东郊'万年县长乐乡之原'，且墓志中称墓主'染疾终于布政里之私第'，则'阿史那叶护可寒顺化王'当亦居住于长安。由此可知，十二姓阿史那叶护可寒顺化王即是安史叛军中的突厥首领阿史那从礼。阿史那从礼在送密款之后情形如何史籍失载，而从上述材料结合视之，其很可能不久便从叛军阵营成功投向李唐朝廷，举家入居长安之布政里。"①

不过这番推断并不严谨。首先，根据上文揭示，《册府元龟》所载的"顺化王"称号为阿史那从礼在安燕政权中安庆绪时期的封爵，所以在以唐廷纪年的《唐故薛突利施匐阿施夫人墓志铭并序》中不应再次出现所谓"伪燕"的封爵，而应该用唐廷的封爵；其次，若"阿史那叶护可寒顺化王"即阿史那从礼，则其子阿史那从政不当与其父共享"从"字，否则就变成兄弟行了，虽然说父子连名制在非汉族群中颇有存在，但以阿史那承庆一家的取名而言，当不至于如此；最后，从时间来看，阿史那从礼作为阿史那明义的长兄，当生于阿史那明义出生年开元九年（721）之前，若大约算作年长 5—10 岁，则在 711—716 年前后。而按陈恩的推断，其"子"阿史那从政比他生于开元十三年（725）的夫人年长几岁，若大约算作 0—5 岁，则在 720—725 年前后。父子之间仅相差十岁左右，恐怕不甚合理。

总之，阿史那从政与阿史那承庆父子并非同一支突厥王室，当有所区分。具体而言，阿史那从政一支开元年间居住长安布政坊（布政里），从其有番名，官居禁军将领，以及所配夫人也是番人来看，应该是这个"十二姓阿史那叶护可寒顺化王"派遣在唐廷的质子。而阿史那承庆父子在开元、天宝年间则长期仕宦北方边疆，并且主要在安禄山帐下供职。

---

① 陈恩：《突厥十二姓考》（一），第 102 页。

第四节　安燕政权中突厥王族的动向

从上文来看，基本可以梳理清楚安燕政权中这一支突厥王族的世系和身份问题，不过依然需要继续关注的是阿史那承庆父子的动向问题。

阿史那承庆家族的仕宦历程，始于阿史那承庆在唐朝的任官。不过相关信息并不清晰，《阿史那明义墓志》仅曰"司徒、同中书门下平章事、云中郡王"，这大概是阿史那承庆自突厥来投时的封赏，并无实际意义。阿史那承庆仍然统帅其部众，徘徊于北方边境。故而有"作捍幽燕，以御夷羯"的描述，以及"授职夷疆"的记载。及至安禄山逐渐掌握范阳、卢龙、河东三镇，其才委身于安禄山帐下。而安禄山本人作为粟特父、突厥母之子，与突厥人之间的交流颇为频繁，很容易接纳这支阿史那氏。

不过从安禄山的节度使府到安禄山的大燕朝廷，阿史那承庆、阿史那从礼等人的具体任官并不清楚，仅有《阿史那明义墓志》中"不变奥鞬之号，更崇丞相之班"一句相关记载。阿史那明义则因其在司膳卿任上去世而从其墓志中得到相关记载。但司膳卿明显也是个虚职，他们的正式身份大概就是将领。至安庆绪时期，方才有官爵之封，此点上文已有揭示。由于一直处在战争状态的原因，阿史那承庆在安禄山时期的职责大概也就是作为燕国将领活动。其中，包括参与安禄山起兵叛乱的谋划以及领兵打仗。如至德元载（圣武元年，756）十二月攻陷颍川城。①

随着军政格局的进一步演变，阿史那承庆再一次面临抉择并最终决定返回唐廷。这自然是作为安禄山的将领，在至德二载（圣武二年，757）正月安禄山死后，与安庆绪的关系不那么明朗所致。部分原因也可能是当年八月阿史那明义之死，加剧了他本人的危机感。故而，阿史那承庆在安庆绪时期密谋潜通唐廷，并得到了唐廷的响应和回报。在获赐上文已经分析过的唐廷官爵之余，还于乾元元年（758）六月因李光弼之请而得到了铁券，唐廷以此希望他能够与另一位降将乌承恩"共图思明"。② 至于他最初为何潜通唐廷，可能与阿史那从礼的动向有关。

阿史那从礼在安禄山起兵之后，也一直从军征战，并在攻克长安城之后驻守其地。至德元年（756）七月，阿史那从礼等人从长安苑"叛逃"

---

① 《资治通鉴》卷219，唐肃宗至德元载十二月条，第7008页。
② 《资治通鉴》卷220，唐肃宗乾元元年六月条，第7057页。

朔方。因此事颇为蹊跷，故而引起一些讨论。据《资治通鉴》：

> 同罗、突厥从安禄山反者屯长安苑中。（七月）甲戌，其酋长阿史那从礼帅五千骑，窃厩马二千匹逃归朔方，谋邀结诸胡，盗据边地。上遣使宣慰之，降者甚众。……同罗、突厥之逃归也，长安大扰，官吏窜匿，狱囚自出。①

对于为何如此书写此事，《资治通鉴考异》曾依据其他史料予以讨论：

> 《肃宗实录》："忽闻同罗、突厥背禄山走投朔方，与六州群胡共图河、朔，诸将皆恐。上曰：'因之招谕，当益我军威。'上使宣慰，果降者过半。"《旧·崔光远传》云："同罗背禄山，以厩马二千出至浐水，孙孝哲、安神威从而召之，不得；神威忧死。"陈翃《汾阳王家传》云："禄山多谲诈，更谋河曲熟蕃以为己属，使蕃将阿史那从礼领同罗、突厥五千骑伪称叛，乃投朔方，出塞门，说九姓府、六胡州，悉已来矣，甲兵五万，部落五十万，蚁聚于经略军北。"按同罗叛贼，则当西出，岂得复至浐水！此《旧·传》误也。若禄山使从礼伪叛，则孝哲何故召之？神威何为怖死？又必须先送降款于肃宗，如此，则诸将当喜而不恐。贼之阴计，岂徒取河曲熟蕃也！盖同罗等久客思归，故叛禄山，欲乘世乱，结诸胡，据边地耳。《肃宗实录》所谓"共图河、朔"者，欲据河西、朔方两道，犹言"河、陇"也。肃宗从而招之，必有降者；若云太半，则似太多。今参取诸书可信者存之。②

根据《考异》的理解，《肃宗实录》和《旧唐书·崔光远传》虽然写同罗、突厥等部背叛安禄山，但既然已经背叛，也就不必唐军将领去招降，安神威更不必因此而忧死。所以，《考异》认为并非完全叛燕归唐，而是同罗等部自身思乡之情，加之欲乘乱世起事。

不过无论同罗、突厥等部是以何种心态叛逃，或者安禄山是否真的想

---

① 《资治通鉴》卷218，唐肃宗至德元载七月条，第6986页。《旧唐书》卷111《崔光远传》系于八月，第3318页。
② 《资治通鉴》卷218，唐肃宗至德元载七月条，第6986页。其中所引《旧唐书》卷111《崔光远传》"神威忧死"一句，原文为"神威惧而忧死"，第3318页。

要这些部众图谋河曲，重要的是，同罗、突厥等部共五千骑，加上唐廷厩马两千匹，此时已经在阿史那从礼的率领下脱离了安燕政权在长安的主力部队。当时安禄山坐镇洛阳，恐怕难以远程遥控这部分人的动向。因此，无论是同罗、突厥等部投降唐廷也好，图谋河曲也罢，都可以理解他们当时有自主选择权。而此中最为关键的人物，即阿史那承庆之长子阿史那从礼。且从阿史那承庆此后依然在安燕政权中立足来看，阿史那从礼的动向恐怕确实不是叛逃，而很可能就是帮助安禄山联合河曲等地的熟蕃。

至德元年九月，"阿史那从礼说诱九姓府、六胡州诸胡数万众，聚于经略军北，将寇朔方，上命郭子仪诣天德军发兵讨之。左武锋使仆固怀恩之子玢别将兵与虏战，兵败，降之。既而复逃归，怀恩叱而斩之。将士股栗，无不一当百，遂破同罗"①。虽然此处载郭子仪破同罗，但并未详载阿史那从礼的动向。结合唐肃宗当时也有招谕之举且"降者甚众"来看，阿史那从礼所部很可能已经在边地立足，并由此而成为唐廷和安燕政权之间的联络人。此外，阿史那从礼是安禄山派出去交通河曲熟蕃的，在安禄山死后，失去了自身所带任务的依托，又不一定与安庆绪熟稔，从而回归为突厥王族阿史那氏的身份，成为唐廷与阿史那承庆一家的联络人。此后，阿史那氏父子二人在与唐廷沟通和接受唐廷授官的相关记载中频繁出现的现象，或可由此得到解释。

阿史那承庆并未完全脱离燕国，此后依然出仕安庆绪，如至德二载（757），安庆绪忌惮史思明之强，派阿史那承庆、安守忠等人到史思明所在的范阳征兵，并试图"密图之"。不过此行被史思明识破，阿史那承庆被囚，安守忠被杀。②此后，阿史那承庆似乎不再回到安庆绪帐下，转而开始与史思明结合，活跃于史燕政权。至宝应元年（762）十月，史朝义与诸将讨论方略时，还能听到阿史那承庆的声音："唐若独与汉兵来，宜悉众与战；若与回纥俱来，其锋不可当，宜退守河阳以避之。"不过史朝义并未听从阿史那承庆的建议。③此后，再无阿史那承庆的记载。宝应二年（763）正月，史朝义自杀，安史之乱至此终结。④

---

① 《资治通鉴》卷218，唐肃宗至德元载九月条，第6997—6998页。
② 《资治通鉴》卷220，唐肃宗至德二载十二月条，第7047—7048页。《新唐书》卷136《乌承玼传》记载阿史那承庆被史思明所斩（第4597页），是为传闻之辞，《考异》已辩证之。
③ 《资治通鉴》卷222，唐肃宗宝应元年十月条，第7134页。
④ 《资治通鉴》卷222，唐代宗广德元年正月条，第7139—7140页。

通过新出的《阿史那明义墓志》,不仅能够还原安史政权中突厥王族阿史那氏的世系,也可以进一步分析这一家族在唐廷和安史政权中各自所得封爵以及军政动向。大体而言,这支阿史那氏有可能是后突厥汗国创建者骨咄禄可汗之后。其在开元天宝年间,曾活跃于北方边地,后逐渐归入安禄山帐下。在安禄山起兵前后,这支阿史那氏中的阿史那承庆颇受安禄山信任,且参与起兵谋划。此后,阿史那承庆、阿史那从礼父子随安禄山征战,且在占领长安后派阿史那从礼远赴河曲结交其他蕃部。至安禄山死后,阿史那从礼转而成为代表阿史那氏与唐廷沟通的关键人物,这一身份帮阿史那承庆、阿史那从礼父子二人获取了唐廷的官爵。而阿史那明义死于阿史那承庆归唐前,故而在入葬时依然是燕臣身份。

此后,阿史那从礼归唐后事迹不详。阿史那承庆依然出仕安庆绪,并代表安庆绪出使史思明,准备密谋杀害之。但由于被史思明所识破被囚禁起来。殆至史朝义时期,阿史那承庆方才继续出现于史燕政权,并积极为史朝义出谋划策,可惜并未受到重视。史朝义死后,这一支突厥王族在安史政权中的政治命运也告终结。他们日后的动向并不清楚,有可能是回归草原,也有可能继续活跃于边塞地区。此外,史思明在初建其燕国政权时,曾"留次子朝清守幽州,以阿史那玉、高如震辅之",后史朝义杀父即位,命将李怀仙为幽州节度使,"斩如震,州部悉平"①。这里的阿史那玉,是为史燕政权中另一支阿史那氏,惜不知其下落,亦不知与阿史那承庆父子是否有关。

(陕西师范大学胡耀飞撰写了本章,原文刊载于《中国与域外》第3辑,收录本书时有订正和改动)

---

① 《新唐书》卷212《李怀仙传》,第5967页。

第七章　从长安到范阳：
张通儒的仕燕生涯

张通儒是被中国史家长期忽略的一位官员，他因其地域观念和安禄山的统治策略忠实于安禄山。并作为安禄山身边的亲信自始至终处于大燕政权的核心位置，可以说是大燕政权官员中的不倒翁。他的仕燕轨迹从长安开始，至范阳结束，最后因为叛军内部的分裂而惨遭杀害，其活动轨迹基本反映了大燕政权的变化发展过程，所以我们可以由此考察大燕的政局变化和内部势力的角逐。

长安，大唐的首都；范阳①，安史之乱大燕政权的兴起之地。一场安史之乱把这两个距离有上千千米的地方紧密地联系在了一起。而作为少有的在安史之乱时期同时担任过这两个地方留守的大燕将领，张通儒明显有着十分特殊的地位。但奇怪的是，这样一位身份特殊且地位显赫的大燕将领却长期处于被史学家忽视的境地，也只有近年来的两位学者②在文章当中关注了这样一位人物。而两位学者的关注点也多在张通儒与安禄山之间的关系，对其本人和他与大燕政权的关系研究并不多。所以本书旨在通过研究张通儒从长安到范阳的仕燕生涯来看他与大燕政权究竟有着什么样的关系，进而探讨是什么样的原因令其成为大燕政权的追随者。

---

① 此处的范阳是指幽州范阳郡，涿州郡下辖也有一个范阳，则是范阳县（《新唐书》卷三十九《地理三》）。杨志玖先生对范阳进行过考订，认为安禄山是于范阳郡起兵，而不是诗中常说的渔阳（《关于渔阳、范阳、蓟县的方位问题——并论〈重修蓟县志〉的错误》，《天津社会科学》1983年第2期）。

② 李碧妍：《危机与重构：唐帝国及其地方诸侯》，北京师范大学出版社2015年版，第293页。王炳文：《从胡地与戎墟：安史之乱与河北胡化问题研究》，北京师范大学出版社2020年版。

第一节 张通儒事迹考

一 张通儒家世

史书中对张通儒的生平记载语焉不详，主要的记载集中于两《唐书》与《资治通鉴》，但这两种记载却有相抵牾之处。首先来看两《唐书》当中的记载，《新唐书·宰相世系表二下》当中对张通儒家族的世系情况做了简要介绍，其父亲为张之辅，金吾将军；其祖父为张仁愿，中宗景龙年间宰相；曾祖父为张荣；高祖为张德言，龙州刺史。① 从其家族背景来看，张通儒是有着显赫身世的人，其祖父官位崇高，其父也官拜赵州刺史。② 虽然对张通儒之父的记载并不多，但从其父官拜赵州刺史来看，应该是长期活跃于河北一带。这样的话，张通儒从小也应该生长于河北地区。而《资治通鉴》当中却记载为："通儒，万岁之子"③，也就是说张通儒的父亲为张万岁，但在唐史当中关于张万岁的记载则只有唐初出任太仆少卿掌管马政的张万岁④，考虑到年代则不应为张通儒之父。胡三省也注意到该问题："张万岁，唐初掌厩牧。通儒必非其子，或者其孙也；否则别又有一张万岁。"那这两种身世记载究竟哪个是真实的呢？

从时间上来看，《新唐书·宰相世系表》当中记载张仁愿为张通儒的祖父。而张仁愿仕宦生涯主要集中于武后与中宗睿宗时期，这与张通儒活跃的玄宗天宝年间相距有五十年，这个时间是符合祖孙相距的时间。虽然从时间差来看，可能对于判别张通儒身世有帮助，但毕竟这些人物在史料记载中均没有确切的年龄记载，所以这些推测可能并不符合历史事实。幸运的是，在《唐代墓志汇编续集》当中收录了一则墓志，对我们判定张通儒的身世很有帮助。这则墓志为《大唐故朝议郎行河南府士曹参军□敦煌张公墓志铭并序》，墓志记载墓主身世时写到"曾祖□岁，皇金紫光禄大夫、行太仆卿。祖思廉，皇太中大夫、行太仆卿，赠太子詹事。父景顺，皇太中大夫、守太仆卿"⑤。这则墓志主人名为张仲晖，从其身世记

---

① 《新唐书》卷72下《宰相世系二下》，第2707页。
② 《旧唐书》卷93《张仁愿传》，第2983页。
③ 《资治通鉴》卷216，玄宗天宝十载二月条，第7025页。
④ 《新唐书》卷50《兵志》，第1337页。
⑤ 《唐代墓志汇编续集》天宝089，《大唐故朝议郎行河南府士曹参军□敦煌张公墓志铭并序》，第646页。

载来看，其祖父名字当中带一个"岁"字，且有一个官职为"行太仆卿"①，这与张万岁所任官职一致，但仅凭这一点并不能认定就是张万岁。接着根据《唐会要》卷七十二《马》中注的记载："张氏三代典群牧，恩信行于陇右。"②墓志当中记载了张仲晖的曾祖父、祖父与父亲的官职均为太仆卿。《新唐书·百官志三》"太仆寺"条记载太仆卿的职务为："掌厩牧、辇舆之政，总乘黄、典厩、典牧、车府四署及诸监牧。"③这样我们便可以推断这则墓志志主张仲晖的曾祖父应该是张万岁。而墓志中记载的张思廉、张景顺、张仲晖与张通儒并没有什么关系。④所以笔者认为，《资治通鉴》当中记载的张万岁为张通儒父亲或者祖父的记载有误。《新唐书·宰相世系表》中的记录应该是准确的。

史书中对张通儒的弟弟张通幽与张通晤也有记载。《资治通鉴》记："张通幽泣请曰：'通幽兄陷贼，乞与泉明偕行，以救宗族。'"胡三省在注中写到"谓通儒也"。⑤张通幽在安史叛乱初期，并没有记载如其兄长一样叛国，而是一直跟随着颜杲卿为打击叛军做着努力。"杲卿乃与长史袁履谦、前真定令贾深、前内丘丞张通幽等，谋开土门以背之。"⑥此事发生于天宝十四载（755）十二月，也就是安史之乱刚刚爆发时期。但到了至德元载（756），发生了张通幽向颜杲卿乞求一起前往京师押送叛将一事。在太原停留后，"通幽欲自托于王承业，乃教之留泉明等，更其表，多自为功，毁短杲卿，别遣使献之。"⑦之后史思明与蔡希德发兵进攻颜杲卿，造成了颜杲卿兵败被杀。而张通幽在颜杲卿死后被任命为普安太守，随后也被杀。从上述记载来看，张通幽形迹十分可疑，其至太原时，是否与其兄张通儒有过接触，并设计造成颜杲卿失利，史料中并未详载。但不管怎样，张通

---

① 王炳文在《书写马史与建构神话——唐马政起源传说的史实考辨》(《史林》2015年第2期，第82—83页)中对张万岁被杜佑在《通典》中记为"太仆卿"做了探讨。认为杜佑认为张万岁在唐初被任命为太仆卿有可能是对太仆少卿的误用。还有一种可能是称张万岁为太仆卿可能是对其表示尊重。但根据这则墓志的记载，我们可以确认，张万岁应该是在其任太仆卿时被免职。所以墓志当中对其介绍时使用了太仆卿。

② 《唐会要》卷72《马》，第1543页。

③ 《新唐书》卷48《百官志三》，第1253页。

④ 曾与西北大学李军教授交流，他认为墓志当中记载张万岁是张仲晖的曾祖父，但并不代表与张通儒没有关系。笔者以为从张通儒与其兄弟张通幽、张通晤的名字来看，其相同辈分很有可能是"张通×"的名字形式，而从张仲晖世系来看，并没有这样的名字出现，所以笔者推断张通儒应该与张仲晖家族没有关系。

⑤ 《资治通鉴》卷217，肃宗至德元载条正月条，第7070页。

⑥ 《旧唐书》卷187下《颜杲卿传》，第4896页。

⑦ 《资治通鉴》卷217，肃宗至德元载条正月条，第7070页。

幽即便没有投降叛军，也属于安史之乱当中在唐廷内部进行破坏的人物。

接下来是张通儒另一个弟弟张通晤，史书中对张通晤的记载并没有张通幽那么多，且《新唐书·宰相世系表》中并没有记载张通晤。有关其事迹只见于《资治通鉴》，"冬十一月，反范阳，诡言奉密诏讨杨国忠，腾榜郡县，以高尚、严庄为谋主，孙孝哲、高邈、张通儒、通晤为腹心，兵凡十五万，号二十万，师行日六十里。"① 明确说张通晤为张通儒之弟的记载为"禄山以张通儒之弟通晤为睢阳太守，与陈留长史杨朝宗将胡骑千余东略地"②。而张通晤最终结局如何并未记载。从张通儒两个弟弟的行迹看，皆是在唐廷的对立面，在唐廷平乱过程中成为或大或小的阻碍。

二 张通儒仕宦经历

如果说张通儒的两个弟弟在安史之乱过程中的地位并不是很高的话，那张通儒在叛乱过程中绝对要算是位高权重之人。接下来考察一下张通儒的仕宦经历。

史料当中并未直接提及张通儒是如何开始仕宦生涯的。其最开始被安禄山信任，在天宝十载（751）安禄山任河东节度使时，张通儒以大理司直出任留后判官，与吉温共同掌管河东军政。此处张通儒的大理司直为"职事官阶官化"的情况，只用来表明自身从六品上的品级，而真正职务则是留后判官。到了"十三载六月一日，陇右群牧都使奏：'臣差判官、殿中侍御史张通儒、群牧副使、平原太守郑遵意等，就群牧交点。'"③ 此处张通儒实际职务还应为安禄山幕下的判官，所带殿中侍御史的官衔表示品级，但殿中侍御史为从六品下，比此前大理司直品级要低，其中原因当与殿中侍御史"官清而复要"④ 有关，可见张通儒行政级别不高，但其实际地位较高。这条记载值得注意的是，此时的陇右群牧都使恰恰是安禄山⑤，安禄山派去清点唐廷马匹的人员为张通儒

---

① 《新唐书》卷225上《安禄山传》，第6416页。
② 《资治通鉴》卷217，天宝十四载条十二月条，第7059页。
③ 《唐会要》卷72《马》，第1543页。
④ 《旧唐书》卷185上《李素立传》，第4786页。
⑤ 《安禄山事迹》卷中记载："（天宝十三载正月）二十四日，又加闲厩、苑内、营田、五方、陇右群牧都使，支度、营田等使，以御史中丞吉温为之副。"王炳文在博士论文中认为虽然安禄山有陇右群牧都使的职务，但由于管理机制的问题陇右群牧使并不直接管辖陇右群牧，实际事务由副使负责，此时的副职是吉温，虽然吉温为安禄山的同盟，但由于其在天宝末年党争已经失败出局，所以陇右群牧的事务仍由唐廷管理。《从胡地与戎墟：安史之乱与河北胡化问题研究》，北京师范大学出版社2020年版。

和副职，在叛乱前夕进行这样的工作，其中的含义不言自明，此时能够选择张通儒进行这样的工作，张通儒与安禄山关系必定非同一般。随后至德元载（756）正月，安禄山建立燕政权，张通儒为中书令，也被称为"右相"。此时张通儒瞬间就从一个中级官员变为顶级官员，可见安禄山于张通儒是有知遇之恩的。

随后攻破长安，安禄山命张通儒为西京留守，处理长安的各种事务，但却受到掌有兵权的孙孝哲的制约。而张通儒在长安时间也并不是很长，随后至德二载（757），唐军收复长安。在这段时间，张通儒尤其在撤退过程中一直发挥着重要的作用，"（十月），张通儒等收余众走保陕，安庆绪悉发洛阳兵，使其御史大夫严庄将之，就通儒以拒官军，并旧兵步骑犹十五万"①。之后，随着安禄山被安庆绪杀掉，张通儒也陷入了无止境的权力斗争当中。"其大臣高尚、张通儒等争权不叶，无复纲纪。蔡希德有才略，部兵精锐，而性刚，好直言，通儒潜而杀之。"②

后来，史思明在杀掉安庆绪一事当中，张通儒则站在了史思明一边，趁机杀掉了高尚、孙孝哲与崔乾祐。③ 在这期间，张通儒跟着史思明回到了范阳。在史朝义杀掉史思明后，张通儒又卷入斗争当中，但正史当中语焉不详。《通鉴考异》当中所引的《实录》记载"朝义既杀思明，密遣使驰至范阳，杀伪太子朝英及伪皇后辛氏并不附己者数十人。伪范阳留守张通儒知有变，遂引兵战于城中。数日，战不利，死者数千人，通儒被斩于乱兵中"。而在《资治通鉴》当中所引的《蓟门纪乱》则将张通儒记作派去杀掉史朝英的将领，最终在政变结束后，被本应处死却被释放的辛万年联合于如震杀掉，二人并诬告投降。④ 张通儒叛乱的一生也宣告结束。但《蓟门纪乱》与《实录》的记载究竟哪个更为准确，笔者将于下文进行分析。

两边的记载都涉及的问题是张通儒作为当时朝中一个举足轻重的角色⑤，他参与了每个影响安史政权朝局的重大事件。所以接下来我们从张通儒所经历的事件来分析一下安史政权的发展与演变。

---

① 《资治通鉴》卷220，肃宗至德二载十月条，第7158页。
② 《资治通鉴》卷220，肃宗乾元元年九月条，第7179页。
③ 《资治通鉴》卷221，肃宗乾元二年三月条，第7190—7191页。
④ 《资治通鉴》卷222，肃宗上元二年二月条，第7227—7230页。
⑤ 陶正刚在《山西平鲁出土一批金铤》（《文物》1981年第4期，第49—55页）中发现张通儒还有"柱国魏国公"的勋号与爵号，这在安史伪官当中是不常见于记载的，这可以看到张通儒在安史政权当中的地位不一般。

第二节　张通儒与大燕政权①

自安史之乱爆发后，张通儒始终处于一个很高的地位，《新唐书》曾记载"冬十一月，反范阳，诡言奉密诏讨杨国忠，腾榜郡县，以高尚、严庄为谋主，孙孝哲、高邈、张通儒、通晤为腹心"，②而《资治通鉴》记载"以高尚、严庄、张通儒及将军孙孝哲为腹心，史思明、安守忠、李归仁、蔡希德、牛廷玠、向润容、李庭望、崔乾祐、尹子奇、何千年、武令珣、能元皓、田承嗣、田乾真、阿史那承庆为爪牙"③。很明显，《新唐书》当中只是列出了当时安禄山身边更为重要的人物，而且明确说明高尚与严庄是参谋，安禄山真正的心腹应为孙孝哲、高邈、张通儒、张通晤，与《通鉴》做比较，发现与《通鉴》在心腹人员方面人数不一致，但都有张通儒与孙孝哲，所以可以说明张通儒与孙孝哲两人应该算是安禄山叛乱初期绝对的重臣，甚至安史之乱另一重要人物史思明此时也只能算是一个爪牙，没有达到安禄山绝对信任的地步。

一　张通儒仕燕原因分析

在详细论述张通儒于大燕政权内部的政治活动之前，先要讨论为何张通儒作为一名汉族官员后代，却忠诚于安禄山，并且在之后的叛乱中起到了至关重要的作用？

笔者以为此种情况的产生要从两个方面分析，第一是张通儒的思想根源；第二是安禄山使用的政策。

张通儒的思想根源主要与早期生活地区有关。上文讲到张通儒早年间生活于河朔地区，所以应当深受河朔地区观念的影响。关于此点，笔者以

---

① 王炳文根据执掌大燕政权的统治者变换和自身发展轨迹，把大燕分为安燕和史燕。笔者以为这样的分法比较有道理，但考虑本书是以张通儒仕燕经历作为主线，而安燕、史燕这样的分法可能有些粗疏，所以安禄山、安庆绪时期分开进行介绍，而史思明和史朝义阶段，由于史朝义时期张通儒被杀，所以这个阶段采用"史燕"的称呼。

② 《新唐书》卷225上《安禄山传》，第6416页。

③ 《资治通鉴》卷216，玄宗天宝十载正月条，第7024—7025页。

为可以从幽州地域主义①观念进行思考。关于此点已有前贤进行过讨论，吴光华先生认为幽州地域主义在安史之乱前已经形成，同时幽州边军和文职官吏存在着本土化趋势。② 刘琴丽女士在此基础上，通过对房山石经当中题记的研究，认为"天宝以来，幽州军人在观念认同上，已经远离了朝廷，而更多地与地方政府发生联系"③。"幽州军将头脑中的地方首脑观念，表现出其认同地方政府的心理以及强烈的地域主义观念，这一观念显然有利于地方政府的割据统治。"④ 李鸿宾先生认为中央王朝对于河朔地区的发展走向起着决定作用，当中央权力强大时，河朔地区便与其他地区一样为受管辖的州县，可一旦王朝控制力减弱，地区内部的格局因素在胡风熏陶下会转变成分离行动。⑤ 安禄山被任命为河朔地区的节度使，掌有一方军政大权，地方军将在具有地域主义观念的基础上疏远唐廷，再受当地的胡风影响，对安禄山表示忠诚也就可以理解了。

第二点与安禄山的措施有关。"安禄山通过恩威并施的手段，建立并不断补充完善他的独立部队——'父子军'。"⑥ 此处的父子军是安禄山为了加强军队的凝聚力，采用了胡人收养子的习俗，以推恩信，"实质上就是力图恢复胡族部落亲兵制度的传统"⑦。安禄山不光依靠着拟血亲方式维系部众，还依靠物质赏赐进行维系。

《安禄山事迹》当中有安禄山积累物资的记载：

> 遂令群胡于诸道潜市罗帛，及造绯紫袍、金银鱼袋、腰带等百万计，将为叛乱之资，已八九年矣。又每岁献俘虏、牛羊、驼马，不绝

---

① 笔者此处把河朔地区等同于幽州的考察是基于幽州作为河朔地区的文化中心，对当地居民的观念有着一定的代表性。谷霁光先生在《安史乱前之河北道》一文中对贾至所谈幽州的军事地位便认为包括整个河北道（《谷霁光史学文集》第四卷，江西人民出版社1996年版，第182页）。由此可见，当时人心目中是有着把幽州作为河北地区的代表讨论的。
② 吴光华：《唐代幽州地域主义的形成》，收入淡江大学中文系编《晚唐的社会与文化》，学生书局1980年版，第208—227页。
③ 刘琴丽：《唐代幽州与军人与佛教——以〈房山石经题记汇编〉为中心》，《世界宗教研究》2011年第6期。
④ 刘琴丽：《唐代幽州与军人与佛教——以〈房山石经题记汇编〉为中心》，《世界宗教研究》2011年第6期。
⑤ 李鸿宾：《唐朝后期地方、民族势力的结合与区域政权的出现》，收入《唐朝的北方边地与民族》，宁夏人民出版社2011年版，第231页。
⑥ 崔明德：《安禄山的发迹条件、评价及其他——〈安禄山评传〉前言》，《烟台大学学报》1992年第1期。
⑦ 戴显群：《唐五代社会政治史研究》，黑龙江人民出版社2008年版，第129页。

于路，珍禽奇兽、珠宝异物贡无虚月，所过郡县，疲于递运，人不聊生。①

此前学者在研究这条史料时，通常按照史料字面的意思来考虑，认为这是安禄山为叛乱做好物质准备，却并未看到其实这些准备对于维系军队是有很大帮助的。护雅夫在对突厥的国家构造进行研究时认为参加政权的游牧氏族、部落，可以获得无数财富，同时还会保证只要他们不脱离政权便会继续得到财富，而这些财富便是帝国保持统一、维系内部凝聚力的纽带。② 比照着大燕来看，安禄山囤积大量财富必然有为之后打仗做物资准备的意图，但他还准备了大量的"绯紫袍、金银鱼袋、腰带"，这些与其他战略物资不同，都是为晋升、赏赐官员准备的，而封赏官员也是政权维系其内部凝聚力的一种途径。所以安禄山在维护军队统一方面是做了物质准备的。具体到张通儒的情况来看，他在追随安禄山的过程中，不仅获得了大量的财富③，同时也获得了很高的地位。这些均与安禄山的统治策略有关。所以笔者以为张通儒便是在这种情况下效力安禄山，最后在政权中扮演了十分重要的角色。接下来详细讨论张通儒在大燕政权中的地位变化与其作用。

二 安禄山政权时期

在安禄山建立燕政权后，任命张通儒为中书令，达奚珣为侍中。其实这种人事安排很有趣，达奚珣此前于唐廷出任河南尹，在安禄山攻下东京洛阳后，"召河南尹达奚珣，使之莅事"④。之后出任大燕的侍中，也被称为"左相"。安禄山所封的"左相"并不止一个人，在《旧唐书》中记载"受贼伪署左相陈希烈、达奚珣等二百余人并禁于杨国忠宅鞫问"⑤。此处陈希烈也为左相。《资治通鉴》记载"禄山以希烈、垍为相，自余朝士皆授以官"⑥。陈希烈与张垍均是攻破长安后投降的官员，由此可以看到安禄山应当是把左相的位置留给投降过来的唐廷高级官员，以此来起到

---

① 《安禄山事迹》卷上，第83页。
② ［日］护雅夫：《突厥的国家构造》，收入刘俊文章德勇主编《日本学者研究中国史论著选译》第九卷，中华书局1993年版，第103页。
③ 陶正刚在《山西平鲁出土一批金铤》（《文物》1981年第4期）中介绍的这批金铤便是张通儒部队进贡的，从中可以看出在战争过程中，叛军将领获得的财富是十分丰富的。
④ 《旧唐书》卷200上《安禄山传》，第5370页。
⑤ 《旧唐书》卷10《肃宗纪》，第249页。
⑥ 《资治通鉴》卷218，肃宗至德元载五月条，第7099页。

收买人心的作用,"于是贼势大炽"。在攻破长安后,安禄山因未到长安,遂进行了一系列人事任命,"以张通儒为西京留守,崔光远为京兆尹;使安忠顺将兵屯苑中,以镇关中。孝哲为禄山所宠任,尤用事,常与严庄争权;禄山使监关中诸将,通儒等皆受制于孝哲"①。由这次的人事任命可以看到,张通儒的地位下降了,孙孝哲的地位却有了很大幅度的提升。上文提到,孙孝哲也是安禄山的心腹之一,而在《通鉴》当中记为"及将军孙孝哲",可以看到与张通儒受宠程度可能并不同。但到了镇守长安的人事任命当中,虽然张通儒被任命为西京留守,但安禄山让孙孝哲监管着关中诸将,其中特别提到张通儒等皆受制于孙孝哲,这样张通儒的地位明显低于孙孝哲了。史料中还提到孙孝哲与严庄争权,虽然"亚于严庄"②,但严庄在安禄山身边的礼遇逐步下降,甚至"(安禄山)以疾加躁急,动用斧钺,严庄亦被捶挞"③。最终导致严庄与李猪儿合伙杀掉安禄山。

与孙孝哲于长安城中的活动有着对比的则是张通儒此时在长安的活动,史料当中并没有详细的记载,但根据上文当中记载张通儒此时受制于孙孝哲,所以过得可能并不如意,而根据张通儒之后的活动和其一贯性格,推测此时他的活动重心应该是落在对于长安城的管理上而不是卷入孙孝哲与严庄的斗争当中。因为在安史叛军攻入长安后,"民间相传太子北收兵来取长安,长安民日夜望之,或时相惊曰:'太子大军至矣!'则皆走,市里为空。……京畿豪杰往往杀贼官吏,遥应官军;诛而复起,相继不绝,贼不能制"④。由此可见,长安及其附近区域的百姓无不盼望着唐军归来。这样的话,此时的长安城经常会出现一些反对大燕的民间活动,而作为西京留守的张通儒此时应该是全力处理这类的事件。

三 安庆绪政权时期

安禄山死后,大燕政权内部出现了权力真空,唐军趁机迅速收复了大片领土,"王师乘胜至陕郡,贼惧,令严庄倾其骁勇而来拒。广平王遣副元帅郭子仪等与贼战于陕西曲沃,大破之于新店,逐北二十里,斩首十余万,伏尸三十里"。此时的安庆绪只有"疲卒一千三百而已"。这时张通儒的作用体现了出来,通过改相州为成安府,署置百官,不久"贼将各

---

① 《资治通鉴》卷218,肃宗至德元载五月条,第7099页。
② 《旧唐书》卷200上《孙孝哲传》,第5376页。
③ 《旧唐书》卷200上《安禄山传》,第5371页。
④ 《资治通鉴》卷218,肃宗至德元载八月条,第7113页。

以众至者六万余，凶威复振"①。在政权稳定下来后，因拥戴新帝的功劳，严庄此时成为大燕政权中最炙手可热的人物，"庄为伪御史大夫、冯翊郡王，以专其政"②。安庆绪趁着稳定之际开始打算除去对自己有威胁的人，于至德二载（757）派遣阿史那承庆与安守忠一同前往史思明处，"因密图之"③，这造成了安庆绪与史思明关系的破裂，史思明直接投降唐廷。而半年之后史思明却又反水叛乱。

到了乾元元年（758）九月，《通鉴》记载张通儒突然杀掉蔡希德。关于杀掉蔡希德的原因，史书中的记载并不一致。《资治通鉴》恰恰把这几种说法均列了出来，笔者对此一一进行分析。

第一种说法是《资治通鉴》采用的《实录》中的记法"蔡希德有才略，部兵精锐，而性刚，好直言，通儒谮而杀之"，从这条记载可以看出，蔡希德因得罪张通儒而被杀害。但我们翻看史料并未找到蔡希德与张通儒两人有多少交集，而蔡希德是很优秀的将领，有勇有谋，张通儒也没有太多杀掉蔡希德的理由；第二种说法是《河洛春秋》记载"十月，蔡希德有密款归国，将袭杀庆绪以为内应。左右泄之，庆绪斩希德于邺中"。此种说法可以看到，蔡希德打算投降唐廷要谋杀安庆绪而被安庆绪杀害；第三种说法是《蓟门纪乱》，"史思明常畏希德，自知谋策、果断、英武皆不及之。时希德在相州，为庆绪竭节展效，思明未敢显背。无何，希德为庆绪所杀，思明初闻，惊疑不信，及知其实，大喜见于颜色焉"④。这种说法同样是蔡希德被安庆绪所杀，但却正中史思明下怀。综合三种说法，笔者推测，蔡希德应该是功高震主，使得安庆绪对自身地位产生了担心，便派张通儒杀掉蔡希德。至于第二种说法中蔡希德要谋杀安庆绪，这很有可能是给除掉蔡希德找的借口。而杀掉蔡希德后，"麾下数千人皆逃散，诸将怨怒不为用"⑤。此时的大燕政权又陷入了飘摇状态。张通儒在其中的表现引起了笔者的怀疑，为何作为一个政权当中起到中流砥柱作用的人，在杀掉蔡希德过程当中却受到了安庆绪的利用呢？他难道不知道杀掉蔡希德对安史政权的危害吗？自己辛苦稳定下来的政权很有可能如《河洛春秋》当中所记"庆绪既杀希德，始有土崩之兆矣"。这一切的答案，笔者推断应当与张通儒此时所处的政治立场有关。考虑到大燕政权的

---

① 《旧唐书》卷200上《安庆绪传》，第5372页。
② 《旧唐书》卷200上《安庆绪传》，第5372页。
③ 《资治通鉴》卷220，肃宗至德二载条十一月条，第7165页。
④ 《资治通鉴》卷220，肃宗乾元元年九月条，第7179页。
⑤ 《资治通鉴》卷220，肃宗乾元元年九月条，第7179页。

处境，安庆绪又碌碌无为，张通儒也不像此前那样受重用，所以他应该有新的政治抱负，杀掉蔡希德正好为史思明登基铲除一个障碍。从他接下来努力促使安庆绪与史思明两人见面也可以看出，张通儒此时希望拥戴史思明作为大燕政权的新皇帝。

在乾元二年（759）三月，安庆绪收完郭子仪的军粮后，叛军内部关于是否要与史思明见面出现了激烈的争论。一方面是孙孝哲与崔乾祐两人极力阻止安庆绪与史思明见面，另一方面则是张通儒与高尚极力促成两人见面。前文提到安庆绪与史思明关系已经破裂，此时史思明势力壮大，此次见面无疑是要安庆绪臣服于史思明。最终安庆绪让张通儒等人先行前往。但张通儒到了史思明处，安庆绪并未过来，史思明便派人催促，不得已，安庆绪"乃遣（安）太清上表称臣于思明，请待解甲入城，奉上玺绶"。但史思明最初却表现得比较谦虚，这正中安庆绪下怀。而当安庆绪要求"歃血同盟"，史思明也同意了。可是没想到这只是史思明欲擒故纵的把戏，当安庆绪到了史思明处后，"思明忽震怒曰：'弃失两都，亦何足言。尔为人子，杀父夺其位，天地所不容。吾为太上皇讨贼，岂受尔佞媚乎！'即命左右牵出，并其四弟及高尚、孙孝哲、崔乾祐皆杀之"①。这样便把安庆绪一伙人全部打击掉。并且对张通儒等人进行了封赏，这也印证了张通儒此前已经投靠了史思明的推断。有一点需要注意，在这次政变当中，史思明把高尚也一同杀掉。在前文当中，高尚是与张通儒一同劝安庆绪与史思明相见的人，为何高尚也被杀掉呢？笔者以为，这与高尚政治投机者的身份有关，高尚作为安禄山的谋士，力劝安禄山叛乱从而得到安禄山的重用，在安禄山被杀后与严庄共同扶植安庆绪为帝，其中很难说高尚没有参与到谋杀安禄山的政变当中。而这次高尚又想通过安庆绪与史思明的见面为自己谋求下一个关键的职位。这点与张通儒并不一样，从上文叙述可见，张通儒一直为大燕政权的稳定进行工作，并没有卷入政治斗争中太深。所以史思明为了稳定政权，杀掉高尚便可以理解了。

四 史燕政权时期

在史思明杀掉安庆绪之后，政权内部并未发生太大动乱，史思明"欲遂西略，虑根本未固，乃留其子朝义守相州，引兵还范阳"②。张通儒便跟随史朝义一直留守范阳。根据李碧妍的观点，"从《蓟门乱记》的描

---

① 《资治通鉴》卷 221，肃宗乾元二年三月条，第 7191 页。
② 《资治通鉴》卷 220，肃宗乾元二年三月条，第 7191 页。

述看,这些因为禄山旧臣而享有极高官品的将领实际上并无实质的军事执掌权。或者说,他们中的大多数人其实早被史思明解除了兵权"。① 笔者以为李碧妍的看法有一定的合理性,但根据后面对于张通儒在政变当中的作为,张通儒应该是有一定的军事力量和威望的。到了上元二年(761),史思明被史朝义杀害,张通儒并没有直接参与这场政变。直到二月,爆发幽州兵变,史朝义"密使人至范阳,敕散骑常侍张通儒等,杀朝清及朝清母辛氏并不附己者数十人"②。而张通儒也在这场动乱中被杀害。关于这场兵变,吴光华先生认为"史朝义杀其弟史朝清本为政权的争斗,与杀胡羯这件事初看似无甚关联,然深究其源,实为胡汉之冲突"③。他的死因,史书记载当中也多有出入。《通鉴》记载为"其党自相攻击,战城中数月,死者数千人,范阳乃定"。其中死者自然包括了张通儒,但却没有明确说张通儒是如何被杀的。《实录》记载为"伪范阳留守张通儒知有变,遂引兵战于城中。数日,战不利,死者数千人,通儒被斩于乱兵中"。这条记载与《通鉴》当中的观点最大的区别在于《通鉴》明确说出张通儒是受到史朝义的指派去杀掉史朝清,而《实录》则只是写到张通儒知道兵变,具体的立场并不清楚。

《蓟门纪乱》对此事记载最为详尽,其中提到"通儒将入,潜令康孝忠从数十人持兵诣饮处,驰取其马,闭于城南毗沙门神之院。通儒与鞠仁领步兵十余人入其日华门,伪皇城留守刘象昌逢之,惊问其故。通儒顾左右斩之。俄而朝兴腹心卫鸣鹤又问,亦斩之"。从这条记载可以看到张通儒是在断绝史朝清的退路,并杀掉有可能向史朝清报告的人。"通儒立白旗招朝兴之党,降者舍罪,复官爵……朝兴(清)犹从十余人接战,弓矢所发,无不中者,中者皆应弦没羽。通儒军披靡,所伤者数十百人,退出子城外。人不知甲兵之故,皆惶恐潜匿。通儒于城门拒战良久,日已云暮,朝兴(清)众寡不敌,走匿城上之逍遥楼,遂失其所。"此处是张通儒与史朝清发生了直接的对抗,并且最终消灭了史朝清的地方,"通儒收朝兴党与,悉诛之"。但最后,张通儒被史朝清的爱将阴谋杀害,"于是如震、万年领其部曲百余人入子城,斩通儒于子城南廊下,城中扰乱;又杀其素不快者军将数人,共推伪中书令阿史那承庆为留守,函通儒等首,

---

① 李碧妍:《危机与重构——唐帝国及其地方诸侯》,第293页。李碧妍此处的例子为阿史那承庆。
② 《资治通鉴》卷222,肃宗乾元二年三月条,第7227页。
③ 吴光华:《唐代幽州地域主义的形成》,第231页。

使万年送洛阳,诬其欲以蓟城归顺"①。至此张通儒的一生也就宣告结束。

从上面这些材料可以看到,张通儒是听从史朝义指挥的将领,但如果联系上文中张通儒与史思明的关系,就产生了一个问题,为何忠于史思明的将领此时又接受史朝义的领导呢?史思明被史朝义杀掉,按照正常情况张通儒应该不会受到史朝义的信任,但张通儒却被史朝义指使去杀史朝清,那张通儒的政治立场究竟为何?按照吴光华先生的解释,史朝义代表着大燕内部的汉族势力,而史朝清则代表着胡族势力,按幽州兵变表现的话,张通儒听命于史朝义,也就成了汉族势力的代表,如果从族属来看的话,张通儒这样做也很合理,但考虑到张通儒跟随安禄山后又跟随史思明。吴光华先生认为"安禄山为西域胡人,自然含有亲胡人而排斥汉人的意味"②。但看张通儒与安禄山的关系,并不好判断张通儒与大燕的汉族势力或者胡族势力的关系程度,所以笔者以为吴光华先生把幽州兵变看成是大燕内部的胡汉之争是有待商榷的,笔者倾向于把这场兵变看成是权力的争夺,毕竟范阳仍是大燕的根基所在,史朝义僭伪必然需要巩固根基,所以发动幽州兵变杀掉最大竞争对手史朝清也就在情理之中了。张通儒在其中的角色仍是一位忠于政权的将领,其政治立场并不是倾向于某个领导者,而是对政权保持忠心。由幽州兵变可以看到在大燕晚期,内部斗争已经十分激烈,父与子、上级与部下之间的矛盾已经十分明显。这也促成了安史叛军的最终覆灭。

从以上分析来看,张通儒出身唐代的名门望族,其祖父是功勋绝著的张仁愿,其父也官拜赵州刺史。可是张通儒兄弟三人在安史叛乱期间却均站在了唐廷的对立面,其中尤以张通儒为甚。由张通儒在唐朝的仕宦经历来看,他虽然背景显赫,但职位却不高,因其思想渊源与安禄山的赏识,便对安禄山保持着忠心。安禄山叛乱不久被杀后,他的地位也起起伏伏,其掌握的权力也被削弱过,但张通儒对大燕政权并没有放弃,一直作为大燕政权能够长久存在的中坚力量而存在。

由于张通儒在追随安禄山的早期还是唐廷的官员,直到安禄山发动叛乱后,张通儒被任命为西京留守,这时他的仕燕生涯才算正式开始。可是这阶段张通儒一方面要协调与孙孝哲之间的关系,另一方面还要去处理长安方面的一系列管理问题。随着长安被唐军收复,张通儒的长安仕燕生涯也就结束了。经过安庆绪的糟糕统治后,张通儒开始了仕官史燕阶段。在

---

① 《资治通鉴》卷222,肃宗乾元二年三月条,第7227—7230页。
② 吴光华:《唐代幽州地域主义的形成》,第227页。

这一阶段中,张通儒被史思明任命为范阳留守,这样的人事任命主要是考虑到张通儒的威望和势力,毕竟范阳此时仍旧是大燕政权的根基所在。但好景不长,政权内部爆发了叛乱,张通儒也被卷入其中,最终惨遭杀害,不久由于内耗的加剧,大燕政权也就宣告灭亡。张通儒由长安到范阳的活动轨迹,可以说见证了大燕政权的始终。

(清华大学孟献志撰写了本章,原文刊载于《中古中国的都市与社会:南开中古社会史工作坊系列文集》,收录本书时有订正和改动)

第八章　安史之乱后胡汉语境的构建

安史之乱后唐人的思想和观念发生深刻变化，尤其是夷夏观念的强化，唐境内出现了排斥胡化、区分胡汉语境的趋势。唐人墓志使用族属称谓方式书写安史之乱，既是安史之乱后对胡化排斥的体现，又在此基础上构建胡汉语境。天宝十四载（755）爆发的安史之乱不仅成为唐王朝前后期转变的关键事件，也对后世中国历史的发展带来重要影响。唐王朝历来被视为开放的帝国，号称对少数民族一视同仁，但是当中央权威受到挑战，唐廷号召的"胡汉一家"就转向"华夷有别"，安史之乱使唐廷的权威受到极大挑战，深刻影响了唐王朝的政治军事形势，也使中古社会和唐人心理受到相当大的冲击。

安史之乱是地方势力试图夺取中央政权的举动，属于统治阶层内部争夺皇权的斗争，但是因为叛乱的发动者安禄山、史思明的胡人身份以及叛军中众多非汉人群体的参与，使得安史之乱呈现了胡汉冲突的特征，唐人的思想和观念因此发生深刻变化。陈寅恪先生较早论述了安史之乱引起唐人思想和观念的变化："盖古文运动之初起，由于萧颖士李华独孤及之倡导与梁肃之发扬。此诸公者，皆身经天宝之乱离，而流寓于南土，其发思古之情，怀拨乱之旨，乃安史变叛刺激之反应也。唐代当时之人既视安史之变叛，为戎狄之乱华，不仅同于地方藩镇之抗拒中央政府，宜乎尊王必先攘夷之理论，成为古文运动之一要点矣。"① 傅乐成先生指出安史之乱引发了唐人夷夏观念的强化，"安史乱后，唐室对于武人，深怀顾忌；夷夏之防，亦因而转严"②。陈、傅二位前辈从传统文献出发，观察到唐人的思想和观念发生深刻变化，而当今蔚为大观的唐代墓志同样透露出这方面讯息。

---

① 陈寅恪：《元白诗笺证稿》，生活·读书·新知三联书店2015年版，第149—150页。
② 傅乐成：《唐代夷夏观念之演变》，《汉唐史论集》，台湾联经出版事业有限公司1977年版，第214—218页。

第八章　安史之乱后胡汉语境的构建

新发现的碑志史料保存了许多传统文献未曾关注的历史信息，它展现了一个个鲜活的个体，让我们有机会观察历史的各个维度，使史家的关注视野从上层扩展到下层，从宏观向微观展开，从政治军事史拓展到社会文化史。总之，新出碑志材料让历史变得更加丰富真实。陆扬就墓志的性质谈道："古代的墓志固然不是现代意义上的私人表达空间，但相对于官方的文件和正史来说，却又是一种社会认可的宣扬私人成就的场合，对照墓志和正史列传可以看出中古时代'公'与'私'的表述之间的微妙关系。"① 这说明了墓志书写作为一定的社会情境和价值观念支配下进行的活动，一定程度上体现了社会和文化的价值取向。墓志记录志主履历，对死者一生行为进行"盖棺定论"时，涉及志主所经历的各种历史事件。安史之乱作为一次重要事件，影响到很多人的生涯，大量墓志对安史之乱进行了书写。唐代墓志关于安史之乱的书写可以作为当时人、当时事的材料，有助于了解当时人的思想和观念。

基于上述原因，本书关注的是，安史之乱引发唐人夷夏观念的强化，出现了一种强调胡汉、彼此区分的语境，本书讨论唐代官民群体是如何在墓志中反映安史之乱的，在安史之乱的影响下，他们在构建胡汉语境的过程中是如何书写的。本书试图回答哪些人通过书写安史之乱参与胡汉语境的构建，以及这种语境构建的时间、空间过程。与此对应，在夷夏观念强化的背景下，又有哪些人物回避了建构胡汉语境。

第一节　墓志记载中的族属真伪

胡汉话语广泛存在于唐代的内部生活之中。安史之乱后，胡族压力不仅构成为"外患"，作为国家内部问题凸显出来的胡汉区分，也成为令唐廷刻骨铭心的"内忧"。② 安史之乱后的胡汉区分正是顺应唐境内排斥胡化、出现胡汉语境这一趋势的。这一胡汉区分在墓志中的表现形式就是唐人以族属称谓的表达方式书写安史之乱，从而又构建了安史之乱后的胡汉语境。目前笔者所见唐人关于安史叛军的族属书写主要有胡、羯胡、胡羯、胡竖、北戎、北胡、戎、戎羯、夷羯等，这些书写方式呈现出相对集

---

① 陆扬：《从墓志的史料分析走向墓志的史学分析》，《中华文史论丛》2006 年第 4 期；此据氏著《清流文化与唐帝国》，北京大学出版社 2016 年版，第 324 页。
② 邓小南：《论五代宋初"胡/汉"语境的消解》，《文史哲》2005 年第 5 期。

中、并不平均的趋势。为了便于讨论，观察这种胡汉区分的书写方式在时间、空间上的分布，本书选取《全唐文补遗》和《唐代墓志汇编》《唐代墓志汇编续集》作为材料来源，将墓志列表如下，以期有所概观。

表9—1　　　　　　　安史之乱后墓志中的族属称谓统计表

序号	墓志题目	年代	书写	撰者	葬地	出处
1	唐故上轻车都尉阎君（神）墓志并序	至德元载（756）	羯胡位鯁，有乱天常		平遥城西	《补遗》第五辑，第403页
2	大唐宁远将军守左金吾卫翊府中郎将上柱国赐紫金鱼袋李公（承宗）墓志并序	乾元元年（758）	属王事靡盬，狂胡勃兴。割剥京畿，恣行酷毒		京兆府长安县龙泉乡马祖原	《补遗》第五辑，第404页
3	大唐故瀚海都督右领军卫大将军经略军使回纥府君（琼）墓志铭并序	乾元三年（760）	顷戎羯乱常，堂弟可汗兵雄勇壮，收两都之捷	姨弟左骁卫仓曹杨仲举	长安龙首乡	《补遗》第七辑，第58页
4	大唐故开府仪同三司兼内侍监上柱国齐国公赠扬州大都督高公（力士）墓志铭并序	宝应二年（763）	属胡羯僭逆，天王居于成都	尚书驾部员外郎知制诰潘炎	陕西省蒲城县保南乡①	《补遗》第七辑，第58—60页
5	大唐故东平郡钜野县令顿丘李府君（璀）墓志铭并序	永泰元年（765）	旋以胡羯，都邑沦陷	朝请郎行河南府洛阳县丞韦应物	河南府河南县谷阳乡	《补遗》第一辑，第196—197页

---

① 陕西省考古研究所：《唐高力士墓发掘简报》，《考古与文物》2002年第6期。

第八章 安史之乱后胡汉语境的构建　141

续表

序号	墓志题目	年代	书写	撰者	葬地	出处
6	大唐东都荷泽寺殁故第七祖国师大德（神会）于龙门宝应寺龙岗腹建身塔铭并序	永泰元年（765）	方有羯胡乱常，般若护持，传灯有属	门人比丘慧空	洛阳龙门	《补遗》第六辑，第27—28页
7	唐故通议大夫守濮州刺史上柱国元氏县开国男赐紫金鱼袋李府君（粲）墓志铭并序	大历四年（769）	及羯胡作乱，铁我河济，大梁已东皆下矣	从侄著作郎李昂	洛阳北山	《补遗》第八辑，第76—77页
8	唐故河东节度右厢兵马使开府仪同三司试太常卿文安郡王张公（奉璋）墓志铭并序	大历四年（769）	天宝十四年，属胡竖安禄山□构凶徒，窃据河洛		北都北万善之原	《补遗》第六辑，第454—455页
9	唐故监察御史李府君（挺）墓志铭并序	大历六年（771）	胡虏益炽，河洛再陷	族弟怀州司户参军李撵	偃师县西原	《补遗》第九辑，第374—375页
10	唐故衢州别驾王府君（守质）墓志	大历六年（771）	天宝季年，北戎干纪	前乡贡进士张造	河南府洛阳县清风乡北邙山	《补遗》第一辑，第201—202页
11	唐故吏部常选中山张府君（颜）墓志铭并序	大历八年（773）	羯胡盗国，东周烟尘	外甥赵植	邙山	《补遗》第一辑，第202—203页
12	唐故中散大夫试少府监高府君（义忠）墓志铭并序	大历十二年（777）	属胡寇勃乱，梗窃河洛。四方鼎沸之际，万姓涂炭之役		万年县崇义乡	《补遗》第五辑，第413页

续表

序号	墓志题目	年代	书写	撰者	葬地	出处
13	唐故中散大夫给事中太子中允赞皇县开国男赵郡李府君（收）墓志铭并序	大历十三年（778）	属北胡嗣凶，东夏仍覆	中书舍人李纾	洛阳县平阴原	《补遗》第九辑，第375—377页
14	唐故汝州司马陇西李府君（华）墓志铭并序	大历十三年（778）	俄属羯胡凭凌，社稷危垫	堂内弟朝散郎前行绛州稷山县主簿郭霸	洛阳北邙山原	《补遗》第四辑，第58—59页
15	大唐故朔方左卫副兵马使前中受降城使□节度副使开府仪同三司试秘书监临洮郡开国公上柱国元府君（怀晖）之墓志铭并序	建中元年（780）	后属羯胡猖獗幽蓟，海岱不宁，国家征举师徒，分军扑城	征士□汭	幽州泾北原	《补遗》第三辑，第119—120页
16	唐故清河房公（有非）汲郡尚夫人墓志铭并序	建中二年（781）	时逢艰阻，戎羯乱常。河洛沸腾，生灵涂炭		邙山	《补遗》第二辑，第571页
17	唐故长安县尉郑府君（泌）墓志铭并序	贞元元年（785）	天宝末，戎有内地僭号假名	姨弟卢佩	洛阳万安山	《补遗》千唐志斋辑，第266—267页
18	唐故辅国大将军行左龙武将军知军事兼光禄卿扶风县开国伯上柱国冯府君（朝光）墓志	贞元元年（785）	会胡房构逆，乘舆避狄。公见危受命，挺剑启行	乡贡进士翁慎名	长安马祖原	《补遗》第八辑，第92—93页

第八章　安史之乱后胡汉语境的构建　143

续表

序号	墓志题目	年代	书写	撰者	葬地	出处
19	□□岩邑府折冲范阳卢公（浞）故夫人乐安蒋氏（无尽灯）墓志铭并序	贞元六年（790）	自胡羯构逆，国步艰虞，卢公以武位进身，折冲是扃	哀任蒋郇	河南县万安乡万安山	《补遗》千唐志斋辑，第275页
20	唐故元从定难功臣金紫光禄大夫行左金吾卫大将军兼试殿中监上柱国彭城县开国侯刘府君（升朝）墓志铭并序	贞元十三年（797）	顷羯胡构乱，随从灵武。肃宗辟为细臣，俾觇贼势，昼伏宵征	弟晖	泾阳	《补遗》第三辑，第131—132页
21	唐故登仕郎常州司士参军袭武城县开国伯崔府君（千里）墓志铭并序	贞元十九年（803）	因逆胡之乱，流散江淮	子崔恕	邙山	《补遗》第一辑，第245—246页
22	大唐故昭武校尉守左骁尉将军上柱国陈公（义）墓版文并序	永贞元年（805）	天宝季祀，羯胡干纪	前行左司御率府仓曹参军侯恬	长安县龙首原	《汇编》永贞009，第1947页
23	唐故中书舍人集贤院学士安陆郡太守苑公（咸）墓志铭并序	元和六年（811）	属羯胡构患，两京陷覆……则羯胡岂敢南向戎马	遗孙朝议郎前殿中侍御史内供奉赐绯鱼袋苑论	洛阳县平阴乡之邙原	《补遗》第九辑，第389—391页
24	唐故彭城刘府君太原王夫人合祔墓志铭并序	元和十一年（816）	顷以天下骚动，夷羯猖华，干戈日寻，丧乱靡定	乡贡进士杨交泰	魏州贵乡县孝义乡	《补遗》第五辑，第33—34页

续表

序号	墓志题目	年代	书写	撰者	葬地	出处
25	唐故田府君（意真）墓志铭并序	元和十二年（817）	洎狂胡逋梗，俶扰中华	前恩王府主簿李杲	上党西南五里太平乡	《补遗》第六辑，第137—138页
26	唐故大理评事赐绯鱼袋范阳卢府君（偁）墓志	元和十五年（820）	羯胡勃天，中夏摇扰	嗣子福建都团练□□评太□□字泰	郑州荥泽县	《补遗》第六辑，第138—139页
27	唐故台州录事参军河南刘公（伦）墓志铭并叙	元和十五年（820）	天宝末，胡房犯顺，南迁江左，寓居于会稽	墓主之婿，朝议郎守蕲州刺史赐绯鱼袋周君巢	洛阳龙门	《补遗》千唐志斋辑，第333页
28	唐故朝散大夫守郑州长史范阳卢府君（士巩）墓志铭并序	长庆二年（822）	天宝末，羯胡叛国，屠践魏封。胁以兵威，逼之事任	外甥朝议郎前行大理评事上柱国张文规	东周万安山	《补遗》第八辑，第130—131页
29	唐故河南贺兰府君（遂）墓志铭并序	宝历元年（825）	公之曾祖、祖，从宦他邑，后因羯胡扰乱中原，离异乡，官讳兹文不载	宣德郎试太常寺主簿许丰	河阳县丰平乡徐村	《补遗》千唐志斋辑，第341—342页
30	唐故左内率府兵曹参军颜府君（元贞）墓志铭并序	开成三年（838）	旋遇羯胡逆乱，盗扰中原。荏苒岁时，未遂营举	乡贡进士吴繇	河南府河阳县安乐乡	《补遗》第六辑，第150—151页

续表

序号	墓志题目	年代	书写	撰者	葬地	出处
31	唐故银青光禄大夫使持节蔚州诸军事行蔚州刺史兼御史中丞马公（纾）墓志铭并序	会昌四年（844）	自天宝末，胡羯为乱，虽克剿□□，翻恣骄凶，以故将帅带州连郡，朝贡罕至，而魏博诸田相继立	朝请大夫使持节汾州诸军事守汾州刺史杨惊	关中少陵原	《汇编》会昌030，第2231—2232页
32	唐故东都留守都防御都押衙兼都虞候正议大夫检校太子宾客南阳张府君夫人河南巩氏（内范）墓志铭并序	咸通二年（861）	祖弘武，克绍家风，力穷儒典。时值羯胡构祸，大君蒙尘，因怀毅勇之心，不固经明之节，投笔从军	前进士陈汀	河南县平洛乡杜郭村	《补遗》第一辑，第383页

附注：

a. 墓志材料以年代为序排列，其中年代皆为志主葬年。

b. 本表所用缩略语：《补遗》=《全唐文补遗》，《汇编》=《唐代墓志汇编》，《续集》=《唐代墓志汇编续集》。其中《补遗》具体出处体例为补遗辑数、页数；《汇编》为编号、页数。

上表共收录以族群属性类称谓书写安史之乱的墓志32方，主要表达方式有羯胡、胡羯、胡、胡竖、北戎、北胡、戎、戎羯、夷羯等，以羯胡、胡羯表达者达到18方，其中"羯胡"表达者共14方、"胡羯"者4方；以"胡"表达者共7方；其他表达相对数量有限，2例为"戎羯"，剩余分别为"胡竖""北戎""北胡""戎""夷羯"，各1方。

依笔者所见，唐代墓志对安史之乱进行书写的最晚事例是咸通十五年（874）《唐故振武节度押衙陇西郡李府君重迁祔墓记》："祖父子筠，皇任怀州河内县令。有子一人讳清，皇不仕。娶姚氏，即李府君之父母也。府君祖父，天宝十四年中守秩河内，遇幽蓟毒乱，惊动中原。焚艺郡县，戮掠无辜。因兹挈府君窜于河阴，落守吏途，于今三世矣。府君兄弟三人，二人先亡，葬在河阴县王宋村。府君讳审规，字全则……大中三年六月廿二日，寝疾终于河阴县五龙里私第，享年六十二。"① 墓志之主李审规，撰者为审规第三子李楷，墓志在追述先祖事迹时叙述了审规之祖子筠任怀州河内县令，因为遭遇安史之乱流落河阴县，李氏家族多人殁后葬于河阴县王宋村。后李楷因"每至节序，远望长思。涕泣所恨，祭奠无期"行迁葬事。志末署撰写时间为"咸通十五年十月廿九日"，距离安史之乱已经百年以上，显示了安史之乱的影响之大，时间弥久不忘。② 具体到本书所关注的对象，从时间上来看，从肃宗即位后的至德元载（756）开始，一直到唐懿宗咸通二年（861），相距墓志书写安史之乱的下限时间咸通十五年不远，唐人墓志一直不间断地通过族属的表述方式来突出安史之乱的异族属性，区分胡汉，进而构建了安史之乱后的胡汉语境。

最早以族群属性书写安史之乱者为《唐故上轻车都尉阎君墓志并序》，墓志记载："君讳神，字思哲，族本天水，家居平陶……府君风骨□□，难窥远近。往以羯胡位鲠，有乱天常。公乃□□（《汇编》为'应募'）临边，长缨出塞。斩其枭师，直奉阙庭。旋蒙授上轻车都尉。以至德元载十有二月终于私第，春秋六十有六……以其月二十七日迁窆于平遥城西一里旧茔。"③ 阎神出身中下级官僚家庭，本无仕宦经历，因安史之乱爆发，应募临边，平叛立功获得八转的上轻车都尉勋官。在百年之后的唐懿宗咸通二年（861），《唐故东都留守防御都押衙兼都虞候正议大夫检校太子宾客南阳张府君夫人河南巩氏墓志铭并序》："夫人讳内范，字守规。其先张掖人也……祖弘武，克绍家风，力穷儒典。时值羯胡构祸，大君蒙尘，因怀毅勇之心，不固经明之节，投笔从军，输忠捍患，终卫州别驾……（夫人）以咸通二年十一月二日，归葬于河南县平洛乡杜郭村，祔先府君之墓，礼也。"④ 巩内范墓志是用族群属性表达方式书写安史之乱的最晚事例。

从墓志叙述安史之乱时用族属类称谓所行用的地域范围来看，在上述32方墓志中，志主的葬地集中于洛阳及其周边地区（如河阳县、偃师县）达到19方，长安及其周边地区（如泾阳县、豳州）共有9方，两京地区

---

① 吴钢主编：《全唐文补遗》第3辑，第276—277页。
② 另有《唐常州无锡裴长官（谣）陇西李夫人墓志并序》撰写于咸通十五年，李憕后人李景庄为其女所作，志中对李憕不为逆贼安禄山所迫，最终被杀害的事迹进行追述。此志见吴钢主编《全唐文补遗》第8辑，第220—222页。志主咸通十五年九月三十日权厝于河南县万安县大茔，晚于李审规墓志。
③ 吴钢主编：《全唐文补遗》第5辑，第403页。
④ 吴钢主编：《全唐文补遗》第1辑，第383页。

共集中了 28 方，其他区域较少，共有 4 方，分别是平遥、上党、北都太原、魏州。按平遥属汾州、上党属潞州地，与北都太原共属唐代的河东道，此一区域在安史之乱时期是抵抗叛军的前沿阵地之一。魏州则为河北道魏博节度使治所。这些墓志的数量有限，占目前所刊布唐代墓志的比例也是微乎其微，但是集中于两京地区，同时在河东道有少量分布，说明安史之乱后两京以及河东地区存在着一种胡汉区分的趋势，而这种胡汉区分正是安史之乱后胡汉语境构建的前提，这成为安史之乱后唐朝境内对胡化排斥的现实基础。

第二节　官方立场与个人态度

有几方叙述安史之乱的唐人墓志值得注意，深可探究，结合其他文献，还原到具体的历史场景中，恰好代表了几类基于一定的社会情境和价值观念的群体，他们对安史之乱的书写重点不是叛乱的发动者安禄山、史思明的名讳，不是叛乱爆发的盛世年代天宝，也不是叛乱的发源地幽蓟、主战场中原，而是突出了安史之乱的异族色彩，用叛军的族属来书写安史之乱。在区分安史之乱带来胡汉有别的同时，蕴含着安史之乱后唐朝境内对胡化的一种排斥，事实上墓志以这种书写方式参与了安史之乱后胡汉语境的构建。

一　高力士墓志——官方立场的体现

墓志作为一种特殊的文体，它是唐代最普遍意义上的介乎于"公"和"私"之间的书写，在相对私密的空间，墓志往往宣称的是一种个人意志。卢建荣指出名家撰写的墓志往往具有公开性，会通过传抄、文集等手段得到广泛流布，与一般出自亲朋好友之手的私密性墓志有所不同。[①] 与此相似的是那些奉敕碑志，他们更呈现出一种公开性，作为奉敕之书，就是秉承皇帝的诏敕去书写墓志，这体现了皇帝对志主的重视程度，无疑渗透了皇权意志，是朝廷权威和官方立场的一种表达。[②] 高力士墓志就是这样的例子。《大唐故开府仪同三司兼内侍监上柱国齐国公赠扬州大都督高公（力士）墓志铭并序》称：

[①] 卢建荣：《北魏唐宋死亡文化史》，麦田出版社 2006 年版，第 49—50 页。
[②] 田宇：《唐代奉敕碑志研究》，硕士学位论文，吉林大学，2014 年，第 12 页。

公本姓冯，初讳元一。则天圣后赐姓高，改名力士……属胡羯僭逆，天王居于成都。跋涉艰难，扶护警跸。蜀有南营之叛，公讨而平之。加开府仪同三司，封齐国公，食邑三千户。文明武德皇帝再造区夏，奉迎皇舆……上元初，遭谤迁谪，安置巫州。知与不知，皆为叹息。宝应元年，有制追赴上都。中路闻天崩地坼，二圣下席。长号泣血，勺饮不入口。惜攀髯而无极，俄易箦而长辞。其八月八日，终于朗州龙兴寺，享年七十三。舆榇至京，恩制赠开府仪同三司、扬州大都督，仍陪葬泰陵。书王命褒之也。公以宝应二年四月十二日安厝。①

志主高力士，两《唐书》有传，是玄宗朝宦官势力开始膨胀的最重要人物，于玄宗一朝的重大史事颇多关涉。高力士从维护中央最高统治的角度出发，曾经提醒玄宗边兵重而难制，《新唐书》载："天宝中，边将争立功，帝尝曰：'朕春秋高，朝廷细务付宰相，蕃夷不龚付诸将，宁不暇耶？'对曰：'臣间至阁门，见奏事者言云南数丧师，又北兵悍且强，陛下何以制之？臣恐祸成不可禁。'其指盖谓禄山。"② 可见高力士对安禄山难以完全信任，一直小心提防，二人之间虽未有公开矛盾，但一定是互相防制。安史叛军攻占长安后"凡杨国忠、高力士之党及禄山素所恶者皆杀之"，③ 这一举动充分说明了高力士和安禄山之间表面风平浪静下的激流横湍，安史之乱爆发后，高力士对安禄山以及安史乱军所带有的强烈的异族性一定深恶痛绝。

高力士墓志署"尚书驾部员外郎、知制诰潘炎奉敕撰"，"太中大夫守将作少监翰林待诏张少悌奉敕书"，依高力士的下葬时间，墓志当撰于"宝应二年四月十二日"前。《唐故开府仪同三司兼内侍监赠扬州大都督陪葬泰陵高公（力士）神道碑并序》亦为奉敕撰，神道碑之撰者书者与墓志相同，官衔也一致，神道碑末署"大历十二年岁次丁巳五月辛亥朔十一日辛酉奉敕立石"，与墓志相差十五年。有研究认为碑的撰书当与墓志同时，都在宝应二年，是某种原因延误了立碑。④ 奉敕撰，就是由皇帝下敕令选派大臣去撰写，高力士的神道碑、墓志均由代宗选派知制诰潘

---

① 吴钢主编：《全唐文补遗》第7辑，第58—60页。
② 《新唐书》卷207《宦者传上》，第5860页。
③ 《资治通鉴》卷218，唐肃宗至德元载七月丁卯条，第6984页。
④ 江波：《唐代墓志撰书人及相关文化问题研究》，博士学位论文，吉林大学，2010年，第76页。

炎、翰林待诏张少悌撰书,墓志所谓"炎今之述者,天所命焉"。潘炎此时以尚书驾部员外郎的身份知制诰,知制诰作为词臣群体之一,负责制诰和起草中央重要文书,需要突出的文学声望和文学能力,与皇帝关系密切。关于潘炎,贞元二年十月韦执宜撰《翰林院故事》载其为肃宗朝翰林学士:"自五骁卫兵曹充,累改驾中又充,中人又充,出守本官。"① 墓志署驾部员外郎,应在任驾部郎中前。《唐朝散大夫内给事赠云麾将军左监门将军畲君(元仙)墓志并序》撰者署:"右庶子潘炎撰",书者署:"前将作少监张少悌书",墓志为大历八年作,此时潘炎任右庶子。《旧唐书·代宗纪》大历十二年四月记:"癸未,以右庶子潘炎为礼部侍郎。"② 潘炎卒后赠右仆射,谥号文。③ 综观潘炎生平,其具有相当的文学才能,而且与代宗皇帝关系密切,深受信任,最后官任掌贡举的礼部侍郎。

代宗敕选亲近文学之士撰书墓志,显示出代宗对高力士去世一事的关注,敕撰墓志因加入了皇帝的意志而呈现了更多的公开性特征,是一篇反映唐王朝中央政权意识形态的文字,因此"胡羯僭逆,天王居于成都"的表达方式及其所代表的话语体系,彰显的正是官方对安史之乱后帝国境内胡汉有别的区分和胡汉语境构建。

二 神会塔铭——宗教群体的态度

安史之乱的叛军首领安禄山、史思明都是具有粟特种族特征的胡人,荣新江先生指出安禄山自称"光明之神",利用粟特人的祆教信仰来团聚粟特胡众,利用"光明之神"的身份来号召民众。大量蕃兵胡将跟随安禄山起兵反叛,不能不考虑"光明之神"感召的精神力量。④ 尤李指出安禄山、史思明的宗教信仰存在多样性,在幽州这一多族群杂居、多种宗教信仰并存而佛教色彩浓厚的地区,安、史二人对佛教表现出了崇奉之举,同时安禄山利用道教来谄媚邀宠。⑤ 安禄山、史思明都充分发挥了宗教信仰在叛军集团中的作用。面对安史叛军利用宗教信仰凝聚力量的同时,唐王朝也动用了宗教力量去平定安史之乱。比丘慧空撰《大唐东都荷泽寺

---

① 洪遵编:《翰苑群书》卷四,《景印文渊阁四库全书》第 595 册,台湾商务印书馆 1986 年版,第 354 页。
② 《旧唐书》卷 11《代宗纪》,第 311 页。
③ 《唐会要》卷 79《谥法上》,第 1721 页。
④ 荣新江:《安禄山的种族、宗教信仰及其叛乱基础》,原载黄正建主编《隋唐辽宋金元史论丛》第 1 辑,紫禁城出版社 2010 年版,第 86—103 页;此据氏著《中古中国与粟特文明》,生活·读书·新知三联书店 2014 年版,第 266—291 页。
⑤ 尤李:《〈悯忠寺宝塔颂〉考释》,《文史》2009 年第 4 辑。

殁故第七祖国师大德于龙门宝应寺龙首腹建身塔铭并序》相关部分云：

> 在皇唐兵部侍郎宋公讳鼎，迎请洛城。广开法眼，树碑立影，道俗归心，宇宙苍生，无不回向。遂行迈江表之际，方有羯胡乱常。般若护持，传灯有属。享年七十有五，僧腊五十四夏，于乾元元年五月十三日荆府开元寺奄然坐化。其时也，异香满室，白鹤翔空。
>
> 有庙堂李公嗣虢王，再迎尊颜于龙门。别有施主功臣高辅成、赵令珍奏寺度僧，果乎先愿。①

神会在禅宗史上占有重要地位，是促成南宗成为禅宗主流派的关键人物。中古社会，佛教宗派林立，尤其是南北二宗矛盾激烈。天宝四载（745），神会应兵部侍郎宋鼎之请入住洛阳荷泽寺传法，即塔铭所述"皇唐兵部侍郎宋公讳鼎，迎请洛城"，而随后的"行迈江表之际"则源于天宝十二载（752）神会因北宗信徒的诬告被贬逐出京，辗转放逐到荆州（治今湖北江陵）开元寺。安史之乱爆发后，因军需粮草供应困难，朝廷以度僧税缗之法筹措资金，《宋高僧传》卷八《神会传》记载："（天宝）十四年，范阳安禄山举兵内向，两京板荡，驾幸巴蜀。副元师郭子仪率兵平殄，然于飞挽索然。用右仆射裴冕权计，大府各置戒坛度僧。僧税缗谓之香水钱，聚是以助军须。初洛都先陷，会越在草莽。时卢弈为贼所戮，群议乃请会主其坛度。于时寺宇宫观，鞠为灰烬，乃权创一院，悉资苫盖，而中筑方坛。所获财帛顿支军费。代宗、郭子仪收复两京，会之济用颇有力焉。肃宗皇帝诏入内供养，敕将作大匠并功齐力，为造禅宇于荷泽寺中是也。会之敷演，显发能祖之宗风，使秀之门寂莫矣。"② 神会以其名望为唐廷主持度僧，为平定叛乱筹款资助、提供军需保障，对李唐王朝平定安史之乱起到了积极作用。可见以神会为代表的一部分僧团群体与安史叛军的对立态度。③ 塔铭中使用"羯胡乱常"的表达方式体现了他们在

---

① 吴钢主编：《全唐文补遗》第 6 辑，第 27—28 页。此录文采用杨曾文《〈神会塔铭〉和〈慧坚碑铭〉的注释》，《佛学研究》1998 年，第 31 页。该塔铭简称为《神会塔铭》，在禅宗史上具有重要地位，对解决神会之生卒年、神会菏泽法系对南宗传法世系看法、神会洛阳安葬等问题，有重要参考价值。
② 赞宁：《宋高僧传》卷 8《唐洛京荷泽寺神会传》，中华书局 1987 年版，第 180 页。
③ 季爱民《历经艰难：安史乱后两京地区北宗禅信众的行实》指出无论叛军还是李唐政府，都利用北宗作为社会秩序的安定力量，有北宗禅僧因此遭遇胁迫，另外，投奔朝廷的僧人以及为唐军提供物资支持和宗教宣传的北宗禅师得到了朝廷的信任，见《唐研究》第 21 卷，北京大学出版社 2016 年版，第 245—263 页。

安史之乱爆发后对胡化的对立排斥，这种族属性的区分反映了当时出现的胡汉语境。

塔铭中的嗣虢王名李巨，两《唐书》有传，开元年间继承其父爵号。至德二载（757）收复京师后，任西京留守兼御史大夫，乾元元年四月任河南尹，充东京留守，次年二月，李巨因与妃张氏不睦，为张氏从父姊肃宗张皇后所排挤，以贪污受贿罪贬为遂州刺史，故神会逝世之乾元元年五月至次年二月，李巨在东京留守任上，得以"再迎尊颜于龙门"。高辅成在平定安史叛军、收复洛阳的战斗中立有战功，先任北庭朔方兵马使，因战功晋封为太子少傅兼御史中丞，充河北副元帅都知兵马使。① 赵令珍事迹则不详。吴其昱先生据此塔铭得悉神会与平安史之功臣朔方诸将之关系。② 因此，神会的坐化以及塔铭的设立不仅是佛教僧团内部的事情，唐廷官方以及部分官员都予以重视，显示了宗教信仰与世俗政治的紧密关联，所以神会塔铭具有相当的公开性和官方色彩。

在佛教禅僧的石刻资料里，用"羯胡"指称安史叛军，《神会塔铭》并非个例，《乘如和尚碑阴记》云："天宝末，羯胡□□，饮马洛川，悉索闻人，胁从为□。"③ 可见在安史之乱爆发后，面对唐廷境内的胡化排斥，佛教僧众对叛军核心力量的族属进行了区分与突出，他们通过对现实政治与军事的参与，加入安史之乱后的胡汉语境的构建中。

三 回纥琼墓志——他族视野中的胡汉

唐朝境内及其周边存在着大量少数族群，他们因为自身实力的转变、形势的变化与中央王朝产生了不同的瓜葛。安史之乱爆发后，肃宗就邀请回纥精兵入援，先后助唐收复了长安、洛阳，回纥以异族群的身份加入了唐王朝平定安史之乱一方。安史之乱爆发前，身为突厥裔的哥舒翰与胡人安禄山曾因二者背后强烈的族属意识表现出政治矛盾。④ 可见，在各少数族群之间，也存在着强烈的族群区分，有时候他们并不作为一个整体存在。在对安史之乱书写的唐朝墓志中，就有少数族群人物以族属的表达方

---

① 刘昫等：《旧唐书》卷121《仆固怀恩传》，第3477—3489页相关部分。
② 吴其昱：《〈荷泽神会传〉研究》，《"中央"研究院历史语言研究所集刊》第59本第4分，第899—912页。
③ 路增祥：《八琼室金石补正》卷65，文物出版社1985年版，第453页。关于此碑最新研究可参看内田诚一《〈萧和尚灵塔铭〉之新考》，《王维研究》第5辑，江苏大学出版社2011年版，第260—272页。
④ 《旧唐书》卷104《哥舒翰传》，第3213页。具体论述见黄永年《〈通典〉论安史之乱的"二统"说证释》，《文史探微》中华书局2000年版，第292—311页。

式区分双方，这种外族参照系的变化、强调彼此有别就是唐境内胡汉疏远、胡汉语境流行的写照。

在此指出杨仲举以姨弟身份为故瀚海都督右领军卫大将军经略军使回纥府君书写的墓志，墓志记载：

> 姓回纥，字琼，阴山人也。曾卑栗，右卫大将军。祖支，左卫大将军。父右金吾将军。公初拜执戟，后迁郎将，旋拜将军。性与道合，智若有神。献天子上策，断土蕃之右臂。故得赏延于世，宠冠诸蕃。公侯子孙，河岳降灵，俊心豁尔。卅从军，习百战之胜；廿志学，寻师知六艺之工。顷戎羯乱常，堂弟可汗兵雄勇壮，收两都之捷。功成未受，旋至上京。未见阙庭，俄尔瘿疾。以乾元三年三月廿九日，终于群贤里之私第，春秋五十有五。以四月十九日，迁厝于龙首乡，礼也。①

志主回纥琼，曾祖卑栗，祖支分别被比定为比栗、独解支，②森安孝夫视其为开元十五年以后滞留在河西的河西南走部王子。③以其经历，回纥琼早年入侍于唐，尤其在唐与吐蕃的征战中立有战功，有学者认为"断土蕃之右臂"指的是在开元十七年（729），回纥琼参与了朔方节度使信安王祎攻取吐蕃石堡城的计划。④安史之乱爆发后，肃宗北上灵武，郭子仪以回纥兵精，劝上邀回纥击讨安禄山。"怀仁可汗遣其子叶护及将军帝德等将精兵四千余人来至凤翔"，⑤郭子仪率领朔方军和回纥、西域等军先后收复长安、洛阳。志文所载"戎羯乱常，堂弟可汗兵雄勇壮，收两都之捷"即指回纥琼参加平定安史叛军、收复两京。作为回纥人出身的回纥琼，在其墓志中用"戎羯乱常"的表述方式，显示的意涵颇近于哥舒翰与安禄山不和的事例。李鸿宾先生以"二元制构造"来解释唐朝华夏观及其变化，显著特点就是在地理疆域和民族群体上，有腹心边地、汉人居中四夷护边的特性，而二元制本身是个动态的过程，会随着形势和

---

① 吴钢主编：《全唐文补遗》第 7 辑，第 58 页。
② 师小群、王建荣：《西安出土回纥琼、李忠义墓志》，《文博》1990 年第 1 期。
③ ［日］森安孝夫：《漠北回鹘汗国葛啜王子墓志新研究》，《唐研究》第 21 卷，第 509 页。
④ 濮仲远：《瀚海都督伏帝难考论——回纥琼墓志再探》，《阴山学刊》2015 年第 5 期。
⑤ 《资治通鉴》卷 220，至德二载九月条，第 7032 页。

条件的转变而转变。① 对于回纥琼来说，他早年进入唐境，与汉地一直保持着良好的互动，如果以"二元制"来比对中间区即河朔地区发动的叛乱，回纥琼因为其平叛一方的身份而同唐廷立场一致，在安史之乱爆发后胡汉转型互动的背景下，墓志用"戎羯乱常"区分胡汉、强调彼此有别，参与安史之乱后胡汉语境的构建。

以上集中讨论了高力士墓志、神会塔铭、回纥琼墓志，三者表明安史之乱后唐廷境内普遍出现排斥胡化背景下，官方、宗教、他族三个群体在特定的社会情境和价值观念支配下，在叙述安史之乱这一事件时，存在着利用墓志书写形式，通过区分族属、强调彼此有别的术语方式构建安史之乱后胡汉语境的现实。这种表述方式，在安史之乱的叙述重点中，并不是三个群体抑或更广泛群体中唯一的表述，他们并不排斥运用其他方式去刻画安史之乱，它只是多元记述安史之乱中的一种形式。但基于各种情势和现实语境情况，这说明了安史之乱爆发后，唐王朝境内确实存在着构建胡汉语境这一历史现象。

第三节 胡汉语境的建构

以上我们讨论了唐人借助墓志参与到安史之乱后胡汉语境的构建，这些唐人因各种原因遭遇安史之乱，主要分为安史之乱的平叛者与受难者两类人物，具体则有借平叛入仕者、升迁者，避乱迁移之人，避乱隐居之人，叛乱影响丧葬之人等。在观察这些人物的同时，那些没有用族属的表达方式去强化彼此有别、构建胡汉语境的墓志同样值得我们观照，他们提供了观察那些没有参与胡汉语境构建的历史人物的窗口。

首先是安史之乱中行用"伪号"的墓志。这类墓志产生于安史之乱的过程中，冻国栋先生首先对此类墓志进行了研究，他搜集了25方墓志，指出行用安史伪号的吏民心态的复杂心境。② 其后李欣怡把墓志扩大到49方，揭示出此类墓志普遍表现出的含混与遮蔽。③ 这些题有安史"伪号"墓志的志主事迹经历基本集中于唐王朝统治时期，恰逢安史之乱的爆发而

---

① 李鸿宾：《"二元制构造"下的唐朝华夷观及其变化》，《唐朝的北方边地与民族》，宁夏人民出版社2011年版，第52—63页。
② 冻国栋：《墓志所见唐安史乱间的"伪号"行用及吏民心态》，《魏晋南北朝隋唐史资料》2003年第20辑，第176—186页。
③ 李欣怡：《安史乱间行用僭号墓志研究》，硕士学位论文，扬州大学，2013年。

改变际遇，他们的墓志回避了安史之乱的异族性表达。

第二类是投降安史叛军的伪官。安史之乱爆发后，唐廷一些文臣武将自愿投充或受威逼驱使加入叛军队伍中，这类伪官具体人数不得而知，但应不在少数，仅广平王李俶率军进入东京时，就有 300 余名原唐中央"百官""皆素服悲泣请罪"。① 安史乱后，很多接受伪官之人都无一例外地进行了自我辩护，他们的墓志回避了使用族属类表达方式。

在安史叛军参与者中，张献诚家三方墓志都对献诚的反叛行径进行了辩护，叙述时回避了使用族属类的书写方式。《唐故蔚州刺史兼殿中侍御史张府君墓志铭并序》记载："君讳任，字君规……祖曰守珪，故御史大夫、范阳节度使……父献诚，故检校户部尚书、山南节度使。初，盗发幽蓟，为之胁从。诡输小诚，求彼大任。虏不我诈，我藏其忠。既专大梁，举以效顺，封略千里，戈鋋万夫。回吷尧之响，为获兔之用。鲸浪弥息，安流朝宗。是以有尚书受钺之宠。公即尚书府君之第四子也。"② 志主张任，祖张守珪，父张献诚。张家与安禄山关系亲密，安禄山发迹即是在张守珪任职范阳节度使任内，守珪以安禄山骁勇善战，善揣人情，故甚爱之，收之为养子。③ 张任墓志为河东观察推官试太常寺奉礼郎齐孝若撰，齐氏在记述张任父献诚事迹时回避了使用族属类的书写方式。

对于张献诚为贼胁迫之事，张献诚墓志记载："公□□讳献诚……御史大夫、幽州节度等使、南阳郡开国公、赠兵部尚书□珪之子也……天宝初，补太子通事舍人。历典□□太原府士曹参军、孟县令、左清道率。时幽州节度使表请为檀州刺史，皆谓良二千石也。顷者，禄山乱常，庆绪有毒。公所悲候印犹在虏庭，乃于邺中与王伷、邵说、崔溆等相约而言曰：潜归圣代，贤人之节，耻饮盗泉，高士之志。今请逃于寇难，誓比骨肉。及随肩之时，为追骑所困，遂絷于思明之众。然肃宗清华夏之岁，思明蓄横猾之谋。有诏遥授公卫尉少卿，旌其善也。乾元二年，思明攻孟津，盗鼎邑。公陷身增叹，无翼高飞。而朝义继逆，疑公携贰，遂污公伪兵部侍郎、汴州节度使。虽白刃可胁，岂顾一门。而丹心不移，能怀双阙。是时宝应之初也。公每与从事田僎等仰天望日，裂帛题表，募间道入秦之使，申潜谋破虏之策。及天兵收洛邑，朝义走浚郊。公使坚壁者善守，衔枚者出战，皆愿挺剑翥翼，挥戈舂喉。是以臣（《汇编》为巨）寇奔北而

---

① 《资治通鉴》卷 220，唐肃宗至德二载十月丙寅条，第 7042 页。
② 吴钢主编：《全唐文补遗》第 6 辑，第 115—116 页。
③ 《资治通鉴》卷 214，唐玄宗开元二十四年四月辛亥条，第 6814—6817 页。

受毙，官军自东而势，公之力也。"① 张献诚墓志由朝请大夫前金部郎中王邑撰写，着力对献诚为贼所迫、心向朝廷之事进行粉饰，事实上，张献诚若果忠心，不会晚到宝应年间才有时机投降，而是力屈才降。张献诚在檀州刺史任上不久即遭遇安史之乱，其刺史乃幽州节度使所表请，安禄山从天宝三载（744）即为范阳节度使直至安史之乱爆发，是安禄山表请张献诚任檀州刺史，墓志对此含混而过。献诚长子张佶墓志记载："公讳佶，南阳人也……山南西道节度等使、检校户部尚书知省事、邓国公、赠太子太师献诚之元子也……初，邓公以身陷虏庭，志怀秦阙。发言帐信，教子□忠。誓将报国讨仇，捐躯效节。宝应初，王师靖于东洛，朝义规于大梁。邓公以先觉有备，追奔逐北，克广三河之地也。"② 墓志撰者署"朝请大夫前金部郎中王邑"，按王邑署衔以及书写时间，王邑与献诚志王邑应为同一人。张佶墓志依旧对张献诚在安史之乱中的事迹进行了描写。张氏父子三人墓志着力刻画张献诚被迫投降伪廷，明显有辩白之词的意味。跟随异族反叛者对抗中央王朝，这是一个难以启齿的事迹，墓志回避了族属类书写方式，以免突出安史叛军的异族性。

第三类是具有粟特族属特征的墓志。安史叛军首领安禄山、史思明都是具有粟特种族特征的胡人，在叛军队伍中凝聚了一批昭武九姓粟特人。他们的墓志对安史之乱进行叙述时都回避了安史之乱的异族属性。有一个值得注意的事例是石神福，为全面观其事迹行止，引墓志全文如下：

  府君讳神福，字忠良，金谷郡人也。曾祖试鸿胪少卿□用，祖授左翊府中郎将臣思，父何罗烛，试云麾将军蔚州衙前大总管。有子四人，公则第二子也。生于雄武，长在蔚州，□岁从师，弱冠好武，事亲惟孝，训弟惟和，五郡钦仁，六亲谈美。遇安史作乱，漂泊至恒阳，尊父早亡，哀荣葬毕，及乎攻武，便得穿杨。君主亦知，收于戎伍，频经战伐，累效疆场，勇毅前冲，煞戮无数，叙功见录，八座亲命俯临，悦畅君心，迁授大将。为征马事，重委在腹心，兼令勾当右厢草马使事。何天不佑，忽染沉瘵，针药无效，去元和八年正月十七日奄然大谢于野牧，时春秋五十有五。男乃泣血，女孝绝浆，号天叩地，亲戚悲悼。去二月乙酉朔十八（缺至行末）石邑县东北一十里

---

① 吴钢主编：《全唐文补遗》第6辑，第92—93页。
② 吴钢主编：《全唐文补遗》千唐志斋专辑，三秦出版社2006年版，第248页。

□兆而厝也。①

学术界公认石神福为粟特后裔，荣新江先生特别指出，根据石神福的年龄推断，安史之乱时他年纪还很小，所以其从河东迁至恒阳的时间应当在安史乱以后。也可能是墓志所记年龄有误，因为内容明确有"遇安史作乱，漂泊至恒阳"这样的文字。②笔者认为石神福应该是参与安史叛军的，墓志对此进行了掩饰。志文"生于雄武，长在蔚州，□岁从师，弱冠好武"，一个生长在雄武军、蔚州的粟特后裔，喜好武艺，这样一个人极有可能参加到安史叛军的队伍中去。石神福作为粟特后裔，不会用突出民族属性的表述方式去区分辨别胡汉差异，"安史作乱"突出叛军首领，割裂了与叛乱者的族属联系。③

安史之乱对在华粟特胡人产生了极大影响，但安史之乱后禁军系统下的胡人在数量和地位上都较前期胡人有了很大提高，有多人成为禁军将领并掌实权。④如本出安氏之李国珍，墓志结衔署"唐故宝应功臣开府仪同三司试太常卿上柱国陇西郡开国公兼射生使"，墓志记载"公将门令族，本姓安氏。讳玮，字玮，武威郡人也。天宝中，以忠勇见进，武艺知名。莅职有恪勤之劳，理行为时辈所范。及燕虏犯阙，二圣蒙尘，公奉肃宗，以爪牙从事。由是得罄其肝胆，稍沐洪恩。特赐嘉名，改氏皇姓。出生入死，实为士卒之先；执锐被坚，颇历日月之久。其改讳曰国珍，则有以见宠渥器重之义矣"⑤。此处引用李国珍在安史之乱中的行止，和许多粟特胡人一样，为了表达对李唐王室的忠心或避免不必要的麻烦，借立功之机，安玮被改赐皇姓，后改名国珍。显然，安玮（李国珍）与安禄山同为粟特胡人，但依然忠诚于唐廷，李国珍以改姓刻意消解与安禄山的姓氏联系，同时极力割裂与安禄山的族属关联。⑥

在《全唐文补遗》及《唐代墓志汇编》《唐代墓志汇编续集》收录

---

① 《唐代墓志汇编》元和061，第1991页。
② 荣新江：《安史之乱后粟特胡人的动向》，纪宗安主编《暨南史学》第2辑，暨南大学出版社2003年版，第102—123页；此据氏著《中古中国与粟特文明》，第107页。
③ 曹闰国同样如此，参见《唐代墓志汇编》大历043，第1787—1788页。
④ 参看毕波《中古中国的粟特胡人》，中国人民大学出版社2011年版，第148—165页。
⑤ 吴钢主编：《全唐文补遗》第2辑，第30页。
⑥ 何游仙与李国珍类似，何文哲墓志记其父何游仙："宝应元从功臣、开府仪同三司、行灵州大都督府长史、上柱国，赠尚书右仆射。禄山僭盗，肃宗幸边。毒志方肆于狼心，义勇共歼于枭帅。功劝正始，褒典自颁于夏书；光被承家，追级寻高于汉历。"参见吴钢主编《全唐文补遗》第1辑，第283页。

的墓志中，行用安史"伪号"的志主、投降安史的伪官、具有粟特族属特征的群体采取回避使用族属类表达方式去叙述安史之乱，对于他们来说，在异族统治下的行为事迹、仕宦经历抑或与叛军核心集团一致的族群属性毕竟都不是一件光彩的事情，不值得刻意强调，更不适合用族属类书写方式区别彼此，参与安史之乱后胡汉语境的构建。

通过对 32 方使用族属类书写方式叙述安史之乱的唐人墓志进行研究，我们注意到，从安史之乱甫一爆发的至德元载开始，直至咸通二年，墓志一直不间断地通过族属的书写方式来突出安史之乱的异族属性，区分胡汉、强调彼此，进而构建了安史之乱后的胡汉语境，这与安史乱后唐境内排斥胡化的思潮相一致。在地域范围上，胡汉语境的区分构建主要集中在唐代两京以及河东道地区。官方意识形态、宗教群体的态度、他族视野下的区分都得到了充分体现。同时，行用安史"伪号"的志主、投降安史的伪官、具有粟特族属特征的群体都避免使用这种书写方式，他们有意或无意地回避了安史之乱后胡汉语境的构建。虽然安史之乱后唐王朝出现了对胡化的排斥，社会上存在着一种胡汉区分的语境，这在一时一地有可能成为一种趋势，但是随着时代形势与观念意识的不断转变，胡汉区分越来越少，最终在五代宋初完成了胡汉语境的消解。①

(北京市重点站区管理委员会张明撰写了本章，原文刊载于《中国与域外》第 1 辑，收录本书时有订正和改动)

---

① 邓小南：《论五代宋初"胡/汉"语境的消解》，《文史哲》2005 年第 5 期。

第九章　张弛于割据和恭顺之间：幽州节度使刘济

2013 年，北京市房山区长沟镇在建设文化硅谷的过程中，施工队发现了唐幽州卢龙节度使刘济墓。2014 年 6 月，北京市文物局公布了房山长沟唐刘济墓的最新考古发掘成果，证实除少数文字以外，墓志内容和历史文献基本吻合。① 作为雄踞一方的戍边大臣，唐幽州卢龙节度使刘济在正史文献中的记载已经非常丰富，《旧唐书》与《新唐书》中均有他的个人传记。刘济死后，当朝宰相权德舆为他撰写墓志铭，收入《权载之文集》中；清朝人董诰编写的《全唐文》也将此墓志铭予以全文收录。至此，研究刘济的事迹有五份数据可供参考，如果将记载大致相同的文献"合并同类项"，那么，也有刘济的墓志铭（撰写于唐代）、《旧唐书·刘济传》（编纂于五代）、《新唐书·刘济传》（编纂于北宋）三类材料可以利用。下文从比较三类材料记述内容的异同入手，来探析造成记述差异的成因，进而对刘济的人物生平予以解读，并考证出刘济的死因，以及刘济在节度幽州镇二十余年中，对待朝廷的态度：割据与恭顺之间张弛有度。当需要在割据与恭顺之间做出选择时，刘济首先考虑的一定是自身的利益。只有当自身的利益跟朝廷的命令相吻合时，幽州卢龙节度使刘济才表现出归顺的一面。当然，在他去世之后，朝廷表现出友好与诚意，不仅"赠谥"，而且皇帝"辍朝五日"，这对幽州而言，是一种荣耀；对于听从中央安排的其他节度使而言，亦是一种宣慰。

---

① 北京市考古所 2014 年公布了关于刘济墓的一些新近情况，见《中国文物报》2014 年 2 月 14 日第 5 版，但是刘济的墓志铭全文始终没有正式公布，该报道指出了新出土的刘济墓志铭与《全唐文》《权载之文集》所收录的刘济墓志铭的不同之处，可采纳。

第一节 刘济墓与相关研究

刘济,出生于唐朝安史之乱间的757年,此年家乡范阳被叛军占领,随后又被唐肃宗收复。刘济父亲为刘怦,原为卢龙节度使朱滔手下的雄武军使,二人是表兄弟关系,刘怦因忠勇义烈,颇得朱滔信任,累官至幽州大都督府长史、御史大夫、卢龙节度副大使、管内营田观察、押奚契丹、经略卢龙军使(因为幽州镇军号为卢龙军,故幽州镇又称为卢龙镇——笔者注)。刘济年轻时曾去长安参加殿试。785年,朱滔去世,刘怦继任卢龙节度使,刘济在父亲手下任莫州(今河北沧州)刺史。同年,刘怦病倒,唐德宗任命刘济为留后,刘怦去世后,刘济继任为幽州卢龙节度使。唐宪宗元和五年(810),刘济去世。刘济有二弟:刘澭、刘源。

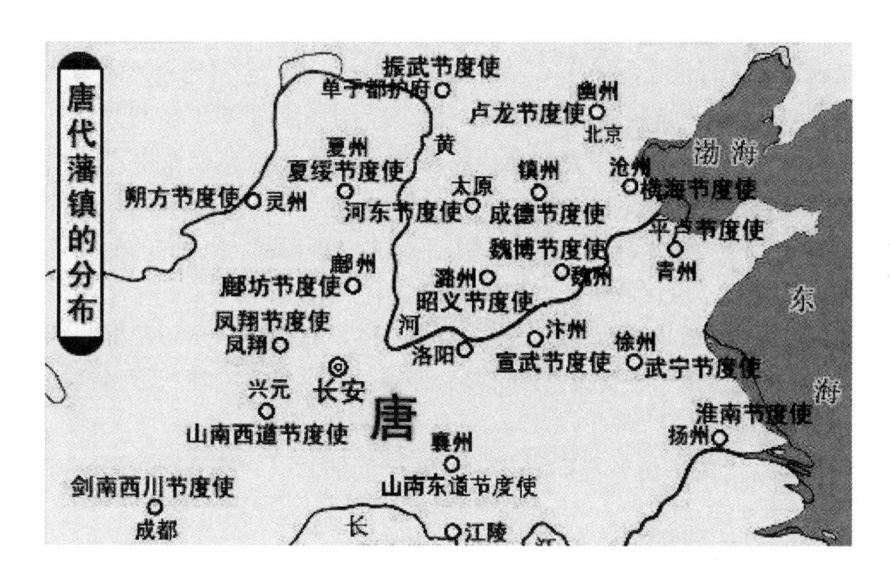

图10—1 唐代末年藩镇分布图(根据谭其骧《简明中国历史地图集》中《唐时期全图(三)》绘制①)

王寿南先生对藩镇进行了统计学方法的研究,认为唐代的大部分藩镇对于中央还是服从的,而形成割据的藩镇只发生在特定的时间(如德宗

---

① 谭其骧主编:《简明中国历史地图集》,中国地图出版社1991年版,第43—44页。

贞元年间和僖宗之后）和特定的区域（如河朔地区）。① 张国刚先生《唐代藩镇研究》是关于唐代藩镇问题的权威著作之一。作者从藩镇的类型分析入手，以坚实的史料依据和文献分析，用"藩镇格局"来代替"藩镇割据"，描述安史之乱后唐代的政局，对河朔割据型、中原防遏型、边疆御边型以及东南财源型藩镇进行了逐一分析，对于唐代藩镇的各项具体制度如军事体制、军将职级、财政体制以及监军制度、辟署制度、进奏院制度有深入讨论。② 冯金忠先生《唐代河北藩镇研究》是其硕士学位论文《唐代幽州镇研究》的补充修作，认为河北藩镇是唐代典型的割据型藩镇，对唐后期五代历史产生了深远的影响。该书以问题为纲，以专题研究的方式，在传统典籍的基础上，广泛利用碑刻墓志数据，对河北藩镇的组织体制、储帅制度、武职僚佐的迁转流动、军镇防御体系、屯田经济、佛教、世家大族、民族关系等方面进行了深入考察，在许多问题上提出了新的观点，是目前所见的第一部较为系统的研究唐代河北藩镇的专著。③ 姜密先生《唐代成德镇的割据特点》对河朔三镇各镇节帅的继承方式、离镇原因、在位时长等数据作了表格统计，以统计学的方法比较河朔三镇的管理模式。④ 幽州镇频繁发生军事叛乱，是与幽州镇的军事体制有关。日本学者松井秀一认为，卢龙之所以彻底贯彻以军将及幕僚兼摄州县之策略，乃是确保其强力军事体制之原因。⑤ 张天虹《唐代藩镇研究模式的总结和再思考——以河朔藩镇为中心》⑥ 一文，将有关藩镇研究的概况予以梳理。张剑光《唐代藩镇割据与商业》《唐方镇使府僚佐考》《唐代藩镇的类型分析》《唐代藩镇类型及其动乱特点》《试论唐代藩镇割据的社会基础》《唐代藩镇与主要关系之研究》等系列论文均针对唐代藩镇的各个方面提出了自己的见解。

王滨生《关于唐五代幽州割据的几个问题》（《首都博物馆丛刊》

---

① 王寿南：《唐代藩镇与中央之关系》，台湾嘉新水泥公司文化基金会1969年版，后由大化书局1978年出版。
② 张国刚：《唐代藩镇研究》（修订版），中国人民大学出版社2009年版。
③ 冯金忠：《唐代河北藩镇研究》，科学出版社2012年版。
④ 王寿南先生认为河朔藩镇的节帅是25位，参见《唐代藩镇与中央关系之研究·附录唐代藩镇总表》；姜密依据郁贤皓《唐刺史考》（第三册·河北道部分）认为是26位，参见《唐代成德镇的割据特点》，《河北师范大学学报》（哲学社会科学版）2000年第3期。
⑤ ［日］松井秀一：《卢龙藩镇考》，《史学杂志》第68编，1959年第12期。
⑥ 张天虹：《唐代藩镇研究模式的总结和再思考——以河朔藩镇为中心》，《清华大学学报》（哲学社会科学版）2011年第6期。

第九章　张弛于割据和恭顺之间：幽州节度使刘济

1983年第2期)、吴光华《唐代卢龙镇初期之政局》(《史原》1983年第11期)、何力《藩镇统治下的幽州》(《北京文博》1999年第1期)以唐代幽州镇作为整体研究对象，提出了自己的观点。正史材料《旧唐书》与《新唐书》中皆有刘济的传记。① 其墓志铭为当朝宰相权德舆所作，收入《权载之文集》，② 清朝人董诰编修《全唐文》时予以全文收录。③ 2014年，北京市房山区长沟镇发掘出土的墓志铭与《权载之文集》《全唐文》所载内容大同小异。④ 刘济墓志铭记载，"（元和）五年秋七月，寝疾薨于莫州之廨舍"，刘济在唐宪宗元和五年（810）去世，"时年五十四"⑤，古人计算年龄时采用实际年龄加一岁的虚岁制，所以，计算得出刘济在唐肃宗至德二载（757）出生。

刘济"始以门子明经游京师，有司擢上第。参幽州军事，转兵曹掾，历范阳令，考绩皆为府中最。兴元初以太子家令为莫州刺史，以御史中丞为行军司马"，可见，刘济早年在长安学习，并取得一定的功名。孙继民先生考证出，这些事件发生的时间大致是：770年前后在国子监学习，775年前后进士及第，776年到779年任幽州参军（从九品上）和兵曹掾（正七品下），780年到784年任范阳令（从六品上）。⑥ 784年起，担任太子家令（从四品上），后又转莫州刺史（从三品），790年，始任幽州节度使，之后一直镇守幽州至卒。其死后，唐朝赠太师（正一品）。⑦ 同时，值得注意的是，文献材料中载刘济任职还有"御史中丞"（正五品上）、"检校尚书右仆射"、"中书令"（正二品）、"开府仪同三司"（从一品）、兵部尚书（正一品）等，一生迁转达十余次，可谓位极人臣。

不过，作为戍边的"封疆大吏"，刘济被授的官衔多为散官虚衔，这也从侧面反映出，唐朝中后期，中央政府在使职差遣方面以及官员的品阶

---

① 《旧唐书》卷143《李怀仙附刘济传》、卷212《藩镇卢龙传》，中华书局1975年版。
② （唐）权德舆：《权载之文集》卷21，甘肃文化出版社2000年版。
③ （清）董诰等编：《全唐文》卷505。
④ 个别字词略有差异，比如（1）刘济墓志上记载"公姓刘氏，讳济，字济"。而在《权载之文集》和《全唐文》中，刘济的字均被记录为"字济之"。墓志上的该记载与《新唐书》一致，因此初步考虑刘济的表字应为"济"。（2）刘济墓志上记载了其准确的下葬时间。在《权载之文集》和《全唐文》中记载刘济的下葬时间有所出入，一说为"冬十一月"，一说为"冬十月"。墓志石上记载刘济"五年秋七月，寝疾薨于莫州之廨舍，享年五十四。冬十一月归全于涿州……之原"，所以其下葬时间应该以"冬十一月"为准。
⑤ 《旧唐书》卷143，第3901页。
⑥ 孙继民：《北京发现唐刘济墓的几个问题》，《光明日报》2013年7月31日第11版。
⑦ 《旧唐书》卷143，第3900页。

制度方面呈现出混乱局面。① 刘济个人的政治能力很强，"考绩皆为府中最"，从基层官员上升到中高层官员的速度较快，最终掌握实权任"幽州卢龙节度使"，中央政府对于雄踞一方的藩镇将领持安抚态度。刘济是如何从"官二代"的身份中顺利脱颖而出的呢？

　　刘济是刘怦的长子，刘怦因军功官至幽州卢龙节度观察等使、御史大夫，死后，赠司徒恭公。"军人习河朔旧事，请济代父为帅，朝廷姑务便安，因而从之。"② 当时唐王朝针对藩镇大权在握的情势下，又有北方疆土面临奚人、契丹等族的侵扰，唐中央政府便允许刘济承袭了其父刘怦幽州节度使之职。这种做法是出于维持疆域稳定的考虑，又有现实的无奈，对于"兵强马壮者"必然授予一定的官衔予以安抚。刘济于 810 年去世，关于刘济的死因，三类文献的记载差异较大。《旧唐书》载："及济疾，次子总与济亲吏唐弘实通谋鸩杀济，数日，乃发丧。"③《新唐书》的记载跟《旧唐书》比较而言，内容更加丰富，细节描述更加完善，认为刘济确实是死于其子刘总之手。这种表述代表了官方的看法。当朝宰相权德舆在奉命为刘济撰写的墓志铭中，则呈现出一份哀婉之情。《权载之文集》收录的刘济墓志铭里，对其死因记述则极为简单："寝疾薨于莫州之廨舍""已至大病"。④ 这不难理解，因为《全唐文》是对《权载之文集》的收录，故对于刘济的死因记载一致，认为刘济是卒于疾病。刘济到底是如何死的呢？

　　笔者认为刘济被次子刘总鸩杀的可能性较大。理由有三：

　　第一，《新唐书》称："济之出，以长子绲摄留务，总为行营都知兵马使。"⑤ 刘济既给予长子刘绲代替他行政的巨大权力，又让次子刘总掌握兵权，也许是他的制度设计过于理想化，寻求在儿子之间找到平衡，但是"一山不容二虎"，刘绲与刘总之间产生矛盾不可避免。而次子刘总乃是"性阴贼，尤险谲"⑥，借刘济生病之际，先发制人，毒死刘济而夺权，这种分析从逻辑上来说或合乎情理。过程如下：刘济出征期间，以刘绲"摄留务"，把幽州镇后方留守的重任留给了长子，以次子刘总为"行营都知兵马使"，即在前线掌握兵权。为了获得节度使这一重要职位，刘总

---

① 张国刚,《唐代官制》。
② 《旧唐书》卷 143，第 3900 页。
③ 《旧唐书》卷 143，第 3900 页。
④ 权德舆:《权载之文集》卷 21，第 110—112 页。
⑤ 《新唐书》卷 212，第 5975 页。
⑥ 《新唐书》卷 212，第 5975 页。

第九章 张弛于割据和恭顺之间：幽州节度使刘济 163

决定采取弑父这一做法，在刘济病危之时，刘总和左右亲信张玘、成国宝，还有帐内亲信共同实施了这一阴谋。刘总采取的步骤可谓环环相扣，首先是散布谣言，谎称朝廷不满刘济在瀛州逗留不前，准备以刘绲取代刘济的节度使之位。刘济相信了这样的话，《新唐书》记载："济愤且怒，不知所为，诛主兵大将数十人及素与绲厚善者。"① 刘总伺机动手，"济自朝至中昃不食，渴所酪浆，总使吏唐弘实鸩毒，济饮而死"。随后，刘总又假托刘济之命，下令将赶至涿州的刘绲杀死，从而自己堂而皇之地登上了幽州节度使的宝座。

第二，权德舆在撰写墓志铭时有两种可能，一是"谀墓"的行为，出于为死者避讳，将刘济被其子毒死一事避而不谈；二是刘氏家族内部斗争致刘济死亡，但上报时一定报的是刘济病故，权德舆未必知道实情，只是根据行状和上报结果来书写而已。因为官至幽州卢龙节度使这样的高官，中央政府在其死后"赠谥"是官方固定的习惯做法，当时的宰相权德舆是奉命而写，既然是皇命，则表明皇帝对刘济的肯定，即便知道真实死因，"死者为大"，哪能写上刘总弑父夺权的家族丑闻呢？

第三，刘济易怒且武断的性格使然。《旧唐书》中曾记载了刘济苦恼于王承宗叛乱，集总将，说道："天子知我怨赵，并命我伐之，赵且大备我，奈何？"稗将谭忠极力劝阻刘济讨伐叛乱的王承宗，没想到"济怒，击之"。这从侧面反映出，刘济非常容易被激怒。他听闻刘总放出的刘绲将取代自己的谣言，居然没有核实，反而信以为真，诛杀了素与刘绲交善者。

第二节 藩镇割据的另一面

唐王朝在安史之乱后陷入了藩镇割据的局面。宋人陈藻认为唐亡于"闺门也、外国也、藩镇也、宦官也、朋党也、盗贼也"②；清人赵翼提出"藩镇割据、跋扈"③；藩镇割据是唐代后期面临的棘手问题，也是唐朝灭亡的原因之一。这种分裂割据局面持续了约百年的时间，五代十国从某种

---

① 《新唐书》卷212，第5975页。
② （南宋）陈藻：《乐轩集》卷8《唐始终治乱》，文渊阁《四库全书》影印本，第1152册，台湾商务印书馆1986年版，第107页。
③ （清）赵翼著，王树民校证：《廿二史札记校证》卷16"唐节度使之祸"条，中华书局1974年版，第430页。

程度上是唐朝藩镇割据局面的继续。幽州卢龙节度使刘济的一生经历了肃宗、代宗、德宗、顺宗、宪宗五朝，执掌幽州节度使 25 年，是幽州 29 位藩帅中在位时间最长的一个①，加上其父与其子的任职时间②，刘氏一家执掌幽州藩镇大权连续 27 年之久，这在当时节帅频频易姓的主流下确实非常少见。故而，刘氏家族所经营的幽州藩镇颇具有研究价值。

  第一，节度使的选拔问题，即藩帅的承袭问题。就河朔割据型藩镇的权力获取而言，如《资治通鉴》中"父殁子代，兄终弟及"③ 是一种普遍的现象，当然还有拥兵自立和朝廷任命两种类型，而朝廷任命型在幽州所占比例极小。刘济的父亲刘怦，与所任藩帅朱滔之间的关系是表兄弟，刘怦系"朱滔姑之子"④，后凭个人卓越政治军事才能而得到朱滔的倚重，"凡出征伐，必以怦总留后事"，"人皆嘉怦忠义"，在朱滔死后，"三军推怦权抚军府事"，"怦为众所服"，朝廷便授予刘怦幽州节度副大使，总掌军务。⑤ 可以看出，刘怦获得藩帅职位，主要是因为他卓越的政治军事才能得到众将士的支持，而其背后争权夺利的政治斗争未做表述。不可否认，刘怦能够获得朱滔的信任也与他们之间表兄弟的亲情有关。刘怦在位三个月便去世，"军人习河朔旧事，请济代父为帅，朝廷姑务便安，因而从之"⑥。刘济获得藩帅的方式是父死子袭。刘总趁着兵乱情势，杀父自立，应属于父死子袭这一类方式。刘总在位仅仅 11 个月，后其皈依佛门，"上表归朝"⑦，即刘总主动请求离任，朝廷自然是欣然接受，对其封赏的同时，任命了宣武节度使张弘靖为新任幽州藩帅。以刘济为中心的上下四代藩镇首领在获得权力的方式上表现出拥兵自立、家族世袭和朝廷任命三种方式。当然，在藩镇地区政治动乱中，藩帅的承袭方式呈现出多样性与复杂性是很普遍的现象，河朔三镇大多如此。⑧ 需要指出的是，在唐代后期，朝廷任命是在综合考虑各种情况之后的"被动"任命，朱滔、刘怦、

---

① 可参见冯金忠《唐代幽州镇研究》，硕士学位论文，河北师范大学，2011 年，第 45—47 页。
② 以幽州镇而言，藩帅能在同一家族传袭三代者，独此一例。
③ 《资治通鉴》卷 616，第 5327 页。
④ 《旧唐书》卷 143《刘小平传》，第 3898 页。
⑤ 均引自《旧唐书》卷 143，第 899 页。
⑥ 《旧唐书》卷 143《刘小平传》，第 3901 页。
⑦ 《旧唐书》卷 143《刘小平传》，第 3902 页。
⑧ 详情参考姜密《唐代成德镇的割据特点》，《河北师范大学学报》（哲学社会科学版）2000 年第 3 期。该文对河朔三镇各镇节帅的继承方式、离镇原因、在位时长等数据作了表格统计，以统计学的方法比较河朔三镇的管理模式。

刘济、刘总之间权力的交替无不呈现出家族世袭的特征，朝廷在这方面无非是"走过场"式的任命。

第二，保疆的共同要求。唐代后期，藩镇首领"虽称藩臣，实非王臣"①。这一时期，唐朝处于内忧外患的窘迫状况，内部有各个藩镇割据自守，外部有奚人、乌桓等族屡来寇边，为此，唐中央政府寄希望于藩镇能来御边，保地方稳定，而河北藩镇时常扮演不听话的角色，但刘济似乎是一个例外。抗击鲜卑和乌桓可谓刘济的一大功绩，幽州镇地处唐朝边境地区，与北方少数民族接壤，乌桓、鲜卑等屡犯边境，袭杀百姓，抢掠财物，必然严重破坏幽州地区的社会生产生活秩序，刘济作为藩镇首领，必须出兵加以抗击。从这种角度来解读，可以看出刘济自身的需求与朝廷"保疆"的要求不谋而合。

第三，藩镇对于朝廷的归顺程度是从自身利益出发。刘济镇压王承宗叛乱的军事行为本不是朝廷下达的军事命令，"诏书许济无出师"②，但"诸军未进，济独率先前军击破之，生擒三百余人，斩首千余级，献逆将于阙"③。可见，刘济出征王承宗并获得了成功。如果分析刘济出兵的过程，可谓一波三折。刘济本也不愿出兵，担心攻打王宗承而损失自己的兵力，但其部下谭忠仔细分析利弊形势，力劝刘济出兵，刘济听从劝告并出兵，获胜后献功于朝廷。这样看来，攻打叛军并非一帆风顺，最终的胜利果实顺便献给朝廷是顺水推舟的事情，刘济何乐而不为呢？刘济一定程度上执行中央的命令，为中央王朝在边境与地方的统治做出了一定的贡献。其子刘总晚年因为自己"弑父夺权"之心理压力，"累疏求入觐，兼请分割所理之地，然后归朝"④。以河朔三镇的整体情况来看，对待朝廷持如此恭顺态度的刘济、刘总父子是特例，⑤ 大多数藩帅或是不执行中央命令，或是公然对抗中央王朝，恭顺之行为得到朝廷表彰应该是情理之中的事情。

刘济、刘总父子为什么对唐中央王朝会持如此恭顺的态度呢？为什么有的节度使对中央会持跋扈或是叛逆的态度呢？

---

① 《旧唐书》卷143《刘小平传》，第3896页。
② 《新唐书》卷212《刘小平传》，第5974页。
③ 《旧唐书》卷143《藩镇卢龙传》，第3900页。
④ 《旧唐书》卷143《藩镇卢龙传》，第3903页。
⑤ 朱滔、朱泚兄弟对朝廷的恭顺态度与刘济家族相差无几，对此有专门研究的冯金忠硕士学位论文《唐代幽州镇研究》，第31—32页。

第三节　割据还是归顺：现实的需要

在玄宗末年，节度使的合法权力已经包含了纳税征役和官吏自决等大权，随着藩镇形势的恶性循环发展，后期形成了"武夫悍将，据险要、专方面，既有其土地，又有其人民，又有其甲兵，又有其财富，以布列天下"①之局势，掌握了绝对权力的地方藩镇为维护既有利益，不听中央命令甚至反抗中央"侵利"之行为便是"理所当然"的。② 在刘氏家族任幽州镇藩帅时，其地方势力也是异常强大的，通过一些具体数据可以看出。抗击奚人入侵，"济击走之，穷追千余里，至青都山，斩首二万级"；面对王承宗叛乱，刘济"以兵七万先诸军，斩首数千级"等③，刘济拥有强大的兵力，总兵数甚至可能超过十万，且其军队的后勤给养是十分有保证的。如此强大的刘氏，为什么不是当时骄蛮跋扈、叛逆不顺的藩镇代表，却成为朝廷认为"最听话的诸侯"，还需要考虑幽州的地理位置。

第一，幽州特殊的地理位置。从地图中可以看到，幽州北部有契丹和奚人部族，南边有义武节度使和成德节度使。朝廷封赐刘怦、刘济二人的职衔中均有"押奚、契丹"一职。南方的义武节度使与成德节度使，与幽州的关系十分紧张。大历十年，"（成德节度使）李宝臣为（魏博节度使）田承嗣间说，与之通谋。承嗣又以沧州与宝臣，乃以兵劫朱滔于瓦桥关，滔脱身走，乘胜欲袭取幽州"④。在此之后，幽州、成德二镇可谓结成"宿怨"。刘济自己也说"天子知我怨赵"⑤，《资治通鉴》甚至认为"燕赵为怨，天下无不知"⑥。有学者从更大的范围来观察当时幽州的境况，认为淮西、淄青、泽潞诸镇多与成德、魏博交结，幽州镇往往遭受冷落；还分析唐朝廷与河朔三镇的联姻有意冷淡幽州镇的情况，认为唐中央

---

① 《新唐书》卷50《兵志》，第1328页。
② 可参见朱德军《唐代中后期"地方独立化"问题初探》，《陕西师范大学学报》（哲学社会科学版）2009年第3期；《试论地方性军人集团与唐代中后期"地方独立化"》，《青海师范大学学报》（哲学社会科学版）2009年第5期。朱先生这两篇文章详细讨论了唐中后期藩镇"地方独立化"的概念、历史渊源、为什么能独立、独立的表现是什么。
③ 《新唐书》卷212《藩镇卢龙传》，第5974页。
④ 《旧唐书》卷143《朱滔传》，第3899页。
⑤ 《新唐书》卷212《藩镇卢龙传》，第5974页。
⑥ 《资治通鉴》卷238"宪宗元和四年五月条"，第7670页。

第九章　张弛于割据和恭顺之间：幽州节度使刘济

对于以幽州为基地的安禄山叛乱是不能释怀的。① 由此可见，幽州面临的是左右不逢源的境况。后来刘总上疏请求归朝，想来也是无可奈何之举。幽州要想取得相对独立发展的外部环境，不得不对中央做出"输忠款""求归顺"等举动。

第二，刘济的性格特征。刘济早年"游学京师，第进士"，刘济在长安接受了系统的儒家正统教育。孙继民先生因而指出，刘济的读书经历和进士出身使其内心包含当时士人阶层的核心价值观念——"君臣父子之义"，这是刘济在处理幽州镇与唐中央关系时"最务恭顺"的思想根源与思想基础。② 刘济既为接受正统教育者，其也应该知道如何为天子臣下，如何为一方领袖。刘济为官，介乎于中央与地方之间，上要听从皇命，下要安抚部众，中央与地方往往在很多方面还并不能达成一致意见，且部下杀死藩帅而拥兵自立的事件也时常发生。

第三，唐朝廷"诏赠太师，废朝三日，赙礼有加，谥曰庄武"③，皇帝表现出了极大的哀恸之情，这大概也是因为刘济在任时的"归顺"：其一，刘济治幽州期间，屡"输忠款"，还奉皇命军事征讨叛逆，且将辖地治理良好，可以说是一个忠于朝廷的"顺官"，因而深得朝廷喜爱，对其如此礼遇也合情合理。其二，刘济生平历经唐肃宗、代宗、德宗、顺宗、宪宗五朝，这一时期河北地区藩镇局势混乱，各藩帅掌握一方大权，或不听中央号令，或直接与中央军事抗衡，如刘济般恭顺者少之又少，朝廷也希望大加褒奖"顺我者"，以求在处理藩镇问题上表明中央的态度。

第四，割据与否，恭顺与否，取决于现实的需要。《旧唐书》记载了刘济恭顺朝廷的细节："济在镇二十余年，虽输忠款，竟不入觐。"④ 作为朝廷边防重镇的节度使，刘济为唐中央王朝服务似乎是在情理之中的事情。刘济有两个兄弟刘滩和刘源，但是兄弟之间不和。

> 弟源，贞元十六年八月，为检校工部尚书，兼左武卫将军。初，为涿州刺史，不受兄教令，济奏之，贬漠州刺史，复不受诏。济帅师至涿州，源出兵拒之，未合而自溃。济擒源至幽州，上言请令入觐，

---

① 冯金忠：《幽州镇与唐代后期政治探析》，《中国边疆史地研究》2006 年第 3 期。
② 孙继民先生在 2013 年 7 月 31 日的《光明日报》第 11 版上发表《北京发现唐刘济墓的几个问题》一文就刘济为何恭顺分析原因为两点：一是受到父亲刘怦的影响，二是刘济本人受到的教育的影响。
③ 《旧唐书》卷 143《刘怦附刘济传》，第 3901 页。
④ 《旧唐书》卷 143《刘怦附刘济传》，第 3900 页。

故受管以征之。①

凭着多年在官场混迹的经验，刘济自然明白，想要坐稳藩帅的位置，不能忽视中央政府的力量，这也应该是其恭顺的重要因素之一。刘济的另外一个弟弟刘瀛，原本是支持刘济，刘济也封刘瀛为瀛洲刺史，并许诺"以瀛代己任"，但是刘济最后食言，把副大使的位子留给了自己的儿子刘绲，刘瀛愤而归顺朝廷。从这些记载来看，刘济并非完全听命于朝廷的安排。

张国刚先生认为河朔藩镇有三个基本特征：即政治上，藩帅不由中央派遣而由本镇拥立；财政上，赋税截留本镇而拒不上供中央；军事上，养蓄重兵，专恣一方，并以之作为与中央分庭抗礼的凭借。② 本书讨论的对象幽州卢龙节度使刘济，按说应该属于跋扈型。但依据最新考古发现刘济墓志铭，参考正史记载中的多方文献，可以考释出刘济的生卒年、官职履历、军事活动、死因等，从中可以看到一位更加饱满的历史人物形象。刘济家族虽在藩帅的承袭上表现出来很大的地方独立性，而在财政上则有"屡输忠款"之举，在军事上虽拥重兵，但并无抗衡中央之行为，反而多次抗击北方奚与契丹的入侵，并参与镇压地方叛乱，可以说尽到了官方要求的义务，表现出了恭顺的一面。那么，是否可以质疑张国刚先生提出的藩镇割据的模式呢？

刘济个案表现出来的特殊性最好放到具体的历史环境中予以解释。张国刚先生提到的藩镇分类"只是表示一种基本趋向，具体到某个藩镇的归属，有的可能有两重性"③。当需要在割据与恭顺之间做出选择时，藩镇节度使首先考虑的一定是自身的利益。只有当自身的利益跟朝廷的命令相吻合时，幽州卢龙节度使刘济才表现出归顺的一面。

当然，在他去世后，朝廷表现出友好与诚意，不仅"赠谥"，而且皇帝"辍朝五日"，这对幽州而言，是一种极高的荣耀；对于其他听从中央安排的节度使而言，何尝不是一种宣慰呢？刘济的"恭顺"态度，对处于内忧外困被动环境下的中央王朝，无疑是一种值得褒奖的事情，刘济做出的明智之举，最终目的也是倚靠中央而保全自身。刘济的经历仅是个案，但是给我们提供了启发。一方面这个家族表现出来的"恭顺"丰富

---

① 《旧唐书》卷143《刘怦附刘济传》，第3901页。
② 张国刚：《唐代藩镇类型及其动乱特点》，《唐代藩镇研究》，第99—100页。
③ 张国刚：《唐代藩镇类型及其动乱特点》，《唐代藩镇研究》，第99页。

了藩镇的实际情况,而不是用静止的眼光来定义历史上藩镇的几种类型;另一方面,从动态的角度重新理解唐中后期河朔藩镇与中央政府整体呈现出来的分庭抗礼之势。

(本章刊载于韩国《亚洲研究》2015年,总第20辑,收录本书时有订正和改动)

第十章　身留一剑答君恩：保义军节度使刘澭

刘澭（759—808），幽州昌平（今北京市昌平区）人，唐代名将，曾任行秦州刺史、陇右经略军使、保义军节度使等职。他的父亲刘怦、兄长刘济相继为卢龙节度使，雄踞河朔，父子三人在当时均占有举足轻重的地位。

虽然刘澭其人于两《唐书》有传，其神道碑亦存（吕温撰《唐故金紫光禄大夫检校兵部尚书使持节都督秦州诸军事兼秦州刺史御史大夫充保义军节度陇西经略军等使上柱国彭城郡开国公食邑二千户赠尚书右仆射中山刘公神道碑铭并序》①，以下简称《神道碑》），另有不少笔记资料，但学界并无专门研究。史书所载刘澭事迹不只过于简略，更有不少抵牾及舛误。神道碑虽然以详细信息勾勒出刘澭较为丰富的形象，但对某些重要事件语焉不详且多有回护。而唐宋笔记等材料正可对这些大事提供重要补充。如果将史书、神道碑、笔记三方面材料结合起来，或可对藩镇内部权力争夺、侨置府州、顺宪之争、唐廷对具有河朔背景将领的防范以及收复河湟等重大唐史问题有更为深刻的认识。

第一节　刘澭的家世背景

两《唐书》和《资治通鉴》述刘澭父兄较详，② 对其父以上世系付之阙如（仅《旧唐书》载刘怦"父贡，尝为广边大斗军使"）。幸运的

---

① 吕温：《吕衡州文集》卷6，中华书局1985年版，第63—68页。董诰等编：《全唐文》卷360亦载此文，文字稍异（第6358—6362页），以下凡引《神道碑》不另行出注。按："陇西"当作"陇右"，详后。
② 《旧唐书》卷143《刘怦传附刘济传》，第3898—3901页；《新唐书》卷212《藩镇卢龙传》，第5973—5975页。

第十章　身留一剑答君恩：保义军节度使刘滩　171

是，刘氏家族墓碑的信息填补了这个空白，刘滩兄刘济墓志、弟刘源墓志皆有记载。① 然而《神道碑》记述仍可补充前述文献：

> 其先帝尧之允，事夏后者曰累，随会之子，处咸阳者为刘。……公即孝景帝子中山靖王胜之后也。……十一代祖后魏尚书、左仆射、燕郡公灵助，始有大功，建兹元社，遂为范阳人焉。……曾祖特进、检校司卫卿、临洮军使、赠宋州刺史讳宏远，恢持重之姿，抚宁洮罕。王父特进、检校右金吾卫大将军、太常卿、大同军使、赠扬州大都督讳贡，厉摧坚之气，震叠氐羌。烈考开府仪同三司、幽州大都督府长史、带正省兵吏刑户四尚书、左右仆射平章事、兼御史大夫、幽州卢龙军节度使、累赠太师、太保讳怦，以正有功，以宽得众，书伐盟府，拥旄本邦。

据《神道碑》记载刘滩为刘灵助后裔。刘灵助，燕郡人，曾投靠尔朱荣。他于尔朱荣死后自号燕王，为庄帝举义兵，后兵败被杀。有子名宗辉。② 虽难以确证，但细绎史籍，刘灵助为燕郡人，刘滩为其后裔是很有可能的。《神道碑》与刘滩兄、弟墓志对父祖及以上记载皆不全，须互相对照补充，方得其实。

以上所载刘滩父祖官爵有抵牾和错误。如刘滩祖父名讳，《神道碑》作"宏远"，《刘济墓志》作"弘远"（另有刘济从弟洄墓志所载同③），《刘源墓志》作"远"。《神道碑》原石不存，传本为避宋或清讳，改"弘"为"宏"，作"远"者漏载一字（或"弘远"及"远"一为名，一为字）。其检校之职，《神道碑》与《刘济墓志》皆作"司卫卿"，《刘源墓志》作"卫尉卿"。按，《初学记》卷十二载卫尉卿一职在唐代前期

---

① 《刘济墓志》作："蜀昭烈皇帝二十一代孙。曾祖弘远，皇检校司卫卿、临洮军使，袭彭城郡公，赠宋州刺史。祖贡，皇特进左金吾卫大将军，赠扬州大都督。父怦，皇幽州卢龙节度观察等使，御史大夫、赠司徒恭公"（权德舆撰，郭广伟校点：《权德舆诗文集》卷21，上海古籍出版社2008年版，第318页）。《刘源墓志》作："府君讳源，字利物，其先彭城人也。曾祖远，皇朝检校卫尉卿、临洮军使、袭公。祖贡，皇朝任特进、行右金吾卫大将军，赠扬州都督；父怦，皇朝任幽州卢龙节度管内支度营田观察处置等使、开府仪同三司、幽州大都督府长史、兼御史大夫、彭城郡王、开国公，赠尚书右仆射，累赠太子太保"（赵力光主编：《西安碑林博物馆新藏墓志续编》一四六《刘源墓志并盖》，陕西师范大学出版社有限公司2014年版，第455页。按：编者将"特进"断开，"进"字下读，误，今径改）。
② 《魏书》卷91《刘灵助传》，第1958—1960页。
③ 赵力光主编：《西安碑林博物馆新藏墓志续编》一四六《刘洄墓志》，第499页。

的沿革:"唐武德初省之,贞观中复置。龙朔二年改为司卫卿,咸亨初复旧。光宅初又改为司卫卿,神龙初复旧。"① 则据史实当作"卫尉卿",墓志撰者以旧称为词。刘澭祖父刘贡的官衔,《神道碑》与《刘源墓志》皆作"右金吾卫大将军",《刘济墓志》作"左金吾卫大将军",未知孰是。另外,刘贡所任"大同军使"一职,《全唐文》卷六百三十作"大斗军使"②。《旧唐书》卷一百四十三《刘怦传》载其父刘贡"尝为广边大斗军使"③。按《元和郡县图志》载"大斗军,凉州西二百里。本是赤水军守捉,开元十六年改为大斗军。因大斗(枝)[拔]谷为名也。管兵七千五百人,马二千四百匹"④。刘贡父刘宏远曾任临洮军使,亦为西北边镇,则刘贡所任当为大斗军使。值得注意的是,至刘怦时刘氏已三世为将,具有较为深厚的根基,这些都为朱滔败亡后刘怦据有幽州提供了方便。

刘澭于元和二年十二月(已入 808 年)去世,⑤ 享年四十九岁,赠尚书右仆射,谥曰景。⑥ 这些记载与《神道碑》同:

> 以元和二年十二月日,薨于岐山县之行次,享年四十有九。皇上震悼,废朝彻乐,未伺子明之疾,遽迎征虏之丧,愍册极词,法赙优等,赠尚书右仆射,谥曰景公。以三年十月日,列箫鼓灵仪,赐温明秘器,卜兆十里,会车千乘,葬我景公于万年县之少陵原,备哀荣也。

《神道碑》还有刘澭的去世地点、落葬时间、葬地及皇帝辍朝、赗赠等信息,可补史传之阙。

刘澭妻河东柳氏,史籍不载。《神道碑》也只是笼统言其"某官某之孙,某官某之女。清门华胄,媚德馨行,辅佐君子,蔚为时桢。抚训诸孤,继立家道,二《南》所美,无以尚之"。刘澭有子五人:长子锐,朝议郎、太子洗马;次子师贞,前右武卫仓曹参军;次子师礼,前商州司仓

---

① (唐) 徐坚等著:《初学记》卷12《职官部下·卫尉卿十九》,中华书局1962年版,第307页。
② 《全唐文》卷360,第6359页。
③ 《旧唐书》卷143《刘怦传》,第3899页。
④ (唐) 李吉甫撰,贺次君点校:《元和郡县图志》卷40《陇右道下》,中华书局1983年版,第1018页。
⑤ 《旧唐书》卷14《宪宗纪上》,第423—424页;《旧唐书》卷143《刘澭传》,第3901页。
⑥ 《新唐书》卷148《刘澭传》,第4780页。

第十章 身留一剑答君恩:保义军节度使刘沔 173

参军;次曰棁(《全唐文》作"税"),前钦王府参军;次曰兑,门子出身。刘沔诸子皆仕宦不显。《册府元龟》载穆宗元和十五年(820)十月宴赐军使中有名刘师贞者,① 此人或即刘沔次子。

《旧唐书》记刘沔"喜读书,工武艺"②,《新唐书》作"涉书史,有材武"③。二书所记过于简略,《神道碑》则曰:

> 幼挺奇节,长有雄姿,森武库之锋芒,错文昌之光色。悦《礼》之别,惇《诗》之和,观《易》象之元,得《春秋》之正。申、商之法,撼实而除苛;孙、吴之书,取权而去诈。行有余力,则遣词比兴,多中于雅音;材之旁通,则骑射剑击,皆穷其妙用。真所谓多能博识,允武允文者也。

刘沔虽然来自武夫世家,但同样受到文化熏染,不只遍览兵书,还涉猎文史,甚至可以"遣词比兴",具有一定文学水平。他在守卫边陲,谋划收复河湟却郁郁不得志时,仍不忘醉心文学:"况又敦尚儒学,慕亲贤才,妻子食淡而宾膳丰珍,居室安卑而候馆华峻,风声所及,日月继至。观夫危冠大带,杂于介胄之间,春咏夏弦;不改胶庠之乐。光名四达,固有由焉。"刘济曾"游学京师,第进士"④,文化程度亦颇高。刘济、刘沔并非特例,唐代河朔藩镇十分重视军事技能与文化教育的培养。⑤

唐代文学之盛,连藩镇都受其影响。⑥ 无怪乎唐末在中央仕途不顺的文人纷纷前往藩镇施展才华,⑦ 如董邵南在举进士不第后意图前往河北藩

---

① 《册府元龟》卷111《帝王部·宴享三》,中华书局1960年版,第1317页。
② 《旧唐书》卷143《刘沔传》,第3901页。
③ 《新唐书》卷148《刘沔传》,第4780页。
④ 《新唐书》卷212《刘济传》,第5974页。
⑤ 参见张天虹《"书剑双美":唐河朔藩镇的军事技能培养与文化教育——基于社会流动的视角》,《南京大学学报》(哲学·人文科学·社会科学版)2011年第6期。
⑥ 戴伟华《唐代幕府与文学》(现代出版社1990年版)是较早系统研究唐代幕府与文学关系的著作,在此基础上形成的《唐代使府与文学研究》(广西师范大学出版社1998年版。该书修订本由原出版社2007年出版)又作了更为深入的研究。石云涛《唐代幕府制度研究》(中国社会科学出版社2003年版)中对"士人依托藩镇"和"唐代幕制与士风"等问题也有所探究。此外,学位论文对此也有涉及(李翔:《中晚唐五代藩镇幕僚文学研究》,博士学位论文,南开大学,2014年)。
⑦ 陈寅恪曾注意到安史之乱后唐代士人"北走河朔"的问题(陈寅恪:《隋唐制度渊源略论稿·唐代政治史述论稿》,第210—212页),张天虹在此基础上以李仲昌为例作了个案研究[张天虹:《从新刊唐代〈李仲昌墓志铭〉看安史之乱后士人"北走河朔"》,《河北大学学报》(哲学社会科学版)2011年第3期]。

镇寻求机会,韩愈作序劝勉。① 李益因不得意而北游河朔,被刘济辟为从事,所献之诗有"不上望京楼"之语。还朝后因此诗被降居散秩。② 李益诗中流露出在刘济幕府深受器重之感,无怪乎文士去河朔寻求机会。《神道碑》虽不免夸大其词,但作为赳赳武夫的刘澭在公事之余,招致一批文士共同留连文翰应是事实。从刘澭等人修习儒家经典等来看,陈寅恪先生认为安史之乱后的河朔藩镇的胡化问题值得再思考。③

第二节 助父兄割据幽州

安史之乱后,唐廷对藩镇的控制大不如前。其中范阳(又称幽州或卢龙)、成德和魏博是著名的"河朔三镇",形成事实上与中央对峙的局面。其中幽州节度使变更频繁,不到十年间,李怀仙、朱泚、朱滔相继登台,上演了一幕幕阴谋夺位的闹剧。

建中四年(783)十月,泾原兵变,朱泚被拥为主帅,僭号为帝,其弟朱滔亦相应其事,旋即兵败,朱泚被部将所杀。兴元元年(784)五月,朱滔败归幽州。贞元元年(785)六月,朱滔卒。④ 刘澭之父刘怦"即朱滔姑之子也",一直在朱滔手下任职。朱滔死后,三军推刘怦权抚军府事。刘怦深得军心,被朝廷授予幽州大都督府长史、幽州卢龙节度副大使、知节度事、经略卢龙军使等职。⑤ 事在当年七月。⑥《神道碑》记载其事甚详:

> 公弱冠之岁,朱滔败归幽陵,狼顾未定,先太保时为行军司马,用公之策,与滔定计,戢兵彻警,洗衅归诚。致父于曲突之勋,拯人于坠途之难,由是山东侯伯,始闻其名。是岁孟秋,滔卒于镇,幽人怀德,推奉太保,方执谦志,未允诚求。公以为幽燕本负气之乡,豪

---

① (唐)韩愈著,刘真伦、岳珍校注:《韩愈文集汇校笺注》卷10《送董生游河北序》,中华书局2010年版,第1055页。
② 《旧唐书》卷137《李益传》,第3771—3772页。
③ 牟发松以墓志资料为中心研究了唐代河北藩镇仍以文化为媒介与长安皇朝保持内在联系。参见牟发松《墓志资料中的河北藩镇形象新探——以〈崔氏合祔墓志〉所见成德镇为中心》,《陕西师范大学学报》(哲学社会科学版)2008年第3期。
④ 《旧唐书》卷12《德宗纪上》,第342、349页。
⑤ 《旧唐书》卷143《刘怦传》,第3898—3899页。
⑥ 《旧唐书》卷12《德宗纪上》,第349页。

杰陷失节之地，自新无路，从乱如归，安危生于俯仰，逆顺决于指顾，权必有济，不可以假人；贵不为荣，岂嫌于在己。趋庭诤论，决策指麾，正颓波于众心，回白日于王命。重氛载廓，阃境昭苏。由是汉庭公卿，始重其节。

对照《旧唐书》记载刘怦劝朱滔勿反叛朝廷，并在朱滔败归后"迎滔归于府第，人皆嘉奖其忠义"①与刘澭"事朱滔，常陈逆顺之理"②等事可知，《神道碑》所言不虚。由此可知，朱滔败归幽州后，在刘怦、刘澭父子劝其归顺朝廷上起到重要作用。《神道碑》载刘澭为父亲献策劝朱滔归顺朝廷时年才弱冠，非是。由《神道碑》知，刘澭卒于元和二年十二月（808年1月），享年四十九岁，则其生于肃宗乾元二年（759）。那么贞元元年（785）朱滔败归幽州时，刘澭已经二十七岁，《神道碑》将其系于弱冠，是为了盛赞其年少多智。刘澭说服父亲果断抓住时机据有幽州，与李世民劝父亲李渊起义兵，最终建唐的事迹颇为类似。

刘怦居位才三月即病逝，子刘济继为幽州节度使。③刘怦病逝前，已于贞元元年九月己亥以子刘济权知军州事，并得到朝廷许可。④《旧唐书》载刘怦"病将卒，澭在父侧，即以父命召兄济自漠州至，竟得授节度使"⑤。《神道碑》对此叙述颇详：

前又太保既婴危疾，侍中时镇莫州，公总兵中权，尝药内寝。弛张在手，上下宅心，而见利不回，临事能断，推至公于门内，度德惟钧；申大义于军中，以长则顺。于是陟岗长望，飞馹潜迎，劝辍哭于创巨之晨，托理命于纲纪之仆，军府立定，家国乂安。

刘济得以顺利继位，其弟刘澭功不可没。因此，刘济对刘澭感念至深，委以重任。《神道碑》载：

既而侍中泣曰："金革无避，吾岂获已，手足相卫，尔何自安？"

---

① 《旧唐书》卷143《刘怦传》，第3899页。
② 《旧唐书》卷143《刘澭传》，第3901页。
③ 《旧唐书》卷143《刘怦传》，第3900页。
④ 《旧唐书》卷12《德宗纪上》，第351页。
⑤ 《旧唐书》卷143《刘澭传》，第3901页。卷末校勘记指出"漠州"当作"莫州"，《神道碑》不误。

遂奏起公为涿州刺史。未几，转领瀛州。东负沧海，南驰诸夏，地饶俗杂，久号难理。公乃简其约束，峻其堤防，均其有无，一其劳逸，心听而方断，身践而后言。令下于流水之源，化行于偃草之势，盗奔他境，人复先畴。亦既富庶，聿观礼让，日用吾道，于何不臧。其年兼御史中丞，充本道节度、瀛州兵马留后，又兼御史大夫、行军司马。

刘滩在瀛州刺史任上政绩卓越，并得以升迁。

第三节　河朔藩镇的权力困局

不久，刘济擅自改变继承人导致二人产生矛盾。《旧唐书》载"济常感滩奉己，滩为瀛州刺史，亦许以滩代己任，其后济乃以其子为副大使。滩既怒济，遂请以所部西捍陇塞"①。《资治通鉴》亦载"滩怨之，擅通表朝廷，遣兵千人防秋。济怒发兵，击滩，破之"②。吴缜在《新唐书纠谬》中指出《德宗本纪》载刘滩在瀛州战败后奔京师，而《刘滩传》则记刘滩因愤恨其兄，主动请求"以所部为天子戍陇"③。

相比以上记载，《册府元龟》叙述更为明晰：

> 刘滩，卢龙军节度使怦之次子。怦卒，子济代任，济表为瀛州刺史。滩性轻财爱士，得人之死力。济疑忌颇甚，人多间之。因召滩不至，发兵攻之。滩婴城自守，以事上闻。城数月不拔，济令引滹沱水灌之，城中益急。会有诏许滩朝京师。④

依《册府元龟》所述，诱发刘济、刘滩矛盾的因素除了刘滩对刘济改变之前承诺的兄终弟及为父死子继引刘滩的强烈不满外，还有刘济忌惮

---

① 《旧唐书》卷143《刘滩传》，第3901页。
② 司马光编著：《资治通鉴》卷234，德宗贞元八年条，第7539页。
③ 吴缜：《新唐书纠谬》卷4《四曰自相违舛》，中华书局1985年版，第39页。王东在校注《新唐书纠谬》时指出《新唐书·刘滩传》略去归京师原因，导致吴缜不解。这是为刘济讳，所以略去不载（王东、王宏阁：《唐书直笔校证·新唐书纠谬校证》，四川大学出版社2014年版，第225页）。
④ 《册府元龟》卷418《将帅部·严整》，第4987页。

刘滩在军队的威望以及外人离间。

《神道碑》对刘济、刘滩兄弟二人的矛盾有所回护，其述刘滩归朝是"且东胡之强，吾兄既雄其式遏；西丑之类，鄙志必期于殄歼。一家勤王，万里同力，游于地下，无负先公。谁居谁行，吾计决矣"。一派父子许国、兄友弟恭的祥和气象。

德宗贞元八年（792）十一月，刘济与刘滩战于瀛州，刘滩兵败后奔京师。① 刘滩"乃拔瀛州军士及男女万余口，历恒、魏数军，直趋京师。人无离叛者，滩号令严肃，所过刍荛无所犯。其诸军虽甚恶之，卒不能阻败"②。经历一年有余才到达京师。《神道碑》花了很大笔墨描写刘滩赴阙之事：

> 于是七营四校，一呼三跃，童儿奋臂，女子襄裳。奏书朝下，牙旗夕出，穀骑八百，组甲五千，次舍按部，周旋成列，云鸟递引，龙蛇相追，夜度关而不嚣，晨涉川而如贯。加以赢粮自给，假道无烦，历百城而馈饩皆辞，居一夕而墙宇必葺。憩林适去，坠果犹存，径田疾趋，滞穗不犯。军容之整，故老莫传，自燕抵秦，扶路瞻叹。初公躬率将士，以先启途，夫人抚其妻孥，别次继进，爰自建旆，迄于解鞍，行不接尘，止不通问，元帅去裘盖之逸，小君罢膏沐之容，在樵苏而必亲，历寒暑而无替，虽古名将，未之能行。

正可补充史传疏略。刘滩与刘济二人的关系，两《唐书》所载亦有不同。《旧唐书》作"济之异母弟也"③，《新唐书》作"怦之次子，济之母弟也"④。《资治通鉴》载"初，刘怦薨，刘济在莫州，其母弟滩在父侧，以父命召济而以军府授之"。⑤ 刘济病危时以刘滩侍侧，或可证其非庶出。另外，《神道碑》载刘滩"丁越国夫人忧，至性继酷，终天穷感，杖而后起，殆不胜丧。军士泣留，王人逼谕，起复旧职，敬恭新命"。刘滩对刘怦妻越国夫人孝思备至，若非生母或不致如此。因此，或当以《新唐书》所载为是。

《旧唐书》刘济、刘滩本传之间又载刘济弟刘源事迹：

---

① 《新唐书》卷 7《德宗纪》，第 198 页。
② 《册府元龟》卷 418《将帅部·严整》，第 4987 页。
③ 《旧唐书》卷 143《刘滩传》，第 3901 页。
④ 《新唐书》卷 148《刘滩传》，第 4780 页。
⑤ 《资治通鉴》卷 234，德宗贞元八年条，第 7538 页。

弟源，贞元十六年八月为检校工部尚书，兼左武卫将军。初，为涿州刺史，不受兄教令，济奏之，贬漠州参军，复不受诏。济帅师至涿州，源出兵拒之，未合而自溃。济擒源至幽州，上言请令入觐，故授官以征之。①

《资治通鉴》卷二百三十五亦载其事："卢龙节度使刘济弟源为涿州刺史，不受济命，济引兵击擒之。"②《新唐书》不载刘济有弟刘源。此刘源与刘滩一样曾任涿州刺史，检校工部尚书，兼左武卫将军，且与兄刘济不睦，战败赴阙。初疑刘源事迹乃为刘滩之讹，后得见《刘源墓志》方知《旧唐书》与《资治通鉴》不误。

刘源（765—807）为刘济第三子（母越国太夫人徐氏），十六岁时明经业优等第，释褐授幽州大都督府参军。长兄刘济继父位后，授刘源幽州卢龙节度都知兵马使兼知衙事。奚人犯边时，刘源率兵击退。累迁涿州刺史，充本州□□□泰军营田等使。③

刘滩、刘源皆与长兄刘济因权位之争兵戎相向，战败赴阙。其中透露了河朔藩镇的困局。节度使为了巩固自己的地位，需要任用兄弟子侄等为支州刺史等职以掌握核心权力，维持优势地位。如刘怦时，刘济镇莫州，刘滩在父亲身边辅佐。刘济时，刘滩任职涿州、瀛州等地，刘源亦任职涿州。但河朔藩镇继位不同于唐帝立嗣，多是凭借事功或父母宠遇，具有不确定性。因此，这些兄弟子侄对节度使而言又意味着威胁：一方面是他们自身权力欲的驱使，另一方面也容易被僚属怂恿以争位。

刘济去世前被次子刘总所迫，使得长子刘绲被杀也与此有关。如果刘济可以处理好与刘滩、刘源关系，刘总或许惮于两位叔父的力量而不敢对刘济、刘绲轻举妄动。可以说家族力量在河朔藩镇是一种双刃剑，利用得当可以有效维持"河朔故事"，保证簪缨继世；利用不当非惟使得父子兄弟互相攻杀，外人得以乘虚而入（刘总末年退位为僧，归顺朝廷。张弘靖不能制幽州局势，军士拥立朱滔之孙朱克融，朱氏开始经历刘氏的困局）。

藩镇体制下，不但兄弟子侄得以分享权力，母族、妻族等外家也成为其中握有权力的一方。因此，在权位争夺中，如果与外家关系密切，有时

---

① 《旧唐书》卷143《刘源传》，第3901页。
② 《资治通鉴》卷235，宪宗元和十年条，第7713页。此事无确切日期，《资治通鉴》仅将其系于德宗贞元十六年七月与九月之间。
③ 赵力光主编：《西安碑林博物馆新藏墓志续编》一四六《刘源墓志并盖》，第499页。

会对双方力量对比起重要作用。刘总外祖张懿曾为涿州刺史、卢龙军兵马使。① 刘总的岳父张皋任涿州刺史，深得刘济信任。刘总夺位时采取的手段即是联合判官张玘、孔目官成国宝及帐内小将假装是从京师而来的使者责备刘济在讨伐王承宗时逗留不进，命刘绲为节度使。经此离间计，刘济果然上当，命张玘兄张皋代知留务。刘总在毒死其父刘济后，矫命杀死其兄刘绲，终于领卢龙军务。② 刘总得以杀父兄夺位，外家的助力是不可或缺的因素。相比刘济，刘滩妻族为河东柳氏，大约是普通士族，未在当地任职。这就使得刘滩在与刘济的对抗中势单力孤，难以取胜。

第四节　刘滩与河朔气度

《神道碑》载刘滩到达长安后受到德宗的厚赏：

> 德宗备礼劳迎，虚襟相待，一见升殿，目送杰人之姿；三接论边，心许成君之事。即日拜秦州刺史兼御史大夫，充陇西经略军使，割扶风之普润县以处之，倚为长城，镇我近辅。羽仪鼓吹，等西夏之雄藩；扉屡资粮，同北军之宠士。

贞元十年（794）二月丙午，"以瀛州刺史刘滩为秦州刺史、陇右经略军使，理普润县，仍以普润军为名"③。《神道碑》载：

> 公由是感悟神动，精诚涕流，荷知臣之明，思求己之报，砥砺壮节，激昂雄图。而地狭一同，众才十旅，逼介塞垣之下，崎岖山谷之间。因深为隍，即险增垒，翦蓬伐木，以立营署，凿石垦草，以开屯田。俸禄不入于私家，子弟必从于公役，缣绋之寻尺，咸在军装；金铁之锱铢，尽归兵器。无歌僮舞女之玩，而讲训为娱；绝良鹰异犬之求，而骁果是务。加以推诚待下，爱士如身，视疾临丧，舆榇必至，字孤养老，骨肉何先。遂令千夫一心，积感思奋，各捐躯而唯恐后死，未见敌而争为前登。

---

① （唐）白居易著，谢思炜校注：《白居易文集校注》卷14，中华书局2011年版，第725页。
② 《旧唐书》卷143《刘总传》，第3902页。
③ 《旧唐书》卷13《德宗纪下》，第378页。

刘滩感念德宗的厚遇，在秦州卓有治绩。他在普润时仍然治军有方：
"军中不设音乐，士卒病，亲存问所欲，不幸死，哭之。"① 他的这些行为
甚至让时人怀疑他是奸雄。② 《神道碑》对此总结为"十五年间，烽燧无
警；数千里内，兵防倚重"。据《神道碑》载，贞元二十一年（805），顺
宗即位，内外官员得以升迁，刘滩加检校工部尚书。

《新唐书》载"刘滩旧军屯普润，数暴掠近县。吉甫奏还泾原，畿民
赖之"③。《唐语林》载"澭（按：当作'滩'）镇普润七年，后镇泾
原"④，则知刘滩移镇泾原的时间在贞元十七年（801）。宪宗也认为"澭
驭众严肃，固是良将"，但同时知悉刘滩有"向者幽系幕吏，杖杀县令"
等恶劣行为。⑤ 可见，刘滩治军能得众心，但也有骄横专擅及纵军暴掠等
行为。

唐代，秦州属陇右道。宝应二年（763）陷于吐蕃，管县五：上邽、
伏羌、陇城、清水、成纪。⑥ 刘滩所领之秦州显然与此不同。《新唐书》
卷六十四《方镇表一》载"初，陇右节度兵入屯秦州，寻徙岐州，及吐
蕃陷陇右，德宗置行秦州，以刺史兼陇右经略使，治普润，以凤翔节度使
领陇右支度营田观察使"⑦。《唐语林》亦载"朝廷优遇，乃割凤翔府普
润、麟游等县为行秦州，以普润为理所、保义为军号。拜澭行秦州刺史，
充保义军节度使，所领将十营于此"⑧。可知陇右陷于吐蕃后，德宗割普
润等县侨置秦州。但赐军号"保义"并非与割普润置行秦州同时，而是
在罗令则事件平息后的元和元年四月宪宗对刘滩赏功。此事《神道碑》
中亦言"假领侨郡，所以激必取之心"，表明此秦州是侨置，德宗设置的
目的在于激励收复故土。

钱大昕认为贞元十年刘滩为陇右经略使是接替前此一年去世的陇右节
度使李元谅，《新唐书·地理志》漏载置行秦州事，《新唐书·方镇表》

---

① 《旧唐书》卷 143《刘滩传》，第 3901 页。
② （唐）李肇：《唐国史补》卷中，上海古籍出版社 1979 年版，第 35 页。
③ 《新唐书》卷 146《李吉甫传》，第 4742 页。
④ （宋）王谠撰，周勋初校证：《唐语林校证》卷 1《政事上》，中华书局 1987 年版，第 64 页。
⑤ （宋）王谠撰，周勋初校证：《唐语林校证》卷 1《政事上》，第 64 页。
⑥ （唐）李吉甫撰：《元和郡县图志》卷 39《陇右道上》，第 997—998 页。
⑦ 《新唐书》卷 64《方镇表一》，第 1775—1776 页。
⑧ （宋）王谠撰，周勋初校证：《唐语林校证》卷 1《政事上》，第 64 页。

第十章　身留一剑答君恩：保义军节度使刘澭　181

将德宗置行秦州的时间错系于贞元三年。刘澭去世后，保义军即罢。① 樊文礼研究了唐廷将一些都督府、州侨置在缘边诸州（灵、庆、银、夏）的情况，主要是突厥、铁勒和党项等族。② 对于河湟地带丧失的州郡也值得注意。

宪宗所赐刘澭"保义"的军号，其实此前已存在。《新唐书》卷六十四《方镇表一》载其兴废历史：兴凤陇节度赐号保义节度。德宗建中四年（783）罢，以陇州置奉义军节度使，寻废，再置保义。贞元元年（785），保义节度增领临洮军使。贞元三年（785）罢保义节度，置都团练观察防御使。未几，复置节度，兼右神策军行营节度使。③ 之后就是吐蕃陷陇右后，德宗为了安置刘澭割普润设置行秦州。昭宗龙纪元年（889）四月，赐位于长安以东的陕虢军号"保义"④ 则与此无涉。

贞元二十一年（805）正月，德宗驾崩。太子李诵即位，是为顺宗，年号永贞。顺宗体弱，当年八月，为宦官俱文珍等所迫，传位太子李纯（宪宗）。史称"永贞内禅"。宪宗元和元年（806）正月，顺宗驾崩。

顺宗暴崩是历史悬案。卞孝萱认为《续玄怪录》卷一《辛公平上仙》是影射顺宗被杀，⑤ 此后又重申这个观点。⑥ 黄永年也认为《辛公平上仙》讲述的是顺宗之死这点已可肯定而不容置疑。⑦ 卞孝萱还指出德、顺、宪三朝禁中的形势非常复杂：唐德宗想废太子（顺宗）立舒王；宦官想废顺宗，立舒王；宦官、藩镇逼迫顺宗让位给宪宗；罗令则想废宪宗，立舒王；舒王和顺宗相继去世才使宪宗地位巩固。⑧

罗令则事件即发生在宪宗即位之初。《旧唐书》载：

> 及顺宗传位，称太上皇，有山人罗令则诣澭言异端数百言，皆废立之事，澭立命系之。令则又云某之党多矣，约以德宗山陵时伺便而

---

① （清）钱大昕著，方诗铭、周殿杰校点：《廿二史考异》卷46《唐书六》，上海古籍出版社2004年版，第711页。
② 樊文礼：《唐代灵、庆、银、夏等州界内的侨置府州》，《民族研究》1990年第4期。
③ 《新唐书》卷64《方镇表一》，第1773—1776页。
④ 《资治通鉴》卷258，昭宗龙纪元年条，第8386页。
⑤ 卞孝萱：《刘禹锡年谱》，第241页。
⑥ 卞孝萱在与卞敏合著的《刘禹锡评传》（南京大学出版社1996年版，第55—62页）第四章第一节"揭示'永贞内禅'的真相"中除了重申《辛公平上仙》以"传奇"形式表达顺宗被杀隐事外，并认为刘禹锡的诗也可作为证据。
⑦ 黄永年：《六至九世纪中国政治史》，上海书店出版社2004年版，第469—472页。
⑧ 卞孝萱：《唐代小说与政治·辛公平上仙》，《唐代文史论丛》，山西人民出版社1986年版，第77—88页。

动。瀍械令则送京师，杖死之。①

《新唐书》《资治通鉴》记载略同。《册府元龟》在记载罗令则被杖杀后有以下数语：

> 瀍复请自领兵护灵驾，以备非常，诏不许。遣中使以名马金玉缯锦锡之，复录其功，号其军额曰保义。②

《神道碑》则曰：

> 贞元二十一年，顺宗嗣统，中外增级，就加检校工部尚书。崇陵晏驾之初，太上传归之际，公严兵近服，警卫公室，擒摘奸党，黜遏邪谋，人心不摇，国隙遂闭，流公妙筹，秘莫得闻。

罗令则劝刘瀍行废立之事，并供出其党羽众多，相约在德宗埋葬之日行动。刘瀍果断站在宪宗一边，在事件平定后获得颇重赏赐。《神道碑》载：

> 帝嘉厥诚，手制褒谕，珍裘宝带，文马雕弓，以将殊恩，不可胜算。明年秩进武部，封启彭城，建保义之雄名，益良原之重赋，知始赐节钺，许之专征。爰承宠灵，得以入觐。銮声戾止，庭燎有辉，缛礼繁锡，率加恒数。

宪宗的封赏既有珍宝、弓马，还封左武卫将军，彭城郡王，所统之军赐军号为"保义"。元和元年四月"戊申，以陇右经略使、秦州刺史刘瀍为保义军节度使"③。

前引卞孝萱文认为罗令则意图废宪宗、立舒王。《资治通鉴》称罗令则"自长安如普润，矫称太上皇诰。征兵于秦州刺史刘瀍"④，或可证其为洞悉、甚至参与宫闱内幕之人。冻国栋和黄楼认为罗令则或为顺宗东宫旧党，将刘瀍作为游说对象主要是看中他所领普润军不隶属宦官所控制的

---

① 《旧唐书》卷143《刘瀍传》，第3901页。
② 《册府元龟》卷374《将帅部·忠门五》，第4450页。
③ 《旧唐书》卷14《宪宗纪上》，第417页。
④ 《资治通鉴》卷236，顺宗永贞元年条，第7622页。

神策军这一点。① 值得注意的是，这一关节也为宪宗所重视。宪宗拒绝刘澭"领兵护灵驾"的请求，应当是非常情势下，担心刘澭到长安后或为奸人利用或图谋不轨，转而成为心腹之患。但拒绝入京的同时以厚赏笼络刘澭，保证其不生变。普润县距京师不远，一方面，可以对其他心怀不轨的军事力量有震慑作用；另一方面，如果有需要再召刘澭入京不迟。此处可见宪宗的政治智慧。

顺宗永贞元年（805）八月，西川节度使韦皋卒。副使刘辟自为西川节度留后，率成都将校上表请节铖。朝廷不许，除刘辟给事中，令其赴阙，刘辟拒不奉诏。其时，宪宗初即位，以本着息事宁人的原则授予刘辟检校工部尚书、充剑南西川节度使。刘辟益发凶悖，进而求都统三川，为了让卢文若为东川节度使，派兵围攻梓州。宪宗在犹豫之际，宰相杜黄裳力主用兵，并举荐高崇文为帅。② 元和元年（806）正月宪宗任高崇文讨贼，九月，高崇文收成都、擒刘辟。③

因高崇文向来忌惮刘澭，为了得高崇文死力，杜黄裳派人诫勉高崇文："若不奋命，当以刘澭代之。"④ 从杜黄裳诫勉高崇文的话中可知刘澭亦在当时宰相向朝廷建议的人选，其军事才能不在高崇文之下却未被授予重任，背后必有深意。

两《唐书》与《资治通鉴》中并未记载宪宗不用刘澭讨伐刘辟的原因。但《唐语林》中一则材料叙述此事颇详：

> 上敕宰臣选将讨伐。杜黄裳曰："保义节度使刘澭（当作'澭'，下同）、武成节度使高崇文，皆刚毅忠勇可用。"上曰："二人谁为优？"黄裳曰："刘澭自涿州拔城归阙，扶老携幼，万人就路，饮食舒惨，与众共之。居不设乐，动拘法令，峻严整肃，人望而畏。付以专征，必著勋绩。"……上曰："卿选刘澭，甚得其人，然卿虑亦未尽。澭驭众严肃，固是良将。性本倔强，与济不叶，危急归命，河朔气度尚在。常闻郁郁扼腕，恨不得名藩，应有深意。若征伐有功，须令镇西川以为宠。况全蜀重地，数十年间，硕德名臣，方可寄任，澭生长幽燕，只知卢龙节制，不识朝廷宪章，向者幽系幕吏，杖杀县令，皆

---

① 冻国栋、黄楼：《唐德宗贞元末皇位之争考辨》，严耀中主编：《唐代国家与地域社会研究：中国唐史学会第十届年会论文集》，上海古籍出版社2008年版，第1—27页。
② 《旧唐书》卷140《刘辟传》，第3826—3827页。
③ 《旧唐书》卷14《宪宗纪上》，第414—415、418页。
④ 《旧唐书》卷147《杜黄裳传》，第3974页。

河朔规矩。我亦为之容贷。若使镇西川，是自掇心腹疾。不如崇文，久将亲军，宽和得众，用兵沈审。"①

可见杜黄裳推荐平叛人选专注于其人军事才能，因此认为刘澭较高崇文更为合适。而宪宗则从刘澭的生长背景、性格志气、日常行为等认为即便刘澭顺利平叛，朝廷为了赏功，须将西川授予，如此无异于"前门去虎，后门进狼"。平叛后须用西川赏功，并非不用刘澭最主要原因（高崇文顺利平叛后即被授予剑南西川节度使等职②）。在经历连续几任河朔雄藩的节帅顽劣不恭后，宪宗对"河朔气度"保持高度警惕才是其根本原因所在。

由此观之，刘澭一生成败，实与其"河朔气度"密切相关。强藩培育出的非凡气质，既为其赢得莫大声名，同时又埋下皇帝对其分外警惕的种子。安、史以胡将陵夷中夏，引起朝野警惕。其后，河朔三镇的嚣张气焰也让唐廷心有余悸。这种阴影，一定程度上影响了朝廷军事格局的措置，这是对强藩的有意抑制。

吐蕃趁安史之乱占领唐河西、陇右之地，被称为"河湟"。大约相当于今青海、甘肃境内黄河与湟水交汇处的区域。肃宗至德（756—758）后，河西、陇右戍兵被调集收复两京，上元元年（760）河西军镇多为吐蕃攻陷。③代宗宝应元年（762）吐蕃"陷临洮，取秦、成、渭等州，"又于广德二年（764）"入大震关，取兰、河、鄯、洮等州，于是陇右地尽亡"④。

河湟被吐蕃占据后，从皇帝、将相到文士都立志恢复。贞元十九年（803）权德舆知贡举时策礼部策问进士的试题中就有"思欲尽复河湟之地"之语。⑤ 杜牧《河湟》诗云"元载相公曾借箸，宪宗皇帝亦留神"⑥，令狐楚《少年行》（四首其三）曰"未收天子河湟地，不拟回头望故乡"⑦。此外，李德裕、白居易、元稹、吕温、杜牧、李商隐等都曾有诗

---

① （宋）王谠撰，周勋初校证：《唐语林校证》卷1《政事上》，第64页。
② 《旧唐书》卷151《高崇文传》，第4053页。
③ 《旧唐书》卷40《地理志三》，第1647页。
④ 《新唐书》卷216上《吐蕃传上》，第6087页。
⑤ （唐）权德舆撰，郭广伟校点：《权德舆诗文集》卷40，第605—606页。
⑥ 杜牧：《樊川文集》卷2，杜牧著，吴在庆校注：《杜牧集系年校注》，中华书局2008年版，第183页。
⑦ 令狐楚：《少年行》，郭茂倩编：《乐府诗集》卷66《杂曲歌辞》，中华书局1998年版，第956页。

作吟咏，由此形成唐诗中一个重要题材，成为记录时代的诗史。①

《神道碑》载刘澭归朝虽然得到朝廷宠遇，但接着有"而犹未赐齐履，不拜汉坛，抑为偏帅，所以观自致之效，假领侨郡，所以激必取之心，先皇将将，厥有深旨"的文字，字里行间透露出朝廷对他仍有戒心。

《旧唐书》载"其（刘澭）军蕃戎畏之，不敢为寇，常有复河湟之志，议者壮之"②。《神道碑》曰：

> 公曰："众知吾深，其可用也。"于是驰使阙下，请牧隍中，出自凶门，入于死地，衽席过兵之处，咽喉制敌之冲，威怀启闭之方，耕战疾徐之节，莫不封章定计，裂素成图。德宗览之，废食兴叹。属戎渠悔祸，朝议许盟，至诚达而允孚，全策知而未用。失机缓寇，虽负于雄心；违命有功，且非其雅志。尔乃慎固封守，掩抑岁时，弥狩蒐苗，以寓军政，拔拒投石，以摅士愤。枥马待骋，夜风起而长鸣；匣剑有灵，秋气来而自动。感物兴慨，可胜言哉！然而十五年间，烽燧无警；数千里内，兵防倚重。志虽不获，赖则有余，篆迹图形，我无愧色。

刘澭在秦州领兵多年，训练出一支威猛的军队，向朝廷建言收复河湟之地，并呈送详细地图等资料，可惜并未被朝廷采纳。《神道碑》载德宗没有答应刘澭"请牧隍中"的原因在于"属渠戎悔祸，朝议许盟"。唐德宗时曾有两次与吐蕃结盟的行动。第一次是建中四年（783）正月凤翔节度使张镒与吐蕃宰相尚结赞盟于清水，第二次是贞元三年（787）侍中浑瑊与吐蕃宰相尚结赞同盟于平凉。平凉之盟因浑瑊被吐蕃所劫，致使双方关系破裂，盟未成。③刘澭到达长安已是贞元十年（794），此时并无与吐蕃结盟之事，附此待考。

德宗在位初期矢志削弱藩镇，但收效不著，反而引发"泾原兵乱"及河朔三镇的紧张局面，这些受挫的行动使得他对于收复河湟的问题无力顾及。罗令则事件平息后，宪宗论功行赏，并令刘澭觐见。《神道碑》载

---

① 有关唐代河湟诗歌的研究见吴哲《谈唐代河湟诗的题材》，《青海师专学报》1983年第1期；余恕诚、王树森《唐代有关河湟诗歌的诗史意义》，《学术界》2012年第8期；石云涛《河湟的失陷与收复在唐诗中的反响》，《石河子大学学报》（哲学社会科学版）2016年第2期。

② 《旧唐书》卷143《刘澭传》，第3901页。

③ 《旧唐书》卷12《德宗纪上》，第335、357页。

刘滩"诣便殿，奉温颜，诉先朝未展之谋，陈西疆必复之志"，则其在宪宗朝仍献策收复河湟。而当时宪宗正努力于平定刘辟之乱，无暇顾及河湟。况且在择帅平定西川时舍弃刘滩而选择高崇文，那么不理睬刘滩出兵河湟的请求也就是情理之中的事情了。

刘滩奉父命召回长兄刘济继任卢龙军节度使一度让刘济感念至深，进而有"兄终弟及"的许诺。刘济以子为副使导致他与刘滩的交恶，并有意抑制刘滩。刘滩的才智和在军中的声望又决定了他不甘屈居刘济之下，二人关系剑拔弩张。再加上有人从旁离间，终于使得兄弟同室操戈，兵戎相向。战事惊动朝廷后，为了稳定卢龙局势，朝廷征刘滩入朝。河朔藩镇内部权力结构存在着一大困局，即对家族力量的措置成为悬在节度使头上的一把双刃剑，对于藩镇政局有着举足轻重的影响。这种困局从朱泚、朱滔时代开始，在刘氏主政幽州时仍然存在，甚至在权力回归到朱氏一族时亦不能逃脱此困局。

刘滩入朝后，得到嘉奖，被任命为行秦州刺史，在任上治军卓有声绩，但河朔强藩培育的气质难免使他身上带有跋扈的色彩。而这种"河朔气度"在为他赢得名声、成就事业的同时又使得德、顺、宪三帝均对其抱有不同程度的戒心，进而限制了其功业的发展。他多次慨言收复河湟，却不被采纳，虽有卓绝的军事才能却被排除在平定刘辟叛乱的活动之外。可以说其一生荣辱浮沉全系于"河朔气度"，不免令人唏嘘。

（西安电子科技大学任兆杰撰写了本章，原文刊载于《西北民族论丛》第 21 辑和《中国边疆史地研究》2021 年第 1 期，收录本书时有订正和改动）

第十一章　胡地、戎墟、都城：
幽州的角色变迁

文字的力量是巨大的，虽然我们无法亲眼见证隋唐时期幽州城的景物与风俗，但我们可以从墓志的文本并结合官方正史的记载而穿越历史，慢慢打开一幅奇妙的画卷。

一　幽州墓志呈现的多彩样景

自隋炀帝修建贯通南北的大运河以来，幽州成为运河的北起点。幽州不仅充当征伐高句丽、契丹、渤海国等地的后勤基地，也在南来北往的经济交流和商业贸易中获得自身的发展。到了唐代后期，幽州已经成为北方无可替代的商业城市。

幽州市丞、骑都尉王道（？—676）的墓志，记载：

> （幽州城）云阁参霞，烟楼跨日，鹤绩霜净，鸡锦星辉。去马喧喧，侣浮云而纵影；来车辚辚，控流水以飞音。莲蔡凝云，□对公明之肆，枉樽浮月，俯脦相如之墟。诡诈烟扰，奸讹雾集，公示以忠诚，□其德义。驵侩迁善，商竖钦风。①

从不起眼的地下实物，仿佛可以看到幽州城内人声鼎沸、马鸣啾啾的繁荣景象。王道生活于唐代前期的上元年间，身份是幽州城中管理市场的一名小官吏。墓志中对王道在管理市坊中秉公办事的行为充满了溢美之词，虽有阿谀之嫌，但仍可以看出当时已经设立了专门管理城中商业行为的职位，从唐朝前期开始，幽州城的商业之繁荣毋庸置疑。这样的例子在唐代后期的幽州墓志中更为常见：

王叔原（758—812）的墓志记载："（王叔原）后充沽河大使数年，

---

① 《北京文物精粹大系》石刻卷215、216，第168页。

课利益增,军府是赖。"① 董唐之墓志中载:"公议以(幽州)运漕殷繁,供输务切,舳舻往返万斛者千艘。"王叔原、董唐之在幽州节度使的征召下,管理幽州镇范围内的税收和漕运,以供给军镇使府之用,可见幽州镇统治者不仅在政治、军事上独立于其他区域,在经济、税收上也独立于一方。

这几方墓志中可以侧面反映出,隋唐时期京杭大运河的开通,促进了幽州的商业大繁荣和城市大发展。隋代开通大运河,是幽州从"边鄙之地"向"河朔重镇"转变的开端,而"安史之乱"则是幽州割据一方、独立于中原核心区以外的导火索。

通过对唐代一万余方志主下葬地的记载分析,整理出唐代幽州墓志百余方。唐人素有"归葬邙山"的情怀,幽州出土的唐代墓志远不及两京(洛阳、长安)之多,但是从全国范围内来看,其数量已仅次于两京地区,而多于"北都"太原府。

从刊刻年代来看,卒年或葬年在唐前期的仅有10方,后期则多达84方,剩余一方为残志,前、后期相差近八倍之多。从志主的下葬地来看,幽州府城(蓟城)的蓟县、幽都县为主要地点,昌平县、良乡县、潞县、檀州密云、顺州、古渔阳城等地也有少量墓志铭出土。当然,幽州城是幽州镇的政治中心,在幽州镇做官的人不论其官于何州县,多数人在条件允许的情况下在幽州城建其"私第",殁后安葬于周边的乡村。

从志主的身份类型来看,包括有官员、处士、佛教人物、道教人物、平民、妇女等类型,官员墓志铭59方,平民墓志铭11方,妇女墓志铭22方,残志1方,未知身份2方。其中高层官员3方,中层官员43方,下层官员10方,未能列入的幕府官员3方。

从仅有的3方高层官员的墓志中,我们看到,高级官员墓志铭出土较少,这与官员等级的金字塔结构有关,也与中国历史上的盗墓毁墓之风有关。其中只有刘济为"名副其实"的高级官吏,位至一方诸侯达25年。而张道昇、刘如泉虽然也受封为"开府仪同三司",名列高层官员,但文散职实为朝廷因抚慰前来"防秋"的幽州将士而授予。

唐德宗时期,极力推行"削藩"政策,剪除安史之旧将,此时也爆发了"二朱"的叛乱,尽管史书上没有明确说明这是唐王朝由盛而衰的

---

① 《唐代墓志汇编》元和060,第1990页。

第十一章 胡地、戎墟、都城：幽州的角色变迁

关键节点，此后朝廷再也无力掌控"河朔割据型"的河北三镇①。张道昇未参与到叛乱中，得以保全其身，进而善终；相反，刘如泉、宋俨等却参与到藩镇与朝廷的战争，被搅进中央与地方势力斗争的漩涡中，成为朝廷与藩镇之间权力的牺牲品。两人的不同命运是唐王朝中晚期政治形势的一个缩影。

从幽州的唐代平民墓志来看，不仕的平民，往往属于累世不仕。即使有处士因所谓的"难辞征召"而做官，也多为年过半百才踏入仕途；有居于幽州的大家族，家境殷实，生活来源也有保障，其思想倾向也多以儒、道为主；其余入佛入道之人，多以家族为单位步佛入道，有的还受到官方的鼓励和倡导；此外，处士、居士、道士在唐代幽州地区的乡里空间内，扮演着移风化俗的角色，对当地的社会风气起到了教化和引导作用。②

从幽州墓志主人的民族成分来看，葬于幽州的志主，汉人为主要族群，而非汉人也有数方墓志，其中有吐蕃人禄东赞后裔论博言、河南杨鏻妻鲜卑人达奚氏、贝国夫人清河张氏之丈夫奚人李府君，另有粟特人曹府君、曹朝宪、史光、棣州司马姚子昂妻康氏等。他们或内附归义后为官，或娶汉人官员之女为妻，或嫁于汉人，成为幽州镇统治下胡汉间通婚、融合的民族风情的资料佐证。唐代的幽州地区是汉、奚、突厥、契丹、靺鞨、室韦、高丽、新罗、回纥、吐谷浑、吐蕃等各族群杂居的地方，文化互相渗透。③

幽州在安史之乱前，对于维护东北边境和抵御北方游牧民族的入侵起到了安宁和稳定的作用，唐代文人对此充满了强烈的自豪感和创作热情。在听到官军收复河南河北之后，杜甫写下了脍炙人口的"剑外忽传收蓟北，初闻涕泪满衣裳"，这种快意来源于诗人心中的爱国情怀，因为幽州城在安史之乱后，代表着难以割舍的故土与家园。

从墓志铭主人籍贯来看，其以幽州镇以外郡望地为主，后期墓志铭中出现很多人"其先某某人，因官或今居蓟城，遂为燕人矣"，这表明唐代安史之乱后，幽州镇逐渐成为河北三镇地域政治中心。尤其是德宗朝以后，随着二朱叛乱的结束，其割据一方的程度加深，人们对于幽州的向心

---

① 张国刚在《唐代藩镇研究》一书中，将藩镇分为："河朔割据型"、"中原防遏型"、"边疆御型"、"东南财源型"四种类型，见其书《唐代藩镇研究》，第42页。
② 侯振兵：《唐代处士与社会》，硕士学位论文，陕西师范大学历史文化学院，2009年。
③ 万安伦：《论幽州城的文化地位》，《北京联合大学学报》（人文社会科学版）2015年第1期。

力以及籍贯认同度有了明显的提高，出现大量群体"官于燕地，因家徙此，遂为蓟人"，亦不足为奇。

从墓志铭中官员的入仕途径上来看，幽州地区官员的入仕途径，其中科举、门荫占有非常小的比例，这与当时全国的科举考试氛围有关。唐代文人"北走河朔"后，多成为节度使幕府中的官员。而武职官员进入仕途的主流是"入行伍""辟幕府"，进而在对外族、外藩镇及朝廷的战争中，获得军功，加官晋爵，转为文职官员，刺一州或遥摄多州，兼御史台衔、加文散衔；而一些累世都没有跻身中高层官员，或者终生平庸无为的下层武职官员，或早殁于战争，或终其一生服役军中，成为藩镇割据一方的统治工具。

二 从边鄙之地到帝国都城

幽州作为都城虽然开始于金代，但作为重要的军事重镇却有悠久的历史。研究隋唐史的学者较多关注于当时的两京（长安和洛阳），对于还不是都城的北京（幽州）却有所忽略，尤其是隋代幽州的历史往往寥寥数笔带过。究其原因，主要是因为幽州在当时并不是全国的政治、经济重心，而且隋代国祚短暂，史料记载和出土文物的缺乏也限制学术界对此做更多的了解。唐代后期河朔地区的幽州镇割据一方，充满的是尚武任侠的社会风气，墓志中的官员经历多是围绕幽州镇范围内的迁转，与中央、其他藩镇之间很少见有迁转。可见其独立的官员任免、迁转体系正在逐步形成，其与两京之间的向心力也逐步淡化，加上幽州内部商业的繁荣、经济赋税的独立，逐步形成了唐五代以后幽州最早脱离中原政权的经济基础，隋唐时期的幽州的地位也从"胡地"变成了"戎墟"，在此后的历史中，幽州逐渐扮演了从军事重镇到都城的角色。

研究隋唐时期幽州的历史，其意义在于客观还原历史事实——为隋唐时期的北京城（幽州）"正名"，幽州不是历来就是藩镇割据的典型，而是在戍边与保持自身利益之间寻求一个平衡点。幽州所牵涉的民族关系、外交关系非常复杂，南边是"内轻外重"的中央王朝，北边有奚、契丹、渤海，又是征伐高句丽的据点，虽然在玄宗朝有长达八年的安禄山、史思明叛乱，但是这具有一过性，很快割据的状态就得到了调整。正史文献的记载往往出于官方宣传的目的，而夸大或强调叛乱的危害性。因此，我们不能以偏概全，而要更加注意不同人不同身份的书写方式。综合参考各种记载，然后得出尽可能可靠的结论，幽州在唐代中后期的角色不能简单地用"藩镇割据"四个字替代。

第十一章 胡地、戎墟、都城：幽州的角色变迁

王朝正统论笼罩下的史学编纂无疑是一种选择性的记忆，这在一定程度上妨碍了我们深入理解当时的社会背景。唐人素有"归葬洛阳邙山"的情怀，但北京地区出土的唐代墓志铭却存在着与之迥异的"归葬""迁葬"现象。从数量上来看，幽州墓志的数量已仅次于两京地区，而多于"北都"太原府。墓志提供给我们不同于正史记载的地下视角。

通过与传统文献相对照，墓志的释读可以查缺补漏、更正谬误。墓志文本中的个人表达、反事实记忆、民风描绘等十分有趣。比如，在唐代中后期墓志中，往往将安禄山起义描绘成"胡虏乱华""凶逆之贼"，但笔者发现有一方墓志埋葬于安禄山统治时期的幽州，墓志行文对安禄山歌功颂德，十分罕见。毕竟安史叛臣统治幽州的时间长达八年，作为一种个体体验偏向的记载文本，墓志的表达与后来官方正史对于安史之乱的定调完全悖逆。隋唐时期幽州地区的墓志，不论从研究广度上还是深度上，其史料价值巨大。近年来，唐史学界利用各地新出土的墓志铭进行某一区域的历史研究蔚然成风，围绕唐代地方藩镇中的各项研究也走向了一个更加深入、细致、系统的新阶段。

幽州处于农业文明和游牧文明交接、过渡、转换区，使得这一地区的经济、社会、文化和民族构成呈现多元化的特点，经济形态和民族构成、文化取向的转换频率极高。唐代以前，中华文化的重心在西安、洛阳一代，而随着文化重心向东开始移动。幽州在唐代以后的规模不断扩大，地区内的人口流动也越来越频繁。不得不说，幽州在整个东北亚地区的政治格局中变得日益敏感。幽州的地位日渐凸显，从北方游牧民族的陪都到首都，再到统一多民族政权的大国都城，从辽南京到金中都再到元大都、明京师、清北京，直至中华人民共和国的首都，千年幽州担负起了不断强化的历史使命，地位也越来越高。可以说，幽州从过去的政治和文化重心的边缘地带向中心区转移，这种转变的枢机到元代定型，却是从隋唐时期开启。

附录一 唐代幽州墓志情况总表

姓名 生卒年	志文题称	葬地	族望、籍贯； 卒、葬年	入仕途径、身份、 迁转经历及终任官	祖、父、子嗣	史料来源①
忤钦 600—668年	唐故朝散大夫仪同三司上柱国右威卫开福府旅帅忤君墓志铭并序	（幽州）城东北五里之平原	蓟县； 卒于总章元年（668）五月卅日，咸亨元年（670）十一月三日迁葬	行伍； 朝散大夫仪同三司→上轻车都尉→开福府旅帅→余勋十转； "有诏封君上柱国"。 终任官：朝散大夫，仪同三司，上柱国，右威卫，开福府旅帅	曾祖诗秦，齐骠骑将军，云州刺史； 祖诗礼，隋虎奔郎将； 考诗德，隋怀信府车骑； 子上护军神将， 次子骑都尉神通	咸亨024 第526—527页

① 为行文方便，《唐代墓志汇编》（周绍良，上海古籍出版社1992年版）、《唐代墓志汇编续集》（周绍良、赵超主编，上海古籍出版社2001年版）中录文皆用其"年号+编号"代替，如"咸亨024"代替。《新中国016》（中国文物研究所，北京图书馆出版社，北京石刻艺术博物馆编，文物出版社2002年版），代替用"新中国+编号"，皆用"新中国+编号"代替；《北京市文物研究所藏墓志拓片》（王鑫主编：《北京市文物研究所藏墓志拓片》，北京燕山出版社2003年版），代替用"北文+页数"代替，如"北文8"；《北京文物精粹大系·石刻卷》（梅宁华主编：《北京文物精粹大系·石刻卷》，北京出版社2004年版）中墓志，皆用"精粹石刻卷+页数"代替，如"精粹石刻卷215, 216"；《全唐文补遗》（吴钢主编：《全唐文补遗》第一至九辑，三秦出版社），中录文皆为"补遗+辑数+页数"代替，如"补遗8—90"；其余未出版的墓志，另在文下注明；本文中表格中，墓志排列顺序皆以墓主葬年为准，墓主葬年不详，则以墓主卒年为准。卒、葬年不详则置于表末。

附录一 唐代幽州墓志情况总表

续表

姓名生卒年	志文题称	葬地	族望、籍贯；卒、葬年	入仕途径、身份、迁转经历及终任官	祖、父、子嗣	史料来源
王道 ?—676年 及妻 张氏	大唐故幽州市丞骑都尉王君墓志铭并序	蓟城南三里平原	族望太原，今为蓟县人；卒于上元三年（676）九月六日，葬于上元三年（676）九月十四日	不详；蓟县录事→幽州仓曹录事→幽州市丞骑都尉	祖远，隋任大都督，父行，皇朝任德闾府旅帅	精粹·石刻卷215、216第168页
李相 587—656年 夫人丁氏 593—681年	大唐故昌平尉李君墓志	（昌平）县东北七里之平原	赵郡赞煌人，清河贝人；李相卒于显庆元年（656），夫人卒于开耀元年（681）；永淳元年（682）合葬	不详；隋昌平尉	祖普贤，盐山令；父阿相，安德丞；长子仁艺，中子澄素	续永淳008第259页
刘基 不详	周故刘君墓志之铭	□□村西南一里	潞城人；卒于总章元年一月一日，葬于天册万岁元年（695）	未知，或为男性平民	高祖、齐任黎阳县丞，曾祖、刘俊，任上党主簿；祖、未知，朝散大夫，父，任潞州郡功曹	北文3第3页

续表

姓名 生卒年	志文题称	葬地	族望、籍贯；卒、葬年	入仕途径、身份，迁转经历及终任官	祖、父、子嗣	史料来源
郭君 663—729年	残	蓟城北丰乐乡	太原北都，今为蓟人。卒于开元十七年(729)；葬于开元二十一年(733)	平民	长子休琼，次子休琮	续开元124 第538页
李神德 648—704年 夫人张氏 662—738年	□故云麾将军行右领军卫中郎将右羽林军上下赠本卫将军上柱国赵郡李君(神德)志铭并序	幽府城西南三十里福禄乡户沟西鹿村	河南府河南县人；李神德卒于长安四年(704)十一月十二日，夫人卒于开元廿六年七月廿三日；合葬于开元廿六年(738)十月廿六日	宿卫；司戈→游击将军，果毅都尉→宁远将军，忠武将军、云麾将军，拜易州长乐府折冲都尉→右领军卫中郎将，兼右羽林军上下；云麾将军，行右领军卫中郎将，右羽林军上下、赠本卫将军，上柱国	曾祖敏，齐镇军大将军，以辅佐之功，列乎齐史；祖邕，隋朝散大夫、骑都尉，朝请大夫、锦州刺史；父尚客，朝请大夫、通州刺史；嗣子勖，兵部常选，仲清朝，易州长乐府右果毅都尉，右羽林军上下，季清尧，兵部常选	朴遗八 第383页

续表

姓名 生卒年	志文题称	葬地	族望、籍贯；卒、葬年	入仕途径、身份，迁转经历及终任官	祖、父、子嗣	史料来源
李秀 655—716年	唐故左豹韬卫翊府中郎将辽西郡开国公（秀）神道碑并序	范阳县福禄乡原	范阳人；卒于开元四年四月（716）；天宝元年（742）与夫人合葬	入行伍，军功；游击将军→忠武将军、右卫翊府左郎将→云麾将军、左豹韬卫翊府中郎将，封辽西郡开国公，食邑二千户	曾祖诲盜，辽东都督；祖诲精府君，持节燕州刺史，左卫大将军，考诲谨行府君，左金吾卫大将军；胤子朝议大夫，使持节景城郡诸军事、守景城郡太守、兼横海军副使、北海运副使，赐紫金鱼袋，上柱国偃	补遗人第90页
李永定 687—751年	唐故云麾将军兼青山州刺史上柱国陇西李公墓志铭并序	范阳郡西北十五里之平原	陇西人；卒于天宝十载四月（751）；葬于天宝十载八月（751）	门荫；袭父宁远将军、右卫昌利府折冲→安东卢龙府折冲都尉→上合郡龙水府折冲都尉→宣威将军、右卫府郎将→制授忠武将军、左卫率府中郎将，袭伯父青山州刺史→右清道率→左威卫将军→妫川郡太守→云麾将军、左威卫将军，兼青山州刺史	曾祖延，皇朝木蕃大都督兼赤山州刺史；祖大哥，云麾将军左鹰扬大将军兼玄州刺史；父仙礼，宁远将军、玄州昌利府折冲；嗣子昌平时将俊、次子奇口、奇参、奇恩等	续天宝073 第634—635页

续表

姓名 生卒年	志文题称	葬地	族望、籍贯；卒、葬年	入仕途径、迁转经历及终任官、身份	祖、父、子嗣	史料来源
纪宽 681—753年	有唐故土纪公墓志铭并序	（范阳）郡城东北三里平原	饶阳人；卒于天宝十二载（753）正月五日；葬于天宝十二载（753）二月一日	平民	曾祖垣口朝散大夫，西河太守。祖英，不仕王侯，高尚其志	补遗四 第460页
高元表 682—755年	唐故高君墓志铭并序	燕城西里	平原人；天宝十四载（755）正月卒	平民	高祖君华，曾祖庭玉，祖朗，孟曰庭丙，仲曰庭谦，次曰庭晖，爱子庭畬	续天宝102 第657页
段喜妻温城常氏 673—756年	大燕赠右赞大夫公夫人河内郡君温城常氏墓志铭并序	燕京城南	温城人；卒于圣武元年（756）七月廿一日，葬于圣武元年（756）十一月廿一日	妇女	曾祖，唐朝州舜城府折冲北庭副使仁师；祖，元左卫翊卫德㴋，不礼，不仕；嗣子惟洽，位至广阳郡太守	圣武011 第1729—1730页

附录一 唐代幽州墓志情况总表　197

续表

姓名 生卒年	志文题称	葬地	族望、籍贯；卒、葬年	入仕途径、身份、迁转经历及终任官	祖、父、子嗣	史料来源
赵公妻李氏 698—726年 王氏 752—757年	大燕游击将军赵公故赵郡李氏太原王氏二夫人墓志铭并序	（范阳）郡城西北桃花原	李夫人，赵郡人，卒于开元十四年（726）正月十三日；继夫人王氏，太原人，卒于圣武二年七月五日（757），上元二年二月十一日（761）合葬	妇女	哀子令望、奉谦郎，行光禄寺丞，上柱国，绯鱼袋，仍中书驱使	新中国七 第4—5页
王徽 约705—754年	大唐天宝十三载故开元观道士王公墓志铭并序	顺州城北平原	太原人，"因家蓟门，今为顺义郡人"；卒于天宝十三载（754）；葬于宝应元年初（762）	平民（道士）	高祖父疑，祖父师，武强尉。父觉，为郡录事参军	续宝应003 第686页
田处瑛妻阳氏 694—766年	唐处士田公故夫人北平阳氏墓志铭	蓟城西南下礼乡	北平；卒于永泰二年（766）七月一日，葬于大历三年（768）三月八日	妇女	长子，（田）神功	续大历004 第694页

续表

姓名 生卒年	志文题称	葬地	族望、籍贯；卒、葬年	入仕途径、身份、迁转经历及终任官	祖、父、子嗣	史料来源
李府君之妻张氏 686—775年	唐故特进行左武卫大将军归义都督府都督上柱国归义王赠开府仪同三司李府君夫人清河大夫人故贝国大夫人清河张氏墓志铭并序	良乡县，今北京市房山区医院	清河人；卒于大历十年（775）三月七日，葬于大历十年（775）四月二十九日	妇女；诏授"贝国大夫人"	丈夫：特进、行左武卫大将军、归义都督府都督、上柱国、赠开府仪同三司、归义王、元子开府仪同三司、行深州刺史、兼御史中丞、同成德军节度副使、上柱国、归义王（李）献诚；李季子特进右武卫大将军、试鸿胪卿（李）献直	北文8 第8页
王景秀 699—776年	大唐故佰王府典军赐紫金鱼袋上柱国太原王府君墓志铭并序	蓟城北保大乡之原	太原人；卒于大历十一年（776）八月十三日，葬于大历十一年（776）八月十九日	"早年从戎"；佰王府典军，无迁转	周文王之胤，汉司徒关内侯二十六代之孙。长女三娘，次女明德，次女净德等	大历048 第1790—1791页

续表

姓名 生卒年	志文题称	葬地	族望、籍贯；卒、葬年	入仕途径、身份、迁转经历及终任官	祖、父、子嗣	史料来源
赵龙 703—775年	无	（幽州）州城□□二乡（下残）之源	天水； 卒于大历十年（775）七月廿三日，葬于大历十二年（777）十月十九日	军功； "以功累授左领军卫怀州河内府折冲，赐紫□袋，上柱国"； 终任官：左领军卫怀州河内府折冲	王父讳景昭，皇易州遂口府别将，上护军；诸大基，长松府左都尉；长子承启，试秘书少监，次子国承列，试太子洗马承严，次子开元寺僧常悦	新中国一〇 第6—7页
赵悦 724—777年	大唐故天水赵府君墓志铭并序	蓟城东南燕下乡之原	天水郡，今为范阳郡。卒于大历十二年（777）二月十一日，葬于大历十二年（777）十月十九日	平民	祖讳元珉，考讳冬日；长曰良弼，次曰良贵	续大历031 第713页
公孙封 707—777年	唐故处士南阳公孙府君墓志铭并序	潞城南潞城乡之平原	幽州潞人；卒于大历十二年（777）五月七日，葬于大历十三年（778）二月七日	平民	王父威，大父平；长子游击将军，守左武卫中郎将，兼试左清道率府率，上柱国仙；嗣子朝议大夫，试都水使者、前兼安次县尉俊	新中国一一 第7页

续表

姓名 生卒年	志文题称	葬地	族望、籍贯；卒、葬年	入仕途径、身份、迁转经历及终任官	祖、父、子嗣	史料来源
李休 696—750年	赠秘书少监赵郡李府君墓志铭并序	檀州密云县东七里之原	本望赵郡，因官北徙，今为密云人也；李休卒于天宝九载（750）九月十一日；夫人卒于广德二年（764）九月六日，合葬于大历十三年（778）七月十七日	充范阳节度经略副使，兼节度都虞候→平卢节度副使兼都虞候；终任官：宁远将军、守恒王府典军、赐紫金鱼袋、上柱国、赠秘书少监	长子进超，皇朝邓、卫二州刺史，开府仪同三司，行左金吾卫大将军、卫尉卿、上柱国、赠扬州都督；次子进朝，皇朝上柱国、兵部常选；次子进潭，皇朝银青光禄大夫、试光禄卿、上柱国，历邢、濮二州别驾，充昭义节度左厢兵马使；少子宁远将军、守左金吾卫大将军、赐紫金鱼袋、上柱国、守永平军节度押衙进谐	大历067 第1807—1808页
常俊 725—779年	唐故居士河内常府君墓志铭并序	蓟城北高梁河南礼贤乡之原	河内人；卒于大历十四年（779）三月廿四日，葬于大历十四年（779）闰五月三日	平民	曾祖讳澈，儒林郎；祖讳忠，宣德郎；考讳仙，恒王府典军；嗣子叔清	大历079 第1817页

续表

姓名 生卒年	志文题称	葬地	族望、籍贯；卒、葬年	入仕途径、身份、迁转经历及终任官	祖、父、子嗣	史料来源
姚子昂 704—762年	唐故棣州司马姚府君墓志铭并序	幽州城东南一里燕夏乡	陈留郡人；卒于宝应二年（762）十二月十八日，葬于宝应二年（763）正月廿二日合葬	敕授易州安义折冲，迁棣州司马	祖不尚荣贵，经史□□；考贞，皇朝朝议郎行营录事参军；男正议大夫，试太子中允，兼平卢威卫朔府中郎将居安等	建中005 第1824页
彭况 ?—781年	唐瀛州景城县主簿彭君权窆铭并序	古渔阳城北采贵里之原	不详；卒于建中二年（781）十一月三日；葬于建中三年（782）十一月	瀛州景城县主簿，"解巾始拜此职"，无升迁	曾祖顺，皇朝都水使者；祖杲，御史中丞，岭南采访；考栖梧，蒲州司马	建中016 第1832页
朱愿 ?—783年	故朱府君墓志铭并序	昌平东南大尉乡白石山之原	其先出自东吴，因官燕蓟，今为燕人也。卒于建中四年（783）二月初，葬年不详	入仕途径不详；授左金吾卫大将军，试太常卿，紫光禄大夫；□□□守左金□卫大将军；考诸怀敬，检校青官宾客，兼左虎口□龙大夫，充卢龙节度行军司马，仍充余杭郡开国公，食邑五□户	曾祖诗利，太子左赞善□夫；祖诗思明，赠扬府大都督；考云麾将军，□□日诣，守左金□大将军；□□日诣，特进怀敬，龙骧将军左一将，兼左虎口卫大将军，□嘉兴县开国侯，食邑五百户。仲子曰连，朝议郎，试陈王友，上口行范阳府安次县主簿	新中国一三 第8—9页

202 身份、记忆、反事实书写：隋唐时期幽州墓志研究

续表

姓名 生卒年	志文题称	葬地	族望、籍贯；卒、葬年	入仕途径、身份、迁转经历及终任官	祖、父、子嗣	史料来源
刘如泉 745—782年	大唐开府仪同三司试太常卿兼左金吾卫大将军上柱国刘公墓志铭并序	良乡县西南尚义乡之原	彭城；卒于建中三年（782）六月卅日，葬于建中四年（783）二月廿五日	军功；解褐王府典军→特授开府仪同三司，试太常卿、上柱国→充左随使将。终任官：开府仪同三司，试太常卿、兼左金吾卫大将军、上柱国	曾祖讳高；祖讳亮；父曰晖；嗣一子，曰少华	新中国一二第7—8页
宋㽞 745—782年	故云麾将军守左金吾卫大将军试鸿胪卿上柱国宋公墓志铭并序	幽州昌平县东北十里武安县	西河郡人；卒于建中三年（782）六月卅日；葬于建中四年（783）四月二十七日	行伍；云麾将军、守左金吾卫大将军、试鸿胪卿、上柱国	祖讳仁贵；男长丰县丞再兴，次子太子，次子再荣	建中018第1833—1834页
焦西鸾妻子郑氏 761—786年	唐故夫人郑氏墓志铭并序	良乡县之北原	荥阳人；卒于贞元二年（786）三月；葬于贞元二年（786）十一月	妇女	王父文宣，皇邢州司马；父宣，幽都丞	续贞元005第738页

附录一 唐代幽王墓志情况总表 203

续表

姓名 生卒年	志文题称	葬地	族望、籍贯；卒、葬年	入仕途径、身份、迁转经历及终任官	祖、父、子嗣	史料来源
李丕 725—787年	故莫州长丰县令李君墓志铭并序	潞县之南三里潞水之右	陇西人；卒于贞元三年（787）五月；葬于贞元三年（787）	荐举、征召；"士林咸重之，乃昌言荐于元戎"，潞县丞→莫州长丰县令→莫州司法参军	曾祖知礼，宣州司功参军；祖怀璧，许州陈留县留；考口，许州焉陵县令	贞元015 第1847—1848页
吴金 716—788年	唐故太夫人吴氏墓志铭并序	坡西北保大乡之原	渤海安陵人；卒于贞元四年（788）四月十日；葬于贞元四年（788）十月十日	妇女	高曾三祖，并崇尚丘园，蟠晦烟壑。父休府君，长子中平，幽州永清尉兼都磨掌记	新中国一四 第9页
王鄂 737—789年	大唐故瀛州司马兼侍御史王府君墓志铭并序	蓟县姚村南一里之原	太原祁县人；卒于贞元五年（789）三月廿一日；贞元六年（790）正月廿四日刻石	起家棣州厌次尉→定州功曹掾→泾邑令→深州安平令→涿郡范阳令牙门将，瀛州司马带侍御史，仍兼管内邮驿使	公五代祖隆，隋监察御史，制兴衰论七篇；高祖口二，皇谏议大夫，泾州刺史，有集廿卷，曾祖，尚书金部郎；祖，蔡州沂州长史；父陵，西平县尉；从父弟固安主簿丰，长子瀛州参军遼，次子遄，三子邈，四子迢	贞元021 第1852页

续表

姓名 生卒年	志文题称	葬地	族望、籍贯；卒、葬年	入仕途径、身份、迁转经历及终任官	祖、父、子嗣	史料来源
任希倩 732—789年	大唐幽（下渤）前讨击副使云麾将军太常卿上柱国任公墓志铭并序	幽州府城北五里燕夏之原	乐安郡人；卒于贞元五年（789）十二月廿一日；葬于贞元六年（790）十月廿八日	军功；诏授云麾将军，前讨击，兼团练副使	祖讳阵，唐游击左金吾卫大将军。父讳曾，易州修政府左果毅都尉。胤子又兴。	续贞元016 第744—745页
王仲堪 734—797年	唐故监察御史里行太原王公墓志铭并序	蓟县燕夏乡甘棠原	太原人，徙居幽州安次县，今为邑人；卒于贞元十三年（797）二月三日；葬于贞元十三年（797）二月十七日，四月六日迁葬	进士及第；大历七年（772）擢进士第，解褐授太原府参军事→幽州大都督府户曹参军→兵曹参军事→节度参谋，拜监察御史；终任官：监察御史里行	十九代祖西晋京陵公祚，五代祖冲；曾祖，皇考令仙，大理评事；次弟仲口，季弟曾法源，方在幼童；嗣子存，次子皎，清河张存。子婿前乡贡明经、	贞元076 第1891页
孙如玉 728—798年	平州卢龙府折冲都尉乐安孙公墓志铭并序	幽州潞县	乐安郡人；卒于贞元十四年（798）二月四日；葬于贞元十四年（798）八月	门荫或荐举。平州卢龙县录事，前潞县录事，为官二十年，无迁转	祖讳处艺，父讳仁贵，试左金吾卫，大兵曹参军事敬新，敬芝。嗣子文林郎、次子敬超、敬芝。	新中国一五 第10页

附录一 唐代幽州墓志情况总表

续表

姓名 生卒年	志文题称	葬地	族望、籍贯；卒、葬年	入仕途径、身份、迁转经历及终任官	祖、父、子嗣	史料来源
崔府君夫人 689—776年 ？—790年	博陵崔府君夫人墓志铭并序	幽州蓟县东北五里燕夏乡之原	博陵人，后为冀州人；崔府君卒于大历十一年（776）二月，夫人卒于贞元六年（790）七月；贞元十五年（799）三月二十九日，迁夫妻二人于新茔	妇女	崔府君，为云麾将军、守左金吾卫大将军、试太常卿、上柱国、赠使持节亳州诸军事、亳州刺史。长子欣，官试恒王□；次曰庭，左武卫兵曹参军；第三子，通议大夫、行莫州司法参军、前州幽都县丞、摄幽州卢龙节度都知兵马使、判官；四曰□，颍王府长史	北文15 第15页
刘公妻卞氏 763—799年	唐故濮阳卞氏墓志铭	幽州幽都东北五里礼贤乡	濮阳人；卒于贞元十五年（799）七月一日；葬于贞元十五年（799）七月十三日	妇女	祖讳冲，考讳进	贞元095 第1905—1906页

续表

姓名 生卒年	志文题称	葬地	族望、籍贯；卒、葬年	入仕途径、身份、迁转经历及终任官	祖、父、子嗣	史料来源
蔡雄 735—787年	唐故银青光禄大夫行瀛州别驾莫州刺史上柱国申国公蔡府君墓志	良乡邑北复业乡	信都人；卒于贞元三年（787）二月十六日；葬于贞元十九年（803）十月十五日	辟署：解褐贝州清河县尉→署幽州户曹节度押牙→奏授莫州刺史，申国公；终任官：银青光禄大夫，行瀛州别驾，莫州刺史，上柱国，申国公	曾祖贞，号州别驾；祖建，沧州乐陵令；考济，泽州司户。长曰昭，幽州良乡尉，次曰柬，曰昕，曰防	续贞元 074 第787—788页
王恭 732—804年	唐故河东道汾州司马试太子舍人上柱国王府君（恭）墓志铭并序	幽州昌平县东十五里大树口之北原	太原人；卒于贞元二十年（804）四月；葬于永贞元年（805）十月廿四日	不详；终任官：河东道汾州司马，试太子舍人，上柱国	祖讳口顺，银青光禄大夫，试太子詹事，陇州长史，奏军城使	朴遗六 第474页
张道昇 （约739年— 约805年）	唐故开府仪同三司使持节陇州诸军事行陇州刺史上柱国南阳县开国伯张府君墓志铭并序	幽州良乡县陶沟山原礼也	幽州范阳人；卒年约为贞元末年（805年之前）；葬于永贞元年（805）十一月廿五日	释褐充行度副将→左金吾卫大将军节度押衙→行营都知兵马使→开府仪同三司，持节陇州诸军事，陇州刺史，上柱国，南阳县开国伯	曾王父朝议郎，守曾州司马彻；祖王父，朝散大夫，行妫州长史克明；王父，骠骑大将军，持节亳州刺史令晖	永贞 007 第1945—1946页

续表

姓名 生卒年	志文题称	葬地	族望、籍贯；卒、葬年	入仕途径、身份、迁转经历及终任官	祖、父、子嗣	史料来源
高行晖 691—759年 夫人 695—766年	唐故正议大夫试怀州别驾赐紫金鱼袋赠户部尚书渤海高府君墓志铭并序	潞县高文乡庞村之原	族望渤海，后为"本郡之潞县人"；高行晖卒于乾元二年（759）十二月二日，夫人卒于大历元年（766）合葬于元和二年（807）十一月	辟署；起家拜正议大夫，试州别驾→赠户部尚书，终任官：正议大夫，怀州别驾，赠紫金鱼袋，赠户部尚书	曾父文道，镇军大将军、试殿中监；王父艺，朝散大夫、试许州长史、上柱国；父夔，朝请郎、试梁州司马、赠梁州都督；嗣子崇文，"同中书门下平章事，邠宁庆节度使，南平郡王。"①	续元和007 第805—806页
史光 717—792年	大唐故徵君史府君墓志铭并序	良乡县	渤海郡人，今为绛人；卒于贞元八年（792）九月十九日；葬于元和三年（808）正月二十七日	平民，徵君	曾祖澄，皇吏部常选；祖谭，高道不仕，吟啸风月，当时不得而臣口；子佰微	续元和009 第807—808页
周氏 758—808年	故汝南郡夫人周氏墓志	幽都县平乡之西原	京兆府万年县人；卒于元和三年（808）七月五日；葬于元和三年（808）七月廿三日	妇女	父：银青光禄大夫，德州别驾周俊	元和024 第1965—1966页

① 《新唐书》卷170《高崇文传》，第5161页。

续表

姓名 生卒年	志文题称	葬地	族望、籍贯；卒、葬年	入仕途径、身份、迁转经历及终任官	祖、父、子嗣	史料来源
任紫宸 733—808年	唐故西河任府君墓志文	幽州城东北原七里余	幽州武清县人，卒于元和三年（808）四月八日；葬于元和三年（808）	平民	皇考讳口试恒王府参军；孟子浩清，使院之长；仲子国清，为龙兴观上座；次子津，仲子洗，季子贲	元和027 第1967—1968页
刘济 757—810年	故幽州卢龙军节度副大使知节度管内支度营田观察处置押奚契丹两番经略等使开府仪同三司检校司徒兼中书令幽州大都督府长史上柱国彭城郡王赠太师刘公墓志铭（并序）	涿州良乡县之某原	幽州范阳人；卒于元和五年（810）七月；葬于元和五年（810）十月。	进士，门荫；幽州参军事→太子家令→兵曹豪→莫州录事司马→御史中丞→检校尚书右仆射，同中书门下平章事→中书令，卒后赠太师	曾祖宏远，皇检校卫尉卿、临洮军使、赠彭城郡公；祖贡，皇特进左金吾卫大将军、赠扬州大都督；父怦，皇幽州卢龙节度观察等使、御史大夫、检校司徒恭公，幽州留后，长子绲、行营都知兵马使，天平节度使、检校太尉、楚国公，赠太尉，后削发为僧，赐号大觉师	《全唐文》卷505权德舆，第5138—5140页

附录一　唐代幽州墓志情况总表　209

续表

姓名 生卒年	志文题称	葬地	族望、籍贯；卒、葬年	入仕途径、身份、迁转经历及终任官	祖、父、子嗣	史料来源
李藤 743—812年	唐故奉议郎前守瀛州长史赐绯鱼袋摄檀州长史李府君墓志铭并序	幽州良乡县房山乡之平原	陇西成纪人；卒于元和七年(812)□月二日；葬于元和七年(812)十月廿日	门荫；以荫朴斋郎→成都尉潞府屯苗令→扬府兵曹→瀛洲长史，摄涿、莫、檀洲长史。终任官：奉议郎、前守瀛州长史、赐绯鱼袋，摄檀州长史	五代祖綦，隋左卫大军，并庆州道，廿四州总管，膺国公；高祖实，汾州长史、裴隋国公；曾祖孝义，左监门卫郎将；祖承宗，应制举及第；父昌，陕州平陆县令。次曰濛，幼曰奂	新中国一八第12页
王叔原 758—812年	唐故恒王府司马幽州节度经略军兵曹参军太原王府君墓志铭	幽都县归义乡	太原祁县人；卒于元和七年(812)十一月十二日；葬于元和八年(813)二月十八日	军功；恒王府司马→摄经略军兵曹参军；终任官：恒王府司马，幽州节度经略军兵曹参军	王父思，幽州昌平县尉、烈考诗□□□□，固安县丞，莫州司法参军	元和060第1990页
张乾曜 744—813年	唐故南阳张公墓志铭并序	（防御）军之西南五里古原	南阳人；卒于元和八年(813)正月六日；葬于元和八年(813)三月七日	云麾将军、守右金吾卫大将军，试太常卿、防御军朝城副使	祖诗义臣，考诗留僧、尚德府果毅。长子荣绪，次子朝绪，长归释门官。季子来逸等	北文24第24页

续表

姓名 生卒年	志文题称	葬地	族望、籍贯；卒、葬年	入仕途径、身份、迁转经历及终任官	祖、父、子嗣	史料来源
桑氏 746—813 年	唐故黎阳桑氏夫人墓志铭并序	幽州城东北五里燕夏乡海王村	黎阳人；卒于元和八年（813）十月二十九日；葬于元和八年（813）十一月十七日	妇女	曾祖讳宾，烈祖讳华，万口府果毅；皇考讳忠，杞王府长史；长子皓青，逍遥不仕；次子二，龙兴观道士国清、土幽	元和 066 第 1994 页
王郢 737—789 年 及妻崔氏	唐故瀛州司马泾邑安平范阳州节度押衙兼侍御史太原王公夫人博陵崔氏合祔墓志铭并序	府城南十里姚村之南原	太原人；王郢卒于贞元五年（789）；葬于元和九年（814）十月十七日	起家棣州厌次尉→定州功曹令→泾邑令→涿郡范阳令→安平令→涿州司马带侍御史、瀛州管内邮驿使。终任官：仍兼管内邮驿使、瀛州司马、泾邑安平范阳三县令、幽州节度押衙、兼侍御史	长曰邈，次曰遵，次曰迢；遭等桓冀，不离县寨，要以拱擐，文安县树	元和 077 第 2002 页
和元烈 不详	唐故蓟前散将游击将军守朔府中郎将和公墓志铭并叙	幽府之东燕合乡高义村之原先茔	幽州幽都县人；卒年不详；葬于元和十一年（816）二月卅日	行伍，效子军中；蓟前散将、游击将军、守朔府中郎将	祖颖，云麾将军，守左金吾卫大将军；季祖纵，剑南节度押衙、试殿中监；父荣国、中武将军，守左骁卫大将军人	新中国一九第 12—13 页

附录一 唐代幽州墓志情况总表 211

续表

姓名 生卒年	志文题称	葬地	族望、籍贯；卒、葬年	入仕途径、身份、迁转经历及终任官	祖、父、子嗣	史料来源
李洪 728—799年及妻裴氏 733—806年	唐故朝请郎试太子洗马赐绯鱼袋蓟州司仓参军李公墓志铭并序	幽都县西吊虞之原	陇西成纪人；李洪卒于贞元十五年（799）六月廿七日，夫人裴氏卒于元和元年（806）正月廿三日；元和十一年（816）八月廿一日合袝	门荫。起家试太子洗马→清池县丞→摄檀州司法参军→司户参军→蓟州司法参军。终任官：朝请郎，试太子洗马，赐绯鱼袋，蓟州司仓参军	大圣烈祖玄元皇帝之后，高宗大帝之孙，章怀太子邠王之少子；长子曰季则，莫州郑县蔚	新中国二〇第13—14页
崔载 761—819年	唐故太子洗马博陵崔府君墓志铭并序	幽州幽都县保大乡杜村	博陵人；卒于元和十四年（819）五月廿三日；葬于元和十四年（819）十一月十六日	太子洗马	王父谦，皇易州修政府折冲；列考季，试栢王府司马。兄弟：长曰戢，陇州陇阳县尉；令弟铁，长松城使兼御史大夫，令弟咸，文林郎太子通事舍人；令弟成，大理寺主簿。子：长曰公丰，试左武卫兵曹参军，次曰公淑	元和134第2044页

续表

姓名 生卒年	志文题称	葬地	族望、籍贯；卒、葬年	入仕途径、身份，迁转经历及终任官	祖、父、子嗣	史料来源
朱曰口，字方道。生卒年不详	唐卢龙节度驱使馆（下残）王府参军吴郡朱曰口墓志铭	幽州城西二十五里房仙乡大丰里	吴郡人；卒年不详；葬于元和十五年（820）十一月四日	辟署；卢龙节度驱使馆（下残）王府参军，未迁转	曾祖通徹，郑州阳武县令；父仕卿，皇幽州节度司马；颖王府司马谋，殿中侍御史，内供奉，赐绯鱼袋；长曰约和元，次曰约会，次约和，次曰约贞	新中国二一第14—15页
杨鏻 ?—821年 及妻达奚氏	唐故妫州怀戎县令杨府君夫人河南达奚氏墓志铭并序	良乡董村原	弘农华阴人，夫人达奚氏，鲜卑人后裔。杨卒于长庆元年（821）三月六日；合葬于长庆三年（823）十月二十八日	辟署；莫州清苑县尉→蓟县尉→良乡主簿→妫州怀戎县令；终任官：妫州怀戎县令	汉太尉震廿一世孙，隋司徒、越国公素七世孙；曾祖王父维方，库部郎中，赠司仪少卿；大王父志确，湖州长城县户，列考诗口，华州司户，叔祖徇，礼部侍郎	新中国二一第15页
曹朝宪夫人陶氏 771—827年	唐卢龙征马使游击将军守左武卫大将军赐紫金鱼袋曹朝宪故夫人太原陶氏墓志铭并序	蓟城东南八里会川乡从善村东北原	太原人；卒于大和元年（827）九月三日；葬于大和元年（827）十月三日	妇女	皇考岸，高道不仕；子楚瑗	续大和004第882页

附录一 唐代幽州墓志情况总表 213

续表

姓名 生卒年	志文题称	葬地	族望、籍贯；卒、葬年	入仕途径、身份，迁转经历及终任官	祖、父、子嗣	史料来源
侯□弘 752—827年	唐幽州（下残）度押衙摄纳降军营田等使银青光禄大夫检校国子祭酒兼御史中丞上柱国侯府君墓志铭并序	幽都县界礼贤乡刘村之原	上谷人；卒于大和二年（827）二月二十八日；以其来（下残）十一月廿一日葬	行伍。□释褐以从戎。终任官：幽州（下残）度押衙、摄纳降军营田等使、银青光禄大夫、检校国子祭酒、兼御史中丞、上柱国	曾祖讳位，□□□卫前将；祖讳景，协律郎，守沧州饶安县令；考讳□，涿州固安县马步都将、兼侍御史；有子四人，中夭有三；有女五人：长女适北平田氏，□□□将，正议大夫，兼监察御史曰居绍；次女适渤海高氏，□贡口曰延昭，其次适清河张氏，讨击使、银青光禄大夫、检校国子祭酒、兼殿中□□史、上柱国曰敬周，前幽府参军、兼监察御史曰温	新中国二四第16—17页

续表

姓名 生卒年	志文题称	葬地	族望、籍贯；卒、葬年	入仕途径、身份、迁转经历及终任官	祖、父、子嗣	史料来源
刘驷 785—829年及妻张氏 793—825年	唐故朝散大夫节度都虞候兼御史中丞刘公妻清河张氏墓志铭并序	幽州幽都县西界卅里房仙乡新安里冈	彭城人及清河人；卒于大和三年（829）六月廿九日，夫人卒于宝历元年（825）正月十四日；葬于大和三年（829）八月十三日	军功：解褐受王府兵曹参军→副将→步军将→马步都将→朝散大夫，节度押衙、检校太子詹事、兼殿中侍御史→侍御史中丞；终任官：朝散大夫，节度都虞候兼御史中丞	曾王父讳孝臣，试太子通事舍人、中、豪、宣、彭四州都督，尚定安县主；王父讳洵，金紫光禄大夫，赵州长史；父讳迪，朝散大夫，镇州节度、随军参画戎幕。有子二人，孟曰自恭，仲曰自勉。	《全唐文补遗》第七辑，第102页
周氏妻刘氏 787—833年	唐故彭城夫人刘氏墓记铭并序	幽府燕台乡高乂村	定州人；卒于大和七年（833）三月；葬于大和七年（833）十月	妇女	祖讳，任定州新乐县令；列考讳荣，左神策军马步镇遏兵马使、兼殿中侍御史；夫君，幽州节度押衙、检校国子祭酒、兼侍御史口陵郡王周氏	续大和044 第915页

续表

姓名 生卒年	志文题称	葬地	族望、籍贯；卒、葬年	入仕途径、身份、迁转经历及终任官	祖、父、子嗣	史料来源
高霞寓 768—833年	唐故幽州节度押衙金紫光禄大夫检校太子宾客兼御史中丞摄檀州刺史□□□□□等使兼御史中丞东海郡高公玄堂铭并序	昌平县安集乡里之原	"其先东海郡人也，因北国随官，代居燕矣。"卒于大和七年(833)五月十三日；葬于大和八年(834)二月三日	门荫；"以名家子耀充朴步军副将，云麾将军，试太常卿"→左相马军都虞候→檀州刺史、兼营田团练等使押衙、金紫光禄大夫、兼御史中丞→妫州刺史→防练使、兼知儒等州事→转摄厂边军使兼营田等使	曾祖诘永兴，左卫朔府中郎将；王父诘行仙，充静边军使列考诘栖岩，宁武军节度副大使、行左金吾卫上将军员外置同正员，辅国大将军、试太常卿、上柱国、兼殿中监	大和066 第2143—2144页
周元长 774—837年	故幽州卢龙节度都押衙银青光禄大夫检校太子宾客使持节檀州诸军事檀州刺史兼御史殿中侍御史充威武军团练等使汝南周府君墓志铭	蓟城东北七里龙道之古原	汝南；卒于开成二年(837)十月二十日；葬于开成三年(838)四月十三日	辟署；团练衙前→衙前虞候、置瀛州衙门职→衙将、兼永宁军副→卢龙节度押衙、检校御史中丞→摄蓟州司马→正议大夫、权知太子中允、兼监察御史、邢二州刺史	曾祖钊，金紫光禄大夫、大同军使、平州刺史、兼御史中丞、卢龙节度留后；祖赞，银青光禄大夫、秘书少监、邢二州刺史；考平，皇给事郎、幽府参军、蓟州录事参军	续开成014 第933—934页

续表

姓名 生卒年	志文题称	葬地	族望、籍贯；卒、葬年	入仕途径、身份、迁转经历及终任官	祖、父、子嗣	史料来源
王时邕 799—845年	唐故幽州节度押衙银青光禄大夫检校太子宾客兼殿中侍御史太原王公墓志铭并序	蓟县南一十五里广宁乡鲁村	太原人，今为燕人。卒于会昌五年（845）十二月；葬于会昌六年（846）三月	州事→殿中侍御史→两节度部押衙→银青光禄大夫、检校太子宾客、使持节檀州诸军事、檀州刺史、兼殿中侍御史、充威武军团练等使	曾祖讳洪，瀛州录事参军；祖讳解公，涿州范阳县丞；皇考讳杲，以五经及第，获瀛州河间县主簿，终幽府功曹参军	续会昌030 第965—966页
宋君妻蔡氏 ？—846年	唐故蔡氏夫人墓志铭并序	幽州幽都县礼贤乡龙道村	燕人。卒于会昌六年（846）□月卅日；葬于会昌六年（846）十二月	妇女	曾王父：营州司马，赐绯鱼袋；大王父：左威武大将军、上柱国，开府仪同三司，平卢道采访使、兰陵郡王清	续会昌031 第967页；新中国二八 第20页

续表

姓名 生卒年	志文题称	葬地	族望、籍贯；卒、葬年	入仕途径、身份，迁转经历及终任官	祖、父、子嗣	史料来源
					父：骠骑大将军，上柱国，开国公，食邑一千五百户	
					夫君：广平宋府君，幽州节度押牙，银青光禄大夫、太子宾客，监察御史、殿中侍御史	
华封奭 788—846年	唐故幽州节度两蕃副使朝散郎检校秘书少监兼御史中丞上柱国赐绯鱼袋平原华府君墓志铭并序	幽州幽都县保大乡樊村之原	平原高唐人；卒于会昌六年(846)十二月二日；葬于大中元年(847)四月十五日	辟署：崇文馆校书郎→青州□□□→幽州户曹椽→监察御史→幽州节度推官→殿中侍御史、内供奉→屯田外郎、充通王幕府，加上柱国勋→参幕府事，拜尚书工部郎→尚书职方郎，充幽州节度两蕃副使、秘书少监，兼御史中丞；终任官：幽州节度两蕃副使，朝散郎，检校秘书少监，兼御史中丞，上柱国	五代祖师简，唐度支庚州刺史；高祖立，太原府榆次丞；大王文礼，宣州司户参军；王父楚玉，陈州司马，骑都尉；父晟，朝散大夫，青州别驾，骑都尉，赐绯鱼袋；嗣子禧伯，次子郇伯，莫州郑县尉；申伯，举进士，□□，举三传，举学究	新中国二九第21—23页

218　身份、记忆、反事实书写：隋唐时期幽云墓志研究

续表

姓名 生卒年	志文题称	葬地	族望、籍贯；卒、葬年	入仕途径、身份、迁转经历及终任官	祖、父、子嗣	史料来源
纪公妻张氏 799—847年	游击将军守左金吾卫大将军试鸿胪卿纪制之	幽都县幽都乡	清河东武城；卒于大中元年（847）四月廿五日；葬于大中元年（847）十月八日	妇女	曾府君日韶，大父府君复，将军，守左骁卫将军；夫君，游击将军，守左金吾卫大将军，试鸿胪卿	续大中007 第973—974页
曹君 781—847年及妻张氏	唐故钜鹿郡曹府君夫人清河郡张氏合祔墓志铭并序	昌平县东太戍乡白浮之原	钜鹿郡，清河郡；曹君卒于大中元年（847）二月七日，张氏卒于开成二年（837）四月十九日，葬于大中元年（847）十月十四日	行伍；防御军武职，具体职位不详	父讳荣，字荣，先锋兵团使，身充幽州游弈马军将，银青光禄大夫，太子宾客。长日君晟，身充堂前亲事将，银青光禄大夫，检校太子宾客	续大中008 第974—975页
李顺通妻张氏 787—848年	南阳郡张氏夫人墓志并序	本县房仙乡庞村	南阳郡人；卒于大中二年（848）五月三日；葬于大中三年（849）五月十一日	妇女	父讳光烈，朴充衙前之职；夫君，幽州卢龙节度步军将，银青光禄大夫，检校太子并可，兼监察御史，充内衙步军大将李顺通忠，遂朴充内衙马军散副。长子士简，侍主尽节尽忠，次子士雄，年幼	续大中018 第981—982页

附录一 唐代幽州墓志情况总表　219

续表

姓名生卒年	志文题称	葬地	族望、籍贯；卒、葬年	人仕途径、身份、迁转经历及终任官	祖、父、子嗣	史料来源
王公淑780—848年	大唐故幽州节度判官兼殿中侍御史检校太子宾客青光禄大夫柳城郡都督营府都督平州刺史上柱国太原王府君墓铭并序	幽州西北界樊里	太原人；王公淑卒于大中二年（848）十月十四日；吴氏卒于开成二年（837）九月廿五日，葬于开成三年（838）三月十三日；合葬于大中六年（852）二月十七日	辟署：幽州节度要籍→卢龙节度巡官→幽州中侍御史→卢龙节度留后，兼殿中侍御史，营府都督，平州刺史→平州诸军事、牧收纳沟；终任官：幽州节度判官，兼殿中侍御史，银青光禄大夫，检校太子宾客，卢龙节度留后，柳城军使，营府都督、柳城军使、平泸军使、上柱国	曾祖绍亮，皇幽州节度要籍前虞候；祖连，皇卢龙节度要籍，徵君；烈考戬，皇户龙昌平县丞；长曰弘裕幽州昌平县丞，次子弘表、弘庆、弘道、弘安、弘信、弘顺、弘德	新中国二六第18—19页
萧公妻侯氏832—855年	大唐涿州范阳县主簿兰陵萧公夫人侯氏墓志铭	幽州幽都县西三里原	幽州人，卒于大中九年（855）四月二十六日；葬于大中九年（855）十月九日	妇女	曾祖诗惟谦，宁武军使，金紫光禄大夫，检校国子祭酒，侍御史；祖诗绍宗，使持节瀛州诸军事，守瀛州刺史，充本州营田防御等使，兼御史太子左赞善大夫，兼御史中丞？考诗证，登仕郎，摄涿州固安县令。夫君：涿州范阳主簿萧公	大中098第2326—2327页

续表

姓名 生卒年	志文题称	葬地	族望、籍贯；卒、葬年	入仕途径、身份、迁转经历及终任官	祖、父、子嗣	史料来源
周㻁 787—856年	唐故平州刺史卢龙节度留后周府君墓志铭并序	蓟县高义村	汝南人；卒于大中十年(856)五月廿九日；葬于大中十年(856)九月三日	辟署：散兵马使→正兵马使、知都虞候事→节度押衙兼司宾务→侍御史、国子祭酒、兰陵郡王→节度部押衙→妫州刺史、卢龙军→涿州刺史、永泰军留团练→平州刺史、柳城军等使、卢龙节度留后；终任官：平州刺史、卢龙节度留后	八代祖泫明，武德中为安州总管；曾王父讳思仁，右卫长史；王父讳知远朔方兵马副使，赠岐州都督；王考讳道荣，广州司马；长子敬中，小字范阳，前节度衙前将	续大中056第1009—1010页
简晋（不详）及妻马氏	唐故简君夫人扶风马氏合祔墓志铭并序	不详	河南人；卒年不详；葬于大中十年(856)九月五日	平民	子简好问，幽州节度押衙、银青光禄大夫、检校太子宾客、□□□殿中侍御史	《首都博物馆丛刊》①

① 鲁晓帆：《唐简氏父子墓志考》，《首都博物馆丛刊》2010年第24期。

附录一 唐代幽州墓志情况总表 221

续表

姓名 生卒年	志文题称	葬地	族望、籍贯；卒、葬年	入仕途径、身份、迁转经历及终任官	祖、父、子嗣	史料来源
陈立行 800—857年	故幽州大都督府兵曹参军陈君墓志铭并序	幽都县礼贤乡之平原	蓟人；卒于大中十一年（857）四月甲戌，葬于大中十一年（857）四月景申	荐举；"年过强仕，方从命官"；释褐授檀州参军→幽州安次主簿→幽州大都督府兵曹参军	祖辉，父从，曾养志合贞，学而不仕	大中129 第2352页
陆岘妻王氏 776—842年	唐故朝议大夫前行幽州大都督府行录事参军幽州节度押衙使持节蓟州诸军事守蓟州刺史静塞军营田等大夫检校国子祭酒兼侍御史上柱国吴郡陆君故夫人王氏墓志铭并序	蓟城北乡刘村之原	卒于会昌二年（842）八月一日；大中十二年（858）五月六日迁葬于府君茔之侧	妇女	曾祖讳收，祖讳晏，皇朝请大夫、试太子率更令、行梁州兴元府司录参军；考讳，朝散大夫、试太子洗马、行濂州河同县令；夫君，幽州节度蓟州诸军事守蓟州刺史、静塞军营田使、银青光禄大夫、检校国子祭酒、兼侍御史、上柱国吴郡陆岘；长曰佩，前幽州良乡县令、银青光禄大夫、检校太子宾客、兼监察御史、上柱国；次曰供，前摄涿州范阳县尉、摄幽州潞县尉、宣德郎、试太常寺奉礼郎	大中141 第2361—2362页

续表

姓名 生卒年	志文题称	葬地	族望、籍贯；卒、葬年	入仕途径、身份、迁转经历及终任官	祖、父、子嗣	史料来源
宋再初妻蔡氏 777—858年	唐故前蓟州刺史幽州节度押衙大夫检校大子宾客兼侍御史上柱国宋府君夫人蔡氏合葬墓志铭并序	幽都县界礼贤乡龙道村	广平郡人；卒于大中十二年（858）十一月十八日；葬于大中十三年（859）正月十五日。	辟署；州掾→平蓟二郡。终任官：蓟州刺史，幽州节度押衙，银青光禄大夫、检校太子宾客，兼侍御史、上柱国	大父口，守景州刺史；列考迪，守德州刺史；长曰可谋，阳鲁塘都巡、仓碾河堰判官；次子可继；次子可嗣；卢龙节度衙前兵马使；小子可存，蓟州参军	续大中070 第1020—1021页
董唐之 804—858年	唐故卢龙节度衙前兵马使银青光禄大夫兼知船坊太子宾客兼监察御史上柱国陇西董府君墓志铭并序	幽州蓟县之东罔燕台乡	檀州人；卒于大中十二年（858）十二月五日；葬于大中十三年（859）三月廿九日	荐举，辟署；终任官：卢龙节度兵马使、内衙亲事，兼船坊使	曾祖诗杰，字超时，定州节度衙前将，试云麾将军；祖诗彦口，字才英，檀州营田将，试武骑尉；烈考讳不详，字弘润，不仕；子叔陵，前摄檀州威武军骑曹参军、宣德郎、试太常寺奉礼郎；次子叔通，未仕	续大中071 第1022—1023页

附录一 唐代幽州墓志情况总表 223

续表

姓名 生卒年	志文题称	葬地	族望、籍贯；卒、葬年	入仕途径、身份、迁转经历及终任官	祖、父、子嗣	史料来源
王公晟夫人张氏 803—863年	大唐幽州节度随使押衙银青光禄大夫检校国子祭酒太原王公夫人清河张氏墓志	幽州幽都县界保大乡樊村	清河人；卒于咸通四年（863）五月廿四日；葬于咸通四年（863）七月十三日	妇女	祖万友，父少清。长子弘素，见任雄武军平地栅巡检烽铺大将，游击将军，试左骁卫将军；次曰弘雅，次曰弘籍，次曰弘楚皆著义方	咸通031 第2402页
姚季仙 787—863年	唐故吴兴郡姚府君墓志铭并序	幽都县保大乡樊村	吴兴郡，今为幽州人。卒于咸通四年（863）三月二十二日；葬于咸通六年（864）二月二日	辟署；释褐署节度驱使官，未曾迁转	长子君贤，职列内衙，累兼执於戈载，先殁，嗣子存正，次子小昉等	续咸通025 第1052—1053页

续表

姓名 生卒年	志文题称	葬地	族望、籍贯；卒、葬年	入仕途径、身份、迁转经历及终任官	祖、父、子嗣	史料来源
论博言 805—865年	有唐幽州卢龙节度左都衙银青光禄大夫检校国子祭酒摄武威军使檀州刺史兼御史中丞上柱国晋昌论公墓志铭并序	幽都之西三十里新安原	吐蕃人，禄东赞后人。卒于咸通六年（865）重五；葬于咸通六年（865）孟冬廿五日合祔	辟署：幽州节度散大夫检校太子宾客兼监察御史→幽前兵马使奏监察殿中侍御史→卢龙节度押衙→卢龙节度押衙、节度副使、兼待御史→左都衙→兼御史中丞→摄檀州刺史；终任官：幽州卢龙节度左都衙、检校国子祭酒、银青光禄大夫、充威武军使、兼御史中丞、上柱国	吐蕃人；高祖：公即其国（吐蕃）尚书令论东道大元帅论多钦陵。曾祖：唐左卫大将军岩州都督临洮王论布支；叔祖：渭北节度使、开府仪同三司，尚书、奉天定难功臣、检校刑部尚书、奉天定难功臣、检校司空论惟明；交川王、英武节度使、难功臣、银青光禄大夫、检校右散骑常侍、颍州刺史惟贞。父：宁州防御使、银青光禄大夫、检校国子祭酒、守宁州刺史、御史中丞。嗣子：幽州节度牙门将论从礼	朴遗七第141页

附录一 唐代幽州墓志情况总表 225

续表

姓名生卒年	志文题称	葬地	族望、籍贯；卒、葬年	入仕途径、身份，迁转经历及终任官	祖、父、子嗣	史料来源
赵从一 792—868年	唐故幽州节度押衙银青光禄大夫检校太子宾客兼监察御史上柱国天水郡赵公墓志铭并序	城东燕乡扬村平原	天水郡人；卒于咸通九年（868）十月廿五日；葬于咸通九年（868）十月廿五日	荐举；"冠岁或自衔汝南公举"→河间太守；终任官：幽州节度押衙、银青光禄大夫检校太子宾客、兼监察御史、上柱国	曾口口言，摄涿州县丞；祖不仕；长曰建安，山北定鲁镇大将	新中国三二第25页
董唐之妻王氏 824—870年	唐故幽州节度衙前兵马使检校太子宾客兼监察御史济阴董君夫人太原郡君王氏墓志铭并序	幽州蓟县之东冈燕台乡	太原人；卒于咸通十一年（870）四月廿五日；葬于咸通十一年（870）五月廿一日	妇女	祖讳口肉，不仕；父讳少陵，节度衙前将；长曰叔陵，节度驱从官；次曰衙前子弟叔晋，女一人，适燕昭王之爱任节度押衙，遥摄归顺州司马，兼殿中侍御史张全纳	续咸通068第1086页

续表

姓名生卒年	志文题称	葬地	族望、籍贯；卒、葬年	入仕途径、身份、迁转经历及终任官	祖、父、子嗣	史料来源
王公晟 802—870年及妻张氏不详	唐故幽州随使节度押衙正议大夫祭酒国子祭酒兼侍御史上柱国太原王府君夫人清河张氏合□墓志铭并序	幽都县保大乡樊村里之高原	太原人；卒于咸通十一年(870)六月二日；葬于咸通十一年(870)八月四日	辟署，宿卫；"元政以挺生襟抱，迥出人寰，初其宿卫之署"，终致建牙之署"；幽州随衙，节度押衙使，正议大夫，检校国子祭酒，兼侍御史，上柱国	曾祖诗清，皇前摄贝州录事参军；祖诗选，皇前摄瀛州河间县尉；列考诗盈，皇银青光禄大夫检校鸿胪卿，摄蓟州三河县丞；长曰弘太，摄蓟州三河县丞；次曰弘雅，朴充节度驱使官；次曰弘叔，朴充节度衙前散虞候	咸通083第2443—2444页
孙英 776—837年及妻王氏 771—867年	唐故幽州副将乐安郡孙府君夫人太原王氏合祔墓铭并序	良乡县金山乡韩村管西南三里大茔	孙英乐安郡人，王氏太原范阳人；今为涿郡范阳人；孙英卒于开成二年(837)四月廿六日，王氏卒于咸通八年(867)二月廿一日；孙英葬于开成二年(837)四月廿七日，王氏葬于咸通八年(867)二月廿七日；二人合葬于咸通十一年(870)十月十六日	幽州副将	子：长曰孝晟，署为器仗官，兼马步军头。次曰士林，充幽州副将，次：长曰自丰，充幽州器仗官；孙：仲曰克绍，早亡，"以咸通十一年(870)三月十四日，卒于私舍，卜兆于涿州范阳县弘化乡白带管中庄西一里创坚龙岗原，礼也。"	新中国三三第25—26页

附录一 唐代幽州墓志情况总表　227

续表

姓名 生卒年	志文题称	葬地	族望、籍贯；卒、葬日	入仕途径、身份、迁转经历及终任官	祖、父、子嗣	史料来源
阎好问 810—873年	前守宿州司马妫瀛莫三州刺史检校太子宾客大夫御史中丞河南阎府君墓志铭并序	幽州之乾宁里高梁岸南保大原	河南人；卒于咸通十四年（873）仲夏二十五日；葬于咸通十四年（873）仲秋月廿八日	辟署、军功；张庄王特署衙职→宿州司马→幽都县令→幽府录事参军→安塞军使→奏侍御史、摄纳降军使→御史中丞→节度都虞候→妫州（节度）都押衙→莫州刺史→瀛州刺史→幽州司马；终任官：守宿州司马、妫瀛莫三州刺史、银青光禄大夫、检校太子宾客、御史中丞	蜀巴西太守芝三十四代孙；二十三代祖冀州刺史鼎，皇贝州长史试大理评事诲；皇显晋，皇不仕；父诲晋，皇不仕；长处章，讨击副使；次处实，处庸，未签任；讨击副使；次处玄，墓释宗；次大端，次小端，皆孛童	咸通106第2460—2461页

228　身份、记忆、反事实书写：隋唐时期幽州墓志研究

续表

姓名 生卒年	志文题称	葬地	族望、籍贯；卒、葬年	入仕途径、身份、迁转经历及终任官	祖、父、子嗣	史料来源
温令绶 806—874年及妻门氏 ?—871年	唐故幽州节度衙前讨击副使太中大夫试殿中监温府君合□墓志并序	房仙乡之新兆也	河东并州人；卒于咸通十五年（874）二月廿二日；葬于咸通十五年（874）闰四月二日与门氏夫人合葬	辟署；散大将、游击将军→亲事将→燕乐镇巡检将→威戎栏捉生将→檀州防镇将→右随使将→荆壁营柴将→节度衙前讨击副使；终任官：幽州节度衙前讨击副使、太中大夫、试殿中监	七代祖、温彦博；曾祖讳思贞，王府校尉、太子詹事；王父讳令琛，云麾将军、守左金卫将军；父讳可宏，皇宣德郎、试太常寺丞；长曰景□，署节度要藉，次曰景衡，次曰景术，次曰景卫	续咸通102 第1114—1115页
黄直 818—872年	唐故雄武军捉生将太中大夫试殿中监黄公墓志铭并序	海北乡兴寿里	江夏人；卒于咸通十三年（872）十二月五日；葬于乾符二年（875）十月十一日	行伍；定房镇烽铺虞候→纳降军防镇副将→招召大将→雄武军捉生将；终任官：雄武军捉生将、太中大夫、试殿中监	曾王父讳文，王父讳宾，俱不仕；皇考讳晖，巡检马步都将；长曰元襄，次曰元礼，次曰元益，次曰元感	续乾符003 第1119—1120页

续表

姓名 生卒年	志文题称	葬地	族望、籍贯；卒、葬年	入仕途径、身份，迁转经历及终任官	祖、父、子嗣	史料来源
韩宗穗 830—879年	唐故幽州节度押衙银青光禄大夫检校国子祭酒兼监察御史（下残）	幽州蓟县广宁乡姚村原之新茔	籍贯不详；卒于乾符六年（879）五月廿四日；葬于乾符六年（879）八月廿七日	辟署：“乃擢自良家，致之近卫"，亲帐兵马使→节度押衙，银青光禄大夫、检校国子祭酒、兼监察御史、上柱国；终任官：幽州节度押衙、银青光禄大夫、检校国子祭酒、兼监察御史、上柱国	曾祖严，皇德州司马；王父景休，皇不仕；父暄，皇不仕；令弟玄绍，幽州观察判官，勾当都孔目官、检校尚书库部员外郎、兼御史中丞、上柱国、赐绯鱼袋；长子曰敬仁	新中国三五第28页
王尚淮之妻裴氏 ？—879年	唐道王尚淮故夫人裴氏墓志铭并序	蓟县十里樊林	代居清河，冢于燕蓟；卒于乾符六年（879）九月五日；葬于乾符六年（879）闰十月廿三日	妇女	父：高尚不仕诸云昇者；子：长曰定和，云麾将军，亲事虞候。仲曰定简，季曰定礼	新中国三六第29页

续表

姓名 生卒年	志文题称	葬地	族望、籍贯；卒、葬年	入仕途径、身份，迁转经历及终任官	祖、父、子嗣	史料来源
茹弘庆 827—878年	（上阙）亲事兵马使充宅将副将长沙茹府君墓志铭并序	幽都县刘□□	长沙人、今为燕都人；卒于乾符五年（878）秋季月下旬五日，乾符七年（880）正月七日迁葬	行伍；"乃选其能，擢居牙爪"→内宅虞口→宅副将→亲事兵马使充宅副将；终任官：亲事兵马使充宅副将	祖讳主、节度堂前兵马使；烈考讳公弁。子：长曰令思，名隶续坊军副将；内子适随使押衙、检校国子祭酒、兼殿中侍御史、上柱国黄敬中	续乾符031 第1140页
耿宗佺 823—881年	唐故幽州节度押衙遥摄檀州刺史知雄武军御史中丞耿公墓志铭并序	幽都县界保人乡樊村原里附先茔之侧	钜鹿人；卒于广明二年（881）八月十七日；葬于中和元年（881）十月廿七日	卢龙镇将虞候→副将军头→监城大将→随使押衙、御史中丞→随使兵马使→仗官将→随使押衙充中丞→檀州节度押衙充涿州团练使→节度押衙、遥摄檀州刺史、知雄武军事；终任官：幽州节度押衙遥摄檀州刺史知雄武军兼御史中丞	曾祖讳俊，守永清高阳县丞；祖讳造，不仕；皇父讳君用，字邦本，幽州节度押衙、知雄武军营田等事；长曰方远，卢龙节度驱使官、次曰方偃；女四人：长适节度要籍大原郭丰，次适摄本州勾官扶风马源	续中和004 第1148—1149页

附录一 唐代幽州墓志情况总表 231

续表

姓名 生卒年	志文题称	葬地	族望、籍贯；卒、葬年	入仕途径、身份，迁转经历及终任官	祖、父、子嗣	史料来源
乐邦穗 827—877年	唐故幽州节度押衙、摄檀州刺史充威武军营田团练等使银青光禄大夫检校国子祭酒兼御史大夫上柱国南阳乐公墓志并序	幽都县界房仙乡庞村原	南阳人；卒于乾符四年（877）夏五月廿二日；葬于中和二年（882）二月十二日	释褐篸据，摄渔阳之典午→亲事虞候→中散大夫、太子宾客，守蓟州司马，兼监察御史→节度押衙、檀州长史，兼殿中侍御史→摄防御军使，守妫州别驾、银青光禄大夫，检校国子祭酒，兼侍御史→遥典归顺州→摄改顺州刺史→守莫州刺史→妫州别驾，兼御史中丞→更隳假郡逄邀州别驾、兼御史大夫→檀州刺史，充威武军营田团练等使	曾祖诗惠泽，幽州别驾，正议大夫，检校太子宾客，兼御史中丞，赐紫金鱼袋，上柱国；祖诗威林，幽州步军将、云麾将军，守左金吾卫大将军，员外置同正员，试太常卿；父诗文谅，使持节邀州诸军事，兼邀州刺史，充永宁军营田等使，银青光禄大夫，检校右散骑常侍，兰陵郡王，食邑三千户；岳父：幽州节度使张允伸，涿州参军；长子藏湏，涿州，曾遥摄檀州；次子藏清，散椽	原石曾藏于北京大学，今下落不明

续表

姓名 生卒年	志文题称	葬地	族望、籍贯；卒、葬年	入仕途径、身份、迁转经历及终任官	祖、父、子嗣	史料来源
敬延祚 827—882年	唐故幽州随使节度押衙遥摄镇坊使银青光禄大夫检校国子祭酒兼御史中丞上柱国平阳郡敬府君墓志铭并序	蓟县界会川乡邓村里之原	平阳郡人；卒于中和二年（882）九月十八日；葬于中和三年（883）二月十一日	终任官：幽州随使节度押衙、遥摄镇坊使、充绫锦坊副使、银青光禄大夫、检校国子祭酒、兼御史中丞、上柱国	曾祖诗包，摄幽都县令；祖诗辉，守宣州全纪，充北而商将判官；考诗全纪，充北商将判官；长曰行修，充亲事副将；次曰行益，充亲事虞候；次进郎	中和005 第2509—2510页
张建章 806—866年	唐幽州卢龙节度押奚契丹两番副使蓟州刺史太子左庶子兼御史太夫上柱国赐紫金鱼袋安定张公墓志铭并序	幽都县礼贤乡高梁河北原	中山北平人；卒于咸通七年（866）九月十日；咸通八年（867）二月二日迁葬邓村；中和三年（883）十月十六日自邓村原改葬于幽都县礼贤乡高梁河北原	辟署：安钦尉→假濮州司马→节度巡官→御史里行→幽州节度掌书记、转殿中侍御史内供奉→尚书主客、员外郎、侍御史、赐绯鱼袋→水部郎中、充观察判官→兵部郎中幽州节度判官→金紫兼御史中丞、押契丹两番副使、正议大夫、检校左庶子兼御史大夫、蓟州刺史并诸军事	高祖颐贞，特进、朔方节度副大使知使事、鄯都司空；曾祖闵，特进、太府少卿、充河北陆运使、临泾侯、赠太子口口；祖，儒林郎、守定州北平县丞、赠太子口口；考，通议大夫、检校太子右谕德、涿州别驾。子曰冀，前莫州任丘主簿，前衙前将	中和007 第2510—2512页

附录一 唐代幽州墓志情况总表 233

续表

姓名 生卒年	志文题称	葬地	族望、籍贯；卒、葬年	入仕途径、身份、迁转经历及终任官	祖、父、子嗣	史料来源
				终任官：幽州卢龙节度押奚契丹两蕃副使、摄蓟州刺史、检校太子左庶子、兼御史大夫、上柱国、赐紫金鱼袋		
刘钤 837—888年	唐故幽州刺史充清夷军营田等使朝散大夫检校尚书司封郎中摄御史中丞上柱国彭城刘公墓志铭并序	蓟县姚村北原之先茔	彭城人；卒于文德元年（888）四月；葬于文德元年（888）五月	行伍；"前后表六榛，绾午曹、辟二佐两军，尹五邑，受诺侯奏府，剌二郡，功之赏者四，进天子命官之秩者六。"终任官：幽州营田等使、朝散大夫、检校尚书、司封郎中、摄御史中丞、上柱国	祖立，字殷衡，皇幽州卢龙节度兵马使充东北路八寨屯田都巡使；考咸宾，字制远，皇卢龙节度押衙定爱阳西镇马步都兵马使、检校国子祭酒兼监察御史；子：长子作孚，幽州大都督府参军；次曰作口，作庠、作式、作辞，咸隶进士业	续文德001 第1151—1152页

续表

姓名 生卒年	志文题称	葬地	族望、籍贯；卒、葬年	入仕途径、身份、迁转经历及终任官	祖、父、子嗣	史料来源
范阳卢公妻赵氏 831—887年	大唐范阳卢公故夫人天水郡赵氏墓志铭并序	府城西北十里樊村之原	天水人；卒于光启三年（887）八月十三日；葬于文德元年（888）十一月九日。	妇女	高祖讳希原，皇考讳衢，皇祖讳茂，摄蓟州玉田县尉；皇考讳裕，仲曰景口，前节度使驱使官，次曰景思，季曰景嗣	文德001 第2520—2521页
舒行言之妻要氏 860—884年	唐故陇西郡要氏夫人墓志铭并序	昌平县安集乡怀居里	陇西人；卒于中和四年（884）五月六日；葬于文德元年（888）十一月九日	妇女	皇祖讳秘，烈考讳谦，曾□□□□蓟州司马；长曰简裕，正议大夫、亲事兵马使、检校太子宾客、兼监察御史、上柱国	文德002 第2521页

续表

姓名生卒年	志文题称	葬地	族望、籍贯；卒、葬年	入仕途径、身份、迁转经历及终任官	祖、父、子嗣	史料来源
李殷辅 858—889年	唐故亲事虞候银青光禄大夫检校国子祭酒兼监察御史上柱国陇西李君墓志铭并序	幽都县礼贤乡胡村	陇西人；卒于龙纪元年（889）十一月四日卒；葬于龙纪二年（890）正月十二（应为大顺元年）	辟署；释褐受亲事虞候，改亲事节度驱使官，后奏授银青光禄大夫，检校大夫，兼御史大夫，上柱国亲事虞候，银青光禄大夫，检校国子祭酒，上柱国夫，监察御史，兼	曾祖讳□，皇摄妫州别驾	北京市西城区西丰盛胡同2009年出土①
田仁德之孙（或为其儿媳）	缺	蓟城西南廿里正礼乡南胡（下残）	卒于某年一月八日；葬年不详	未知	长子曰神功，才兼文武，位至（下残）左晓卫将军。次子曰休立，□州达隽府别将	续残志008 第1175—1176页

① 于赓：《北京地区唐墓壁画的分期与时代特征》，《文物春秋》2010年第6期。笔者研究中采用的《唐李殷辅墓志》录文，是根据《西城区丰盛胡同唐代壁画墓发掘简报》一文中照片8，来源为北京市文物局网站，原图参见韩鸿业见：http://www.bjww.gov.cn/2011/8-30/13146874 6328.html。

附录二　日本学界有关幽州的
论著目录（1935—2019）①

1935 年

加藤繁：《唐宋時代の商人組合「行」を論じて清代の會館に及ぶ》，慶應義塾大学：《史学》14（1）。

1937 年

竹島卓一：《遼の上京城址》，《東洋建築》1（1）。

1951 年

矢野主税：《藩鎮親衛軍の組織と性格》，長崎大学学芸学部：《人文社会科学研究報告》（1）。

堀敏一：《唐末諸叛乱の性格——中国における貴族政治の没落について》，東洋學會（東京大學東洋文化研究所内）：《東洋文化》（7）。

1952 年

徳山正人：《馮道論と五代の世相》，大塚史学会：《史潮》（45）。

平島貴義：《契丹の勃興期に於ける中国との関係——漢域を中心と

---

① 参见鸟谷弘昭、吉田寅主编《五代史研究文献目录（立正大学东洋史研究资料Ⅱ）》，立正大学文学部东洋史研究室 1990 年。铃木正弘：《唐五代史学史关系文献目录（稿）》，《立正大学東洋史論集》（6），1993 年。铃木哲雄：《唐·五代の禅関係論文分類摘要》，《愛知学院大学文学部紀要》（23），1993 年。古濑奈津子：《第二次大戦後の唐代藩鎮研究》，堀敏一编：《唐末五代変革期の政治と社会》，汲古书院 2002 年版。伊藤宏明：《唐五代民衆叛乱史关系研究文献目录》，（鹿大史学会）《鹿大史学》（55），2008 年。曾瑞龙、赵雨乐：《唐宋军政变革史研究述评》，李华瑞主编：《唐宋变革论的由来与发展》，2010 年。胡耀飞：《唐末五代宋初日文论著综合目录（初稿）》，包伟民主编《宋史研究通讯》第 65 期，2015 年。孙昊：《日本 2000—2013 年辽金史研究论著目录》。

して》,《史淵》(53)。

1953 年

渡辺道夫:《河朔三鎮の一考察》,東洋大學白山史學會:《白山史學》(1)。

1954 年

谷川道雄:《「安史の乱」性格について》,《名古屋大学文学部研究論集》Ⅶ《史学》(3)。

青山定雄:《唐代の屯田と営田》,《史学雑誌》63(1)。

1956 年

宮川尚志:《唐五代の村落生活》,《岡山大学法文学部学術紀要》(5)。

栗原益男:《唐末五代の仮父子的結合における姓名と年齢》,《東洋学報》38(4)。

1958 年

堀敏一:《魏博天雄軍の歴史——唐五代武人勢力の一形態》,《歴史教育》6(6),后收入氏著《中國古代史の視點——私の中國史學》。

横井聖山(即柳田圣山):《興化存奨の史伝とその語録——中国臨済禅創草時代に関する文献資料の綜合整理覚書》1,《禅学研究》(48)。

1959 年

松井秀一:《盧竜藩鎮攷》,《史学雑誌》68(12)。

1960 年

柳田聖山:《唐宋五代の河北地方に於ける禅宗興起の歴史的社会的事情について》,《日本仏教学会年報》(25)。

1962 年

西川正夫:《華北五代王朝の文臣官僚》,東京大學東洋文化研究所:《東洋文化研究所紀要》(27)。

1963 年

青山定雄:《宋代における華北官僚の系譜について》,《聖心女子大学論叢》(21)。

日野開三郎:《安史の乱による唐の東北政策の後退と渤海の小高句麗国占領》, 史淵 (91)。

谷川道雄:《唐末の諸叛亂の性格》,《歴史教育》11 (4)。

1964 年

末田修一:《唐代藩鎮の出界糧について》,《東洋史論叢:鈴木俊教授還暦記念》。

1965 年

前嶋信次:《安史の乱時代の一二の胡語》,《石田博士頌寿記念東洋史論叢》。

青山定雄:《宋代における華北官僚の系譜についてその二》,《聖心女子大学論叢》(25)。

船越泰次:《五代節度使体制下に於ける末端支配の考察——所由・節級考》, 東北大学中国文史哲研究会:《集刊東洋學》(13)。

1966 年

菊池英夫:《節度使權力といわよる土豪層》,《歴史教育》14 (5)。

伊藤正彦:《唐代後半期の土豪について》, 大塚史学会:《史潮》(97)。

1967 年

青山定雄:《宋代における華北官僚の系譜について》3,《中央大学文学部紀要》(45)。

1969 年

伊瀬仙太郎:《安史の乱後における周辺諸民族の中国進出》,《東京学芸大学紀要・第3部門・社会科学》(21)。

1973 年

金井德幸：《唐末五代鎮州（正定）に於ける臨済禅——鎮将王鎔並びに五台山文殊信仰との関連を中心に》，立正大学史学会：《立正史学》（37）。

大澤正昭：《唐末の藩鎮と中央權力：德宗・憲宗朝を中心として》，《東洋史研究》32（2）。

大澤正昭：《唐末・五代政治史研究への一視点（学界展望）》，《東洋史研究》31（4）。

1974 年

畑地正憲：《唐代河北藩鎮における交易について（大會抄録）》，《東洋史研究》33（3）。

金井德幸：《唐末五代五台山仏教の神異的展開——海難救済信仰への推移と新羅の役割》，《社会文化史学》（11）。

1975 年

大澤正昭：《唐末藩鎮の軍構成に関する一考察——地域差を手がかりとして（ノート）》，京都大学文学部：《史林》58（6）。

1978 年

谷川道雄：《河朔三鎮における節度使権力の性格》，《名古屋大学文学部研究論集（74）・史学（25）》。

1979 年

愛宕元：《唐代前半期の華北村落の一類型——河南修武県周村の場合》，人文（25）（京都大学教養部），后收入氏著《唐代地域社会史研究》，1997 年。

1981 年

清水和恵：《唐代の軍閥：唐宋変革期における藩鎮体制とその意義》，《龍谷大学大学院紀要》（2）。

大澤正昭：《唐代華北の主穀生産と経営》，京都大学文学部：《史林》64（2）。

井上順恵：《遼代千人邑会について》，《禅学研究》(60)。

1982 年

清水和恵：《藩鎮の研究史》，龍谷大學史學會：《龍谷史壇》(80)。
清木場東：《五代・宋初の販塩制について——河北販塩制をめぐって》，鹿大史学会：《鹿大史学》(30)。
鈴木哲雄：《会昌の破仏と禅宗》，《印度學佛教學研究》30 (2)。
松田光次：《遼朝漢人官僚小考—韓知古一族の系譜とその事績》，小野勝年博士頌寿記念会編：《東方学論集：小野勝年博士頌寿記念》。

1983 年

伊藤宏明：《唐末五代政治史に関する諸問題——とくに藩鎮研究をめぐって》，《名古屋大学文学部研究論集》ⅠXXXⅥ《史学》(29)。
石田勇作：《唐・五代における村落支配の変容》，《宋代史研究会研究報告1：宋代の社會と文化》。

1985 年

愛宕元：《五代宋初における武人支配から文人支配へ》，《10世紀以降20世紀初頭に至る中国社会の権力構造に関する総合的研究》，堀川哲男編：(昭和59年度科学研究費補助金総合 (A) 研究成果報告書)。

1986 年

中村裕一：《唐末蕃鎮の墨敕除官に就いて》，《武庫川女子大學史学研究室報告》，第5號，1986年；收入氏著《唐代制敕研究》，汲古書院，1991年。

1987 年

畑地正憲：《唐代河北藩鎮下における商業発展について》，《東アジアの考古と歴史：岡崎敬先生退官記念論集》。
高橋学而：《中国東北地方に於ける遼代州縣城》，《東アジアの考古と歴史：岡崎敬先生退官記念論集》。
冨田孔明：《五代侍衛親軍考：その始源を求めて》，龍谷大学東洋史学研究会：《東洋史苑》(29)。

1988 年

谷川道雄：《河朔三鎮における藩帥的承継について》，《中国古代の法と社会：栗原益男先生古稀記念論集》。

菊池英夫：《辺境都市としての「燕雲十六州」研究序説——研究の現状と若干の問題視角》，唐代史研究会編：《中国都市の歴史的研究》。

渡辺孝：《唐・五代における衙前の称について》，《東洋史論（筑波大）》(6)。

寺地遵：《遼朝治下の漢人大姓—玉田韓氏の場合—（鴛淵教授蒐集満蒙史関係拓本解題之一）》，《広島大学東洋史研究室報告》(10)。

中野醇子：《遼西京大同府と華厳寺》，北大史学（28）。

1989 年

河上洋：《渤海の交通路と五京》，京都大学文学部：《史林》72(6)。

1991 年

渡辺孝：《唐五代の藩鎮における押衙について》上，社会文化史学会：《社会文化史学》(28)。

1992 年

大澤正昭：《唐末・五代「土豪」論》，上智大学史学会：《上智史学》(37)。

伊藤宏明：《名古屋大学文学部唐五代の都将に関する覚書》上，《名古屋大学文学部研究論集》(113)。

伊藤宏明：《唐五代の都将に関する覚書》中，（鹿児島大学法文学部）《人文学科論集》(36)。

1993 年

森部豊：《張国剛『唐代藩鎮研究』（書評）》，歴史人類学会：《史境》(27)。

渡辺孝：《唐五代の藩鎮における押衙について》下，社会文化史学会：《社会文化史学》(30)。

本田精一：《〈兔園策〉考：村書の研究》，《九州大学東洋史論集》

(21)。

大澤正昭：《唐末五代の在地有力者について》，《中国の伝統社会と家族：柳田節子先生古稀記念》。

畑純生：《唐五代の藩鎮とその国家体制への展開》，《龍谷大学大学院研究紀要・人文科学》（14）。

穴沢彰子：《唐末五代における在地編成——檢田制を中心として》，《大阪市立大學東洋史論叢》（11）。

伊藤宏明：《唐五代の都将に関する覚書》下，（鹿児島大学法文学部）《人文学科論集》（37）。

1994 年

森部豊：《藩鎮昭义军の成立過程について》，《中国史における教と国家：筑波大学創立二十周年記念東洋史論集》，后收入氏著《ソグド人の東方活動と東ユーラシア世界の歴史的展開》。

鈴木正弘：《安史の乱における士人層の流徙》，社会文化史学会：《社会文化史学》（33）。

1995 年

渡辺孝：《魏博と成徳——河朔三鎮の権力構造についての再検討》，《東洋史研究》54（2）。

高井康行：《遼の『燕雲十六州』支配と藩鎮體制——南京道の兵制を中心として》，《早稲田大学大学院文学研究科紀要》別冊《哲学・史学編》（21）。

河内春人：《東アジアにおける安史の乱の影響と新羅征討計画》，《日本歴史》（561）。

1996 年

氣賀沢保規編：《中國佛教石經の研究：房山雲居寺石經を中心に》，京都大学学術出版会。

1997 年

森部豊：《唐魏博节度使何弘敬墓志試釋》，《吉田寅先生古稀記念アジア史論集》。

渡辺孝：《榮陽鄭氏襄城公房一支と成徳軍藩鎮—河朔三鎮の幕職舘

をめぐる考察》,《吉田寅先生古稀記念アジア史論集》。

高橋学而:《遼南京（燕京）析津府の平面プラン》,九州古文化研究会:《古文化談叢》(37)。

伊藤宏明:《唐末五代における都校について》,《名古屋大学東洋史研究報告》(21)。

1998 年

森部豊:《略論唐代靈州和河北藩鎮》,《汉唐长安与黄土高原》。

森部豊:《唐末五代における中国北方遊牧民の華北移住と河北三鎮》,《史学雑誌》107(12)。

穴沢彰子:《唐宋変革期における社会的結合に関する一試論—自衛と賑恤の「場」を手掛かりとして—》,中国社会文化学会:《中国：社会と文化》(14)。

1999 年

森部豊:《河北藩鎮における范陽盧氏の動向—「盧呂墓誌銘」訳註を中心に》,筑波大學東洋史談話會:《史峰》(8)。

伊藤宏明:《唐五代期における都頭について》,（鹿児島大学）《人文学科論集》(50)。

2000 年

能田敬:《河朔三鎮の変遷に関する一考察：魏博節度使を中心として》,《龍谷大学大学院文学研究科紀要》(22)。

竺沙雅章:《燕京・大都の華厳宗——宝集寺と崇国寺の僧たち》,《大谷大學史學論究》(6)。

2001 年

森部豊:《後晋安万金・何氏夫妻墓誌銘および何君政墓誌銘》,《内陸アジア言語の研究》(16)。

稲葉穣:《安史の乱時に入唐したアラブ兵について》,《国際文化研究（龙谷大学）》5（3月出版）,《東洋史苑》58（10月出版）。

2002 年

森部豊:《唐前半期河北地域における非漢族の分布と安史軍淵源の

一形態》，《唐代史研究》第 5 号，后收入氏著《ソグド人の東方活動と東ユーラシア世界の歴史的展開》，2010 年。

森部豊：《唐沢洛昭義軍節度使考——中晚唐期における唐朝と河北藩鎮の関係をめぐって》，野口鐵郎先生古稀記念論集刊行委員会：《中華世界の歴史的展開》。

森安孝夫：《ウイグルから見た安史の乱》，中央ユーラシア学研究会：《内陸アジア言語の研究（庄垣内弘教授還歴記念チュルク学特集号）》ⅩⅦ。

松浦典弘：《「大唐郲県修定寺伝記」訳注稿》，《大手前大学人文科学部論集》（3）。

愛宕元：《唐代反側藩鎮の節度使徳政碑と墓誌銘——李宝臣徳政碑と何弘敬墓誌銘を中心として》，京都大学大学院人間・環境学研究科歴史文化社会論講座編：《日本文化環境論講座紀要》（4）。

中田裕子：《ソグド人の東方活動について：特に安史の乱前後を中心に》，《龍谷大学大学院文学研究科紀要》（24）。

川合康三：《馮道「長楽老自叙」と白居易「酔吟先生伝」——五代における白居易受容》，《白居易研究年報》（3）。

穴沢彰子：《唐・五代における地域秩序の認識——郷望的秩序から父老的秩序への変化を中心として》，唐代史研究会編：《唐代史研究》（5）。

2003 年

氣賀沢保規：《房山雷音洞石経和金剛経——開山祖師静琬的刻経事業意義試探》，香港天馬図書有限公司：《北朝摩崖刻経研究（続）》。

伊藤宏明：《岡崎文夫の藩鎮論》，鹿大史学会：《鹿大史学》（50）。

日名智：《燕雲十六州の割譲承認について》，東海大学史学会：《東海史学》（38）。

今野春樹：《遼代契丹墓の研究——分布・立地・構造について》，日本考古学会：考古学雑誌 87（3）。

榎本淳一：《渤海が伝えた「大唐淄青節度康志暶交通之事」について》，佐藤信編：《日本と渤海の古代史》。

礪波護：《馮道：乱世の宰相（改版）》，中央公論新社。

2004 年

森部豊:《8—10 世紀の華北における民族移動》,唐代史研究会編:《唐代史研究》(7)。

森部豊:《唐末五代の代北におけるソグド系突厥と沙陀》,《東洋史研究》62(4)。

2005 年

氣賀沢保規:《静琬と房山雷音洞石経——その刻経事業の歴史的位置をめぐって》,明治大学東洋史談話会:《明大アジア史論集》(10)。

森部豊:《唐后期至五代的粟特武人》,《法国汉学》第 10 期。

武田和哉:《契丹国(遼朝)における宮都の基礎的考察》,条里制古代都市研究会:《条里制古代都市研究》(21)。

田村晃一:《渤海上京龍泉府址の考古學的檢討》,田村晃一編:《東アジアの都城と渤海》。

井上和人:《渤海上京竜泉府形制新考》,田村晃一編:《東アジアの都城と渤海》。

井上和人:《渤海上京龍泉府形制の再検討——古代都城造営と国際関係(特集新発見資料から見た「古代東アジア」)》,大和書房:東アジアの古代文化(125)。

2006 年

市川清史:《中唐の藩鎮政策と李益》,昭和女子大学近代文化研究所:《学苑》(785)。

古松崇志:《法均と燕京馬鞍山の菩薩戒壇——契丹(遼)における大乘菩薩戒の流行》,《東洋史研究》65(3)。

古松崇志:《考古・石刻資料よりみた契丹(遼)の仏教》,《日本史研究》(522)。

赤羽目匡由:《いわゆる賈耽「道里記」の「営州入安東道」について》,《史學雜誌》116(8)。

2007 年

氣賀沢保規:《中国華北の仏教石刻と遺跡の調査報告(2005 年 9 月

3日—12日)》，駿台史学会:《駿台史學》(130)。

森部豊:《四世紀—九世紀の黄河下流域におけるソグド人》，東方書店:《黄河下流域の歴史と環境—東アジア海文明への道》。

2008年

森部豊:《ソグド系突厥の東遷と河朔三鎮の動静》，関西大学東西学術研究所:《関西大学東西学術研究所紀要》(41)。

古畑徹:《渤海王大欽茂の「国王」進爵と第六次渤海使——渤海使王新福による安史の乱情報の検討を中心に》，東北大学中国文史哲研究会:《集刊東洋学百号(100):特別記念号》。

田中史生:《円仁の足跡を訪ねて(3)河北から山西へ》，國學院大學栃木短期大學史学会:《栃木史学》(22)。

2009年

氣賀沢保規:《河北曲陽の八会寺仏教石経と華北刻経事業》，明治大学文学部アジア史専攻氣賀沢研究室:《中国南北朝隋唐期における華北仏教石刻の諸相》。松浦典弘:《唐代河北地域の藩鎮と仏教—幽州(盧龍軍)節度使の事例から—》《大手前大学論集》(10)。

森部豊:《唐末・五代・宋初の華北東部地域における吐谷渾とソグド系突厥—河北定州市博物館所藏の宋代石函の紹介と考察》，荒川慎太郎，高井康典行，渡辺健哉編:《遼金西夏研究の現在》(2)。

河野保博:《円仁の足跡と唐代の交通路》，鈴木靖民編:《円仁とその時代》。

高井康典行:《遼朝における士人層の動向——武定軍を中心として》，宋代史研究会研究編:《宋代史研究会研究報告》第9集『「宋代中国」の相対化』。

工藤寿晴:《遼許従贇墓誌銘考釈——燕雲地域獲得直後における雲州の様相を観察する手掛かりとして》，東洋大學白山史學會:《白山史学》(45)。

武田和哉:《契丹国(遼朝)の上京臨潢府故城の占地と遺構復原に関する一考察》，荒川慎太郎，高井康典行，渡辺健哉編:《遼金西夏研究の現在》(2)。

2010 年

氣賀沢保規:《金仙公主と房山石経をめぐる諸問題——礪波護氏の批判に答えて》,駿台史学会:《駿台史學》(139)。

森部豊:《ソグド人の東方活動と東ユーラシア世界の歴史的展開》,関西大学出版部。

山崎覚士:《中国五代国家論》,思文阁。

2011 年

氣賀沢保規:《房山雲居寺石経山所蔵の隋唐石経—「石経山九洞所蔵隋唐石経目録」の作成をめぐって—》,明治大学東アジア石刻文物研究所:《東アジア石刻研究》(3)。

森部豊:《安禄山女婿李献誠考》,関西大学東西学術研究所編集:《関西大学東西学術研究所創立六十周年記念論文集》。

森部豊:《東ユーラシア世界におけるソグド人の外交活動に関する覚書》,橘寺知子,森部豊,蜷川順子,新谷英治共編:《アジアにおける経済・法・文化の展開と交流》3:アジアが結ぶ東西世界。

森部豊:《増補:7~8世紀の北アジア世界と安史の乱》,森安孝夫編:《ソグドからウイグルへ:シルクロード東部の民族と文化の交流》。

近藤浩一:《登州赤山法花院の創建と平盧軍節度使》,《京都産業大学論集:人文科学系列》(44)。

河野保博:《唐代交通路と「巡礼」の道の復原》,旅の文化研究所:《旅の文化研究所研究報告》(21)。

竺沙雅章:《遼金代燕京の禅宗》,《禪學研究》(88)。

向井佑介:《契丹の徙民政策と渤海系瓦当》,京都大学大学院文学研究科:《遼文化・慶陵一帯調査報告書2011》。

2012 年

氣賀沢保規:《房山雲居寺石経大型題記資料集稿Ⅰ—「諸経題記」拓本・録文》,明治大学東アジア石刻文物研究所。

森部豊:《「安史の乱」三論》,森部豊、橘寺知子主編:《アジアにおける経済・法・文化の展開と交流5:アジアにおける文化システムの展開と交流》。

森部豊:《中国石刻資料のアーカイヴズ構築に向けて:その現状と

課題》，関西大学アジア文化研究センター編：《関西大学アジア文化研究センターディスカッションペーパー＝CSAC discassion paper 2》。

森安孝夫：《日本におけるシルクロード上のソグド人研究の回顧と近年の動向（増補版）》，森安孝夫編：《ソグドからウイグルへ：シルクロード東部の民族と文化の交流》。

新見まどか：《唐代後半期における華北東部藩鎮連合體》，《東方学》第123輯。

福島恵：《唐の中央アジア進出とソグド系武人：「史多墓誌」を中心に》，《学習院大学研究年報》（59）。

高井康典行：《唐後半期から遼北宋初期の幽州の「文士」》，早稲田大学東洋史懇話会：《史滴》（34），后収入氏著《渤海と藩鎮：遼代地方統治の研究》，汲古書院。

高橋学而：《遼寧省遼河流域の遼代州県城址についての踏査報告》，大谷大学真宗総合研究所：《真宗総合研究所研究紀要》（31）。

河上洋：《五京制度の系譜》，《河合文化教育研究所・研究論集》（9）。

2013年

氣賀沢保規：《房山雲居寺石経事業と唐後半期の社会》，氣賀沢保規編：《中国中世仏教石刻の研究》，勉城出版社。

新見まどか：《唐後半期おける平盧節度使と海商・山地狩獵民の活動》，《東洋学報》95（1）。

新見まどか：《唐代河北藩鎮に対する公主嫁降とウイグル》，大阪大学文学部：《待兼山論叢史学篇》（47）。

大澤正昭：《唐末から宋初の基層社会と在地有力者：郷土防衛・復興とその後》上智大学史学会：《上智史学》（58）。

古瀬奈津子：《中唐期における五台山普通院の研究—その成立と仏教教団との関係》，《札幌大学総合論叢》（36）。

河野保博：《圓仁的求法巡礼和唐代交通路的复原》，《陝西歴史博物館館刊》（20）。

町田吉隆：《契丹陶磁の「周縁性」に関する検討（3）遼代の都城・州県城制度との関連から》，《神戸市立工業高等専門学校研究紀要》（51）。

森部豊：《安禄山：「安史の乱」を起こしたソグド人》，山川出版社。

2014 年

氣賀沢保規：《房山石经事业中出现的「巡礼」与会昌灭法》，北京师范大学历史学院、房山云居寺文物管理处、台湾中正大学历史系联合主办："汉化・胡化・洋化——新出史料中的中国古代社会生活"国际学术研讨会论文集。

氣賀沢保規：《房山雲居寺石經事業和"巡禮"：唐代後半期的社會諸相與信仰世界》，陈金华，孙英刚编：《神圣空间：中古宗教中的空间因素》。

氣賀沢保規：《房山雲居寺石経題記資料集稿Ⅲ—「巡礼題記」拓本・録文篇》，明治大学東アジア石刻文物研究所・汲古書院。

森部豊：《ソグド人と東ユーラシアの文化交渉：ソグド人の東方活動史研究序説》和《八世紀半—十世紀の北中国政治史とソグド人》，《アジア遊学（ソグド人と東ユーラシアの文化交渉）》（175）。

新見まどか：《書評馮金忠著『唐代河北藩鎮研究』》，関西大学史学・地理学会：《史泉》（119）。

山根直生：《藩鎮再考》，七隈史学会：《七隈史学》（16）。

林韻柔：《唐代「巡禮」活動的建立與開展（氣賀沢保規先生退休記念号）》，《明大アジア史論集》（18）。

大山耕生、中尾幸一、町田吉隆：《衛星画像を用いた中国・遼上京址平面図の作成》，《神戸市立工業高等専門学校研究紀要》（52）。

栗原益男：《唐宋変革期の国家と社会》，汲古書院。

2015 年

氣賀沢保規：《河北曲陽の八会寺仏教石経の全容とその位置》，氣賀沢保規編：《中国仏教社会の基層構造の研究》。

氣賀沢保規：《河北曲陽の八会寺仏教石経とその背景》，氣賀沢保規編：《隋唐仏教社会の基層構造の研究》。

森部豊：《唐前半期の営州における契丹と羈縻州》，中央ユーラシア学研究会：《内陸アジア言語の研究（吉田豊・荒川正晴還歴記念特集号）》。

新見まどか：《唐武宗期における劉稹の乱と藩鎮体制の変容》，《史学雑誌》124（6）。

新見まどか:《唐代藩鎮と東部ユーラシアの歴史的展開》,大阪大学博士论文。

胡雲薇:《變革中的延續—唐宋之間的河朔士人》,《中国史学》(25)。

江草宣友:《円仁の求法・巡礼と新羅人》,日本大学史学会:《史叢》(92)。

金貞姫:《8世紀半ば渤海と日本の「安史の乱」認識》,東北亜歴史財団編著:《渤海と日本古代環東海交流史》(2)。

金恩国:《渤海国とソグド》,東北亜歴史財団編著:《渤海と日本古代環東海交流史》(2)。

藤原崇人:《契丹仏教史の研究》,法藏館。

2016年

森部豊:《唐代契丹人墓誌に関する一考察:遼寧省朝陽市博物館所蔵新出墓誌の紹介を兼ねて》,《関西大学アジア文化研究センターディスカッションペーパー = CSAC discassion paper》(13)。

森部豊:《唐代奚・契丹史研究と石刻史料》,《関西大学東西学術研究所紀要》(49)。

新見まどか:《平盧節度使と泰山信仰:『太平広記』所収「李納」伝を中心に》関西大学史学・地理学会:《史泉》(123)。

新見まどか:《唐末の盧龍節度使における「大王」号の出現》,《関西大学東西学術研究所紀要》(49)。

西村陽子:《唐後半華北諸藩鎮の鐵勒集團:沙陀系王朝成立の背景》,《東洋史研究》74(4)。

丸橋充拓:《唐代後半の北辺経済再考》,京都大学大学院人間・環境学研究科松浦茂研究室:《アジア史学論集》(10)。

古畑徹:《張建章墓誌と『渤海国記』に関する若干の問題》,《東北大学東洋史論集》(12)。

高井典康行:《渤海と藩鎮:遼代地方統治の研究》,汲古書院。

2017年

松浦典弘:《五臺山佛光寺の唐代の経幢》,《大谷学報》97(1)。

2018 年

森部豊：《唐代幽州盧竜節度使、河東節度使、振武節度使の空間：2017年河北・山西北部調査報告》，《唐代史研究》（21）。

2019 年

八木春生：《河北地方における唐前期の仏教造像の展開》，氏著《中国仏教美術の展開：唐代前期を中心に》，法藏館。

（中国历史研究院管俊玮撰写了附录二，原文刊载于《中国唐史学会会刊》第37期。收录本书时有订正和改动）

参考文献

（一）古籍

（唐）魏征：《隋书》，中华书局1973年版。
（唐）长孙无忌等：《唐律疏议》，中华书局1983年版。
（唐）李林甫等：《唐六典》，中华书局1992年版。
（唐）杜佑：《通典》，中华书局1988年版。
（唐）白居易：《白居易集》，中华书局1979年版。
（唐）李白著，王琦注：《李太白全集》，中华书局1977年版。
（唐）陈子昂著，彭庆生注释：《陈子昂诗注》，四川人民出版社1981年版。
（唐）高适著，刘开扬笺注：《高适诗集编年笺注》，中华书局1981年版。
（五代）刘昫等：《旧唐书》，中华书局1975年版。
（宋）欧阳修、宋祁：《新唐书》，中华书局1975年版。
（宋）司马光等：《资治通鉴》，中华书局1956年版。
（宋）王溥：《唐会要》，上海古籍出版社1991年版。
（宋）李昉等：《文苑英华》，中华书局1966年版。
（清）董诰等：《全唐文》，中华书局1983年版。
（清）曹寅等：《全唐诗》，中华书局1960年版。
（清）永瑢等：《四库全书总目》，中华书局1965年版。
（清）王昶：《金石萃编》卷92，清同治十年（1872）跋刊本，《石刻史料新编》第1辑，新文丰出版公司1982年版。

（二）石刻资料

王其祎、周晓薇：《隋代墓志铭汇考》，线装书局2007年版。
《北京文物精粹大系》编委会、北京市文物局编：《北京文物精粹大系》石刻卷，北京出版社2004年版。
［日］气贺泽保规：《新版唐代墓志所在总合目录》，汲古书院2017年版。

王鑫主编：《北京市文物研究所藏墓志拓片》，北京燕山出版社2003年版。
吴钢主编：《全唐文补遗》第1—9辑，三秦出版社1994—2007年版。
杨卫东：《古涿州佛教刻石》，河北教育出版社2007年版。
中国文物研究所、北京石刻艺术博物馆编：《新中国出土墓志·北京卷壹》，文物出版社2002年版。
中共石景山区委宣传部等编：《北京市石景山区历代碑志选》，同心出版社2003年版。
周绍良、赵超主编：《唐代墓志汇编》，上海古籍出版社1992年版。
周绍良、赵超主编：《唐代墓志汇编续集》，上海古籍出版社2001年版。
北京市文物研究所编者：《密云大唐庄：白河流域古代墓葬发掘报告》，上海古籍出版社2010年版。

（三）学术著作

北京市文物局编：《北京文物地图集》（上、下），科学出版社2009年版。
曹子西主编，向燕生撰著：《北京通史》第二卷，中国书店1994年版。
陈寅恪：《唐代政治史述论稿》，生活·读书·新书三联书店2001年版。
冯金忠：《唐代河北藩镇研究》，科学出版社2012年版。
郭声波：《中国行政区划通史·唐代卷》，复旦大学出版社2012年版。
高世瑜：《唐代妇女》，三秦出版社1988年版。
胡宝华：《唐代监察制度研究》，商务印书馆2005年版。
景爱：《中国长城史》，上海人民出版社2006年版。
赖瑞和：《唐代基层文官》，中华书局2008年版。
赖瑞和：《唐代中层文官》，台北：联经出版事业股份有限公司2008年版。
李鸿宾：《唐朝中央集权与民族关系——以北方区域为线索》，民族出版社2003年版。
刘统：《唐代羁縻府州研究》，西北大学出版社1998年版。
宁欣：《唐代选官研究》，台北：文津出版社1995年版。
石云涛：《唐代幕府制度研究》，中国社会科学出版社2003年版。
王永兴：《陈门问学丛稿》，江西人民出版社1993年版。
吴钢辑，吴大敏编：《唐碑俗字录》，三秦出版社2004年版。
吴宗国：《唐代科举制度研究》，北京大学出版社2010年版。
辛德勇：《隋唐两京丛考》，三秦出版社2006年版。
（清）徐松撰，张穆校补，方严点校：《唐两京城坊考》，中华书局1985年版。

徐松撰，李健超增订：《增订唐两京城坊考》（修订版），三秦出版社2006年版。

姚薇元：《北朝胡姓考》，中华书局1962年版。

郁贤皓：《唐刺史考全编》，安徽大学出版社2000年版。

袁行霈主编：《中国文学史》第二卷，高等教育出版社2005年版。

张国刚：《唐代藩镇研究》（增订版），中国人民大学出版社2010年版。

张国刚：《唐代官制》，三秦出版社1987年版。

赵其昌：《京华集》，文物出版社2008年版。

（四）期刊及论文

北京市文物工作队：《北京市发现的几座唐墓》，《考古》1980年第6期。

北京市文物研究所：《北京近年发现的几座唐墓》，《文物》1992年第9期。

毕广德：《唐清河张氏墓志考》，《北方文物》2012年第3期。

陈康：《从〈论博言墓志〉谈吐蕃噶尔氏家族的兴衰》，《北京文博》1999年第4期。

陈翔：《唐代中央与地方关系研究——以三类地方官为中心》，博士学位论文，武汉大学历史学院，2010年。

陈小玲：《唐代河北三镇武职军将研究——以出土墓志为中心》，硕士学位论文，南京大学历史学系，2012年。

陈志学：《试论唐代武官的入仕途径》，《中华文化论坛》2002年第3期。

冻国栋：《墓志所见唐安史乱间的"伪号"行用及吏民心态——附说"伪号"的模仿问题》，《魏晋南北朝隋唐史资料》第20辑，2003年。

房锐：《〈唐史所见张建章其人〉辨析》，《唐都学刊》2006年第2期。

冯金忠：《从王公淑墓志看唐代卢龙镇》，《文物春秋》2001年第4期。

冯金忠：《幽州镇与唐代后期人口流动——以宗教活动为中心》，《青岛大学师范学院学报》2007年第1期。

冯金忠：《幽州镇与唐代后期政治探析》，《中国边疆史地研究》2006年第3期。

龚隽：《〈唐代墓志汇编〉（肃宗至顺宗）校补及研究》，硕士学位论文，西南大学文学院，2010年。

顾乃武：《唐代河朔三镇的社会文化研究》，博士学位论文，人文学院历史系，2007年。

侯振兵：《唐代处士与社会》，硕士学位论文，陕西师范大学历史文化学院，2009 年。

黄楼：《唐德宗"奉天定难功臣"、"元从奉天定难功臣"杂考》，《魏晋南北朝隋唐史资料》第 24 辑，2008 年。

黄清连：《唐代散官试论》，《"中央研究院"历史语言研究所集刊》第 58 本第 1 分册，1987 年。

黄永年：《"泾师之变"发微》，史念海主编：《唐史论丛》第 2 辑，陕西人民出版社 1987 年版。

黄正建：《唐代散官初论》，《中华文史论丛》1989 年第 2 期。

江波：《唐代墓志撰书人及相关文化问题研究》，博士学位论文，吉林大学古籍研究所，2010 年。

蒋爱花：《唐代中下层官员入仕之路研究——以墓志铭为中心》，《前沿》2012 年第 23 期。

李方：《怛罗斯之战与唐朝的西域政策》，《中国边疆史地研究》2006 年第 1 期。

李鸿宾：《论唐朝的民族观念》，《内蒙古社会科学》（汉文版）2001 年第 5 期。

李宗俊：《唐代中后期唐蕃河陇之争与疆域变迁》，杜文玉主编《唐史论丛》第 15 辑，陕西师范大学出版社 2012 年版。

刘后滨：《唐后期使职行政体制的确立及其在唐宋制度变迁中的意义》，《中国人民大学学报》2005 年第 6 期。

刘琴丽：《中晚唐河北举子研究》，《史学集刊》2009 年第 4 期。

鲁琪：《唐代幽州城考》，《北京史论文集》第二辑，北京史研究会 1982 年版。

鲁晓帆：《唐李永定墓志考释》，《首都博物馆丛刊》第 9 辑，地质出版社 1994 年版。

鲁晓帆：《唐高行晖墓志考》，《首都博物馆丛刊》第 11 辑，地质出版社 1997 年版。

鲁晓帆：《唐代幽州经济的佐证——两墓志考辨》，《首都博物馆丛刊》第 18 辑，北京燕山出版社 2004 年版。

鲁晓帆：《唐华封兴墓志考》，《首都博物馆丛刊》第 23 辑，北京燕山出版社 2009 年版。

鲁晓帆：《唐阎氏父子墓志考》，《首都博物馆丛刊》第 24 辑，北京燕山出版社 2010 年版。

鲁晓帆：《唐仵钦墓志考释》，《首都博物馆论丛》第 25 辑，北京燕山出版社 2011 年版。

陆扬：《从墓志的史料分析走向墓志的史学分析——以〈新出魏晋南北朝墓志疏证〉为中心》，《中华文史论丛》2006 年第 4 期。

马旭辉：《唐末五代幽州刘仁恭政权及其与契丹关系研究》，硕士学位论文，河北大学历史学院，2008 年。

毛汉光：《唐代荫任之研究》，《"中央"研究院历史语言研究所集刊》，第 55 本第 3 分册，1984 年。

宁欣、李凤先：《试析唐代以幽州为中心地区的人口流动》，《河南师范大学学报》（哲学社会科学版）2003 年第 3 期。

任爱君：《唐代契丹羁縻制度与"幽州契丹"的形成》，《中国边疆史地研究》2008 年第 1 期。

石云涛：《唐后期方镇使府宾主关系与牛李党争》，《许昌学院学报》2003 年第 1 期。

史睿：《唐代前期铨选制度的演进》，《历史研究》2007 年第 2 期。

宋国彩：《墓志所见晚唐人信仰研究》，硕士学位论文，山东大学历史文化学院，2012 年。

佟柱臣：《〈渤海记〉著者张建章〈墓志〉考》，《黑龙江文物丛刊》1981 年第 1 期。

王乐：《试论京津唐地区隋唐墓葬》，《中原文物》2005 年第 6 期。

王苗：《唐代功臣号研究》，硕士学位论文，中央民族大学历史文化学院，2012 年。

王效锋：《唐德宗"奉天之难"研究》，硕士学位论文，陕西师范大学历史文化学院，2008 年。

王义康：《唐河北藩镇时期人口问题试探》，《河南社会科学》2005 年第 1 期。

许建平：《〈唐刺史考〉阙误补正》，《杭州师范学院学报》1999 年第 1 期。

杨西云：《唐代门荫制与科举制的消长关系》，《南开学报》（哲学社会科学版）1997 年第 1 期。

杨志玖、张国刚：《唐代藩镇使府辟署制度》，《社会科学战线》1984 年第 1 期。

于璞：《北京地区唐墓壁画的分期与时代特征》，《文物春秋》2010 年第 6 期。

张国刚：《唐代阶官与职事官的阶官化》，氏著：《唐代政治制度研究论集》，文津出版社 1994 年版。

张国刚:《唐代藩镇类型及其动乱特点》,《历史研究》1983年第4期。

张国刚:《"立家之道,闺室为重"——论唐代家庭生活中的夫妻关系》,《清华大学学报》(哲学社会科学版)2008年第1期。

张国刚:《唐代寡居妇女的生活世界》,《安徽师范大学学报》(人文社会科学版)2007年第3期。

张珂:《从墓志铭看昭武九姓的入仕于唐》,硕士学位论文,西北大学历史学院,2006年。

张连城:《房山石经题记中所见——唐代节度使府武职的几点研究》,《北京联合大学学报》1992年第2期。

张天虹:《从新刊唐代〈李仲昌墓志铭〉看安史之乱后士人"北走河朔"》,《河北大学学报》(哲学社会科学版)2011年第3期。

张天虹:《河北藩镇时期的社会流动——以763—914年为中心》,博士学位论文,清华大学,2008年。

张天虹:《〈唐刺史考全编〉补正——以河朔藩镇时期(763—907)的石刻资料为中心》,《中国国家博物馆馆刊》2012年第7期。

(五)外文文献及译著

[日]鸟谷弘昭、吉田寅主编:《五代史研究文献目录(立正大学东洋史研究资料Ⅱ)》,立正大学文学部东洋史研究室出版,1990年。

[日]铃木正弘:《唐五代史学史関係文献目録(稿)》,《立正大学東洋史論集》(6),1993年。

[日]铃木哲雄:《唐・五代の禅関係論文分類摘要》,《愛知学院大学文学部紀要》(23),1993年。

[日]古瀬奈津子:《第二次大戦後の唐代藩鎮研究》,堀敏一编:《唐末五代変革期の政治と社会》,2000年。

[日]伊藤宏明:《唐五代民衆叛乱史関係研究文献目録》,(鹿大史学会)《鹿大史学》(55),2008年。

[美]包弼德:《斯文:唐宋思想的转型》,刘宁译,江苏人民出版社2001年版。

后 记

呈现在读者面前的这本小书，是我2018年主持的国家社科基金后期资助项目"身份、记忆、反事实书写：隋唐时期幽州地区墓志研究"的最终成果。自从博士毕业以来，倏忽之间已是十余载。虽说学术兴趣越来越广泛，但始终没有离开中古墓志的关注与研究。

2013年，我申请了北京市社科基金青年项目"隋唐时期北京地区墓志研究"，在关注幽州所出土墓志的过程中，先后指导了两名硕士研究生撰写论文。2018年1月，我在日本学者气贺泽保规先生的支持下，召开了第三届"幽州学"学术讨论会，会议主题为"传世文本、出土文献与理论思考"。在会议提交论文时，学界多位好友参会并提交文稿，陕西师范大学的胡耀飞、西安电子科技大学的任兆杰、中国历史研究院的管俊玮、清华大学的孟献志等，本书在编撰过程中，均吸收了他们的高见。我所指导的硕士研究生杨旗在资料辑录方面出力较多。欢迎读者朋友的批评指正！

感谢中国社会科学出版社魏长宝总编辑给予的鼓励和关心。在本书的撰写与出版过程中，宋燕鹏编审付出了极大的心血。研究生郎朗、李少芳、余桢、周武凌云、杜峥奕、穆逢春馨、郑亚飞、陈雅丽、张无尽、李博文同学帮助核校，一并表示感谢！

是为记。

蒋爱花　于西山枫林
2021年夏